KB024291

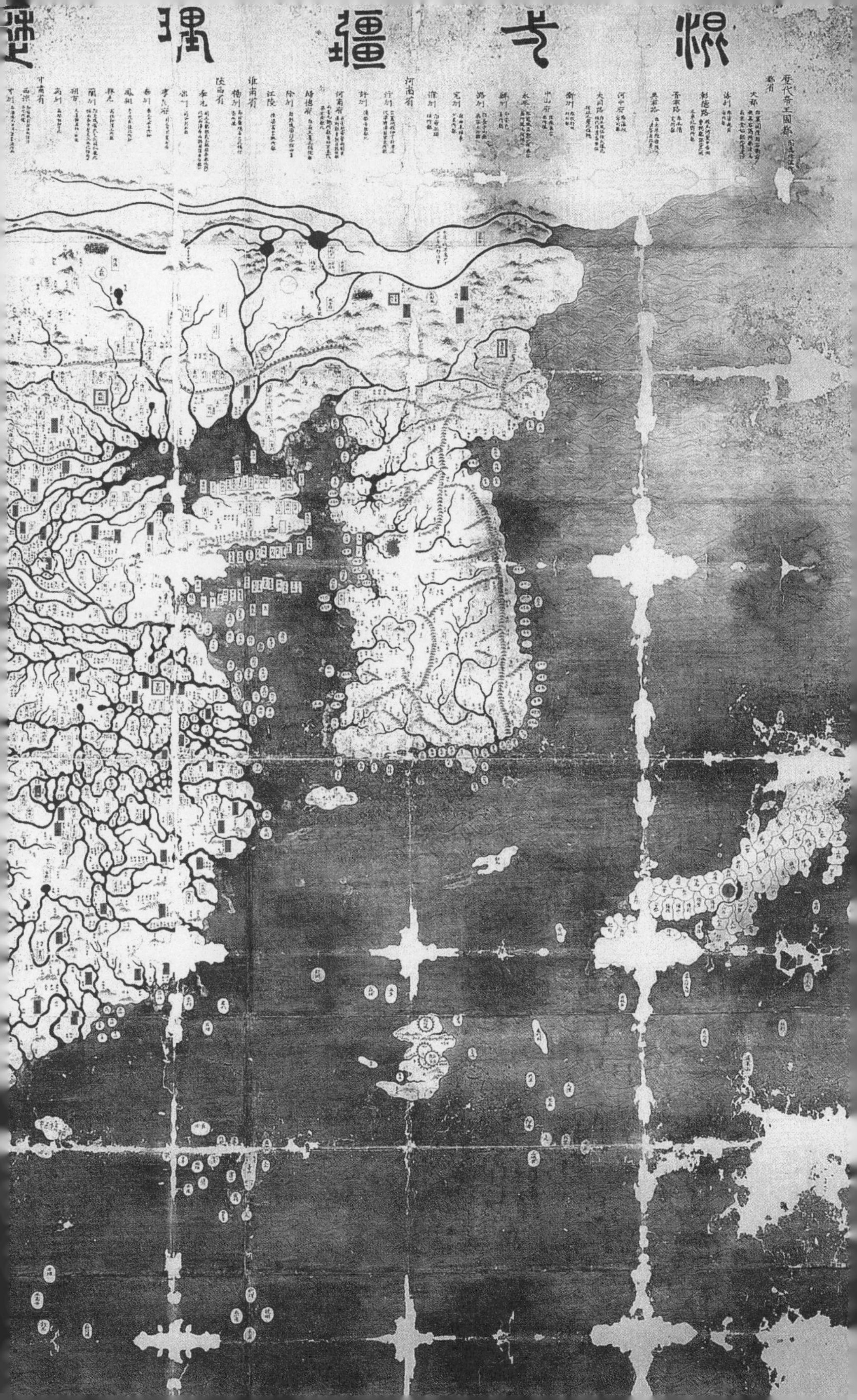

조선은 어디에 있습니까?

조선 역사의 미스터리

조선은 어디에 있습니까?

조선 역사의 미스터리

이영호

답아실

[차례]

프롤로그

1부. 조선 역사의 미스터리

2부. 조선왕조실록의 미스터리

프롤로그

역사는 사실의 기록이어야만 한다

국가의 역사가 사실의 기록이 아니라면 어떻게 될까요?

문득 그런 생각이 들었습니다. 국가의 역사, 즉 '국사'가 사실이 아니다?

설마? 말도 안 되는 상상이라고 생각했습니다. 초등학교, 중학교, 고등학교, 대학교를 거치면서 배움을 받았던 많은 역사 선생님들이 그러면 거짓말쟁이라고? 그건 말도 안 되는 억측이라고, 생각해선 안 되는 불손한 거만함이라고 스스로를 나무라기도 했습니다. 제자를 아껴주고 사랑해 주던 너무나도 존경스러운 선생님들을 모욕하는 일이기도 했으니까요.

그뿐 아니죠. 한국사 평가시험도 있고, 공무원들이 배우고 시험 치고 합격해야 하는 역사 시험도 있습니다. 대학에 가려면 시험을 봐야 하는 역사도 있습니다. 온갖 TV 매스컴에 등장해서 역사를 가르치는 스타 강사들도 많습니다.

❖ 그런 사람들이 대부분 거짓말쟁이라면?

말도 안 되는 이야기라고 여겼습니다. 한두 명의 거짓말이라면 모를까, 헤아릴 수도 없을 만큼 많은 사람이 모두 똑같은 거짓말을 하고 있다? 그건 상상할 수조차 없는 일이었습니다. 날씨도 더운데 말도 안 되는 괜한 상상하지 말자는 생각이 들었습니다.

그런데 말입니다. 오히려 의욕을 불타오르게 만드는 사명감이 생겼습니다. 우리가 지금 알고 있는 역사가 사실의 기록이 아니라는 생각을 하는 건 나뿐만이 아닐 것이라는 점, 나 외에 또 누군가 역사의 모호성을 지적하며 위조되고 변조된 역사라고 말할 수 있다는 점을 미연에 방지하는 것도 의미 있는 일이라고 여겼습니다.

❖ 사람들이 거짓말을 하는 게 아니라면, 그들은 진실이라고 믿고 있는 대로 말하는 것이라면? 거짓말을 탓할 게 아니라 사실을 사실대로 기록해야만 되는 것 아닌가?

이를테면, 어느 누구도 역사의 사실에 대해 반박을 못 하도록 미연에 모든 걸 기록해 두자는 사명감이었습니다. 여기서 '사명감'이라고 적는 이유는 '이런 생각을 하고 실행에 옮기는 사람을 찾아보기 힘들 것'이라는 느낌에서 비롯된 것입니다.

어떻게 생각하면 일종의 아주 작은 도전 의지이기도 했습니다. 역사의 사실성에 대해 생긴 의문들에 대해 답을 찾아 기록해 두자는 것, 지식이 부족하면 각종 사료에서 답을 얻거나 현장에 가서 직접 취재하거나, 스승을 찾아 질문해서 보다 구체적이고 완전한 역사를 만들어 두자는 각오이기도 했으니까요.

❖ 역사는 반드시 사실의 기록이어야 합니다.

과거의 사실을 역사로 기록해야만 오류를 막을 수 있고, 오류가 오류를 만들어서 결국엔 어처구니없는 전설(?)을 생산하게 되는 사고(?)를 막을 수 있기 때문입니다. 그래야만 지난 과거의 실수를 반복하지 않을 수 있고, 현재를 바탕으로 미래의 일들을 예상하고 혹시 모를 일들에 대해 미리 준비할 수 있기 때문입니다.

그래야만 역사의 발전도 가능합니다. 최소한 똑같은 실수를 반복하지 않을 수 있기 때문입니다. 그래서 개인의 역사이건 국가의 역사이건 사실의 기록으로서 진실해야만 합니다.

어느 개인의 역사일지라도 사실이 아니라면 사람들은 그를 신뢰하지 않습니다. 거짓말쟁이 또는 사기꾼으로 무시하고 그 사람과 만나는 것조차 꺼려합니다. 입만 열면 거짓말을 하는 사람들(물론 지금도 우리 주위에 없지 않습니다만)을 멀리하려는 이유는 각자의 삶도 나쁜 영향을 받기 때문입니다.

진실이 없고 거짓으로 꾸며낸 이야기를 하는 사람은 언젠가 진실이 들통나기 마련인데, 그런 사람과는 어떤 일도 함께할 수 없는 이유입니다. 앞날을 예상하는 게 아니라 보나마나 망할 게 빤하기 때문입니다. 사람들은 거짓이 영원하지 않다는 걸 잘 알고 있습니다.

❖ 그러면 역사의 기록이 어떻게 변할 수 있는지 예를 하나 들어보겠습니다.

2018년 5월 무렵, 예멘 사람들 500여 명이 제주도에 도착해서 난민 신청을 하였습니다. 그리고 국내에서는 이들을 난민으로 받아들일 것인지, 말 것인지에 대해 제주도 사람들을 포함하여 우리나라 국민들에게도 이슈가 되고 화제가 되었습니다.

어떤 이들은 난민이라고 주장하는 예멘 사람들이 젊은 남자들뿐이라는 점을 내세워 그들은 취업하려고 제주도에 온 이슬람 종교를 가진 사람들일 뿐이라고 하였고, 어떤 이들은 그들이 난민 신청을 하고 우리나라에게 도움을 청하고 있으므로 그 사람들을 배려해야 된다는 논리를 내세웠습니다.

그런데 말입니다. 제가 예멘에서 온 그분들을 보며 갖게 된 생각은 당시 논쟁과는 다소 거리가 있고 다른 시각이라고 할 것입니다. 우선적으로, 저는 예멘 사람들이, 아니 다른 나라에 가서 '난민 신청'을 하기 위하여 예멘을 떠나온 사람들이 어떻게 예멘에서 외국까지, 우리나라의 제주도까지 오거나 올 수 있었는지 그 경로와 소요 시간이 궁금했습니다.

그래서 알아보니, 2015년경 유럽과 중동에 불어닥친 수니파와 시아파의 대결, 이슬람권 사이에서 벌어진 갈등으로 시리아를 비롯, 예멘인들이 내전을 피해 유럽으로, 이슬람 문화권 국가로 난민을 떠나게 된 게 시작이라고 듣게 되었습니다. 그리고 제주도에 온 예멘 사람들은 그 전엔 말레이시아에 있었으나 체제 기간 90일이 다다르자 직항노선이 있고 무비자로 입국 가능했던 제주도로 들어오게 된 것이라고 하였습니다.

제가 눈여겨본 부분은 어느 나라의 국민들이 다른 나라로 이동하는 경로입니다. 예멘은 사우디아라비아반도에 있습니다. 우리나라 석해균 선장이 소말리아 해적과 맞서 선원을 보호하고 배를 지켜 낸 그 일, 아덴만의 영웅으로 불리게 된 장소이자 '아덴만 여명작전[1]'을

1 Operation Dawn of Gulf of Aden : 2011년 1월 소말리아 앞바다 '아덴만'에서 소말리아 해적들이 납치한 삼호주얼리호와 선원들을 우리나라 청해부대가 구출한 작전.

기억하시는지요? 그곳 아덴만 지역이 바로 예멘 앞바다입니다. 사우디아라비아는 요르단, 이라크, 오만, 아랍에미리트연합 그리고 예멘과 국경을 마주하고 있죠. 사우디아라비아반도 옆에는 아프리카 대륙이 있고 예멘과 가까운 나라는 에리트레아, 소말리아, 에티오피아, 지부티 및 이집트, 수단, 우간다 등도 인접 국가들입니다.

그런데요, 예멘에서 말레이시아로 오려면 그 경로가 만만치 않습니다. 파키스탄, 인도가 접한 아라비아해를 가로질러 스리랑카가 있는 래카다이브해를 지나 인도양을 가로질러야만 인도네시아에, 말레이시아에 도달하게 되거든요. 그리고 말레이시아에서 제주도까진 비행기로 이동하였으니 예외로 합니다만, 말레이시아에서 제주도로 오려면 캄보디아, 베트남, 필리핀이 접한 남중국해를 가로질러 타이완(대만)을 지나 동중국해를 거쳐야만 합니다.

비행기 편은 어떨까요? 우리나라에서 예멘에 가려면 아랍에미리트 두바이공항까지 9시간을 날아가고, 두바이공항에서 예멘까지 다시 3시간을 날아가야 도착하게 됩니다. 최소 12시간을 날아가야 도착하는 곳, 지구 반대편이라고 해도 될 거리입니다. 그렇게 먼 곳에 살던 사람들이 우리나라 제주도에 도착했다고 하니, 새삼 인류 이동의 역사에 대해, 인류 이동의 이유에 대해 생각하게 된 계기가 된 것이죠.

한편으론, 예멘의 수도 '사나(Sana'a)'가 생기게 된 전설을 생각하게 되는데요, 2,000년 전에 노아의 방주를 만든 노아의 장남 '셈'이 세운 고대 도시였다는 이야기가 있거든요. 전설이라고 전해지는 옛이야기이지만 어쩌면 노아의 큰아들 셈이 한반도의 제주도 땅을 찾게 된 계기가 있는 건 아닌지 상상의 나래를 펼 수도 있을 것 같습니다만 말이죠.

가정을 해보면, 예멘인들이 제주도에 삶의 터전을 만들고 뿌리내

릴 경우의 가정입니다만, 제주도에 예멘 사람들의 흔적이 남게 되고 먼 세월이 흐른 뒤에 제주도 땅에서 유적과 유물이 발굴된다면 무슨 일이 생길까요?

먼 훗날 예멘 사람들이 생각하기를, 제주도의 역사는 2018년부터 예멘의 역사의 일부라고 이야기하게 될까요? 아니면 제주도 사람들이 생각하기를 제주도의 역사에 예멘 사람들의 삶이 추가가 될까요?

후대의 사람들이 제주도에 머문 예멘 사람들의 흔적에 대해 과연 뭐라고 이야기할 것인지 의문을 갖게 됩니다.

사실대로 기록되거나, 각자 입장에서 조작되거나, 어쩌면 왜곡될 수도 있을 것입니다.

제주도에서 예멘 사람들의 문화양식이 발굴되었으므로 제주도까지 예멘의 세력이 진출했다고 기록할 것인지, 아니면 우리나라 한반도 역사에서 예멘의 문화양식이 발굴되는 경우이므로 제주도가 예멘의 삶을 따라했거나, 교류했거나, 또는 제주도의 여러 문화양식 가운데 일부가 예멘 문화양식과 같았다고 기록될 것인지에 대한 의문입니다. 한 걸음 더 나아가면, 예멘의 수도 사나의 전설을 들먹이면서 노아의 방주를 만든 노아의 장남이 제주도에 온 이유까지 논리를 비약해서 무엇인가 거창한 담론을 만들려는 사람들도 없으리란 법이 없으니까요.

이렇듯이 정확한 사료(史料)가 없다면, 사실의 기록대로인 역사가 없다면, 각자 입장에서 서로 다른 이야기를 적을 수 있는 게 역사의 맹점이기도 합니다.

그래서 역사의 진실을 확인할 때는 교차점검 방식이 필요합니다. 제주도에 머문 예멘 사람들 이야기를 제주도나 예멘에서 만든 기록을 보는 대신 인접 국가들이 기록한 내용을 보는 것이죠. 제주도나 예멘 당사자가 아닌, 제3자들이 기록하였기에 조금은 더 객관성을 신뢰할 수 있는 것입니다.

우리 아이들에게만큼은 제대로 된 사실의 기록으로 역사를 알려줘야 해!

그렇게 역사의 궁금증을 객관적으로 풀어보고자 노력해봤는데요. 그런데 말입니다. 이게 어찌된 일일까요?

의욕적으로 시작된 첫걸음부터 장벽에 부딪치고 말았습니다. 사실의 기록이어야 하는 역사를 하나씩 되짚어볼수록 고개를 갸웃거리게 만드는 문제들만 점점 더 많이 나왔으니까요.

결과적으로는 저의 질문들을 모아서 책에 담고 답을 찾아가는 과정과 사료에서 찾은 사실의 기록들을 적게 된 이유가 되었습니다만, 한편으론 오히려 잘된 일이라고 생각합니다. 이번 기회에 많은 의견이 모이면 우리 역사에 대해 제대로 사실대로 바로잡을 수 있지 않을까 하는 바람이어서 그렇습니다.

여러분은 어떻게 생각하십니까? 임진왜란. '1592년에 벌어진 조선과 일본 왜구의 전쟁, 이순신 장군의 거북선'을 외우고 있지 않나요? 하지만 왜 우리는 이 땅, 이 바다에서 거북선 유물을 찾아내지 못하는 걸까요?

이 책에 담긴 이야기는 우리가 안다고 여겼던 역사에 대해 의문을 제기하며 사실의 기록을 찾아가는 과정입니다. 우리가 잘 안다고 여겼던 역사들에 대해 파고들면 들수록 더 늘어나기만 하는 의문들을 제시하고 그 답을 찾아가는 기록이기도 합니다. 그래서 이 책에 담긴 내용은 개인의 의문이기도 하지만 어쩌면 많은 사람도 정답을 모르는 의문일 수 있습니다. 논란의 여지가 있는 역사는 나중으로 미룬다 하더라도 이 책에 담긴 질문과 나름의 답에 대해 여러분의 의견이 궁금한 이유입니다.

그 첫걸음을 시작하면 이렇습니다. 영어 공부를 하는 사람들이라면 한 번쯤 들어본 영어사전이 있죠. 유명한 '메리엄 웹스터[2]' 영어 사전(www.merriam-webster.com) 말입니다. 바로 여기서 찾은 '타타리(Tartary)'란 단어에 대해 저로서는 도무지 의문이 풀리지 않는 것입니다.

Tartary geographical name

Tar·ta·ry | \ ˈtär-tə-rē \

variants: *or less commonly* **Tatary** \ ˈtä-tə-rē \

Definition of *Tartary*

a vast historical region in Asia and eastern Europe roughly extending from the Sea of Japan (East Sea) to the Dnieper River

출처 www.merriam-webster.com/dictionary/tatary

2 예일대학교를 졸업하고 변호사로 활동하며 1783년~1785년 『영문법 강화』 3권을 발행한 저자인 '노아 웹스터(Noah Webster, 1758년~1843년)'가 1806년 백과사전 형태의 영어사전 이후 1828년에 만든 영어사전.

'타타리'라고 서양 고지도에 분명히 기재된, 아시아 대륙에 존재했던 국가(또는 지명)에 대해 저에게 지금껏 누구도 가르쳐준 적 없고, 따라서 한 번도 배운 적이 없다는 게 너무 신기하였습니다. 여러분은 혹시 들어보셨습니까?

사전에 나온 '타타리(Tartary)'에 대한 설명을 보면 "동해에서 드네퍼르강 유역까지 아시아와 동유럽에 걸친 광대한 역사적인 지역"을 일컫는다고 하였습니다. 추가로 자료를 찾아보니 **서유럽 학자들은 "12세기부터 19세기경, 타타리 제국(The Great Tartary)이 우랄산맥과 시베리아 지역에서부터 차이나 대륙과 몽골에 이르기까지 거대한 부분을 차지하였다"고 말한다**는 사실도 알게 되었습니다.

'타타리는 국가'라는 이야기입니다.

남의 나라 이야기 아니냐고요? 아닙니다. 위 사전 풀이에 따르면 분명히 '동해'가 포함되어 있습니다. 최소한 우리 땅과 우리나라가 포함된 역사라는 의미입니다.

일부 학자는 튀르크족(Türk族) 또는 몽골족이 이루었던 미스터리한 국가 '타타리'의 영역은 카스피해부터 태평양까지 이른다고 말하고 있습니다.

여러분은 어떻게 생각하십니까?

12세기부터 19세기까지 존재한 나라라고 합니다. 1100년대부터 1899년까지입니다. 한반도의 역사로 비교하자면 '고려 말에서 대한제국(일제강점기 전)까지'에 해당되는 시기입니다.

❖ **하지만 필자는 타타리에 대해 배운 기억이 전혀 없습니다.**

왜일까요?

우리가 살아가는 대륙 전체를 거머쥔 거대한 나라. 약 800년이라는 지속된 유구한 역사를 지닌 나라임에도 불구하고 필자는 타타리라는 나라에 대하여 역사 시간에 배운 기억이 없습니다.

여러분은 타타리에 대해 배우셨습니까? 서양의 역사학자들은 우리 땅에 실재한 역사라고 하는데, 서양의 학자들은 알고 있는데, 정작 우리가 모르는 이유가 궁금합니다. 우리가 안 배운 걸까요? 서구 학자들이 잘못 알고 있는 걸까요?

따라서 필자는 임진왜란의 실체가 무엇인지, 타타리의 실체가 무엇인지 이 책을 통해서 그 답을 추적해 보려고 합니다. 그럼 함께 출발해보실까요?

1부
조선 역사의 미스터리

『난중일기』로 본 임진왜란

임진왜란을 이야기할 때 빼놓을 수 없는 게 『난중일기(亂中日記)』다. 『난중일기』는 이순신 장군이 1592년부터 1598년까지 임진왜란 기간 동안 쓴 일기를 말하는데, 1962년 12월 20일 국보(제76호)로 지정되었고 2013년 6월 18일 유네스코 세계기록유산으로 등재되기도 하였다.

흔히 '난중일기'라고 부르지만 '난중일기'라는 명칭은 이순신이 직접 지은 것은 아니다. 우리가 일기를 쓰면서 '평상시 일기', '싸울 때 일기' 등처럼 특정한 제목을 붙이지 않듯이, 이순신의 난중일기 또한 일기를 쓴 그해의 연도를 붙여 '임진일기', '계사일기' 식으로 불렸다.

'난중일기'라는 이름은 조선 정조 19년(1795년)에 간행된 『이충무공전서(李忠武公全書)』에서 '난중일기'라고 부른 데서 비롯되었다고 알려져 있다.

❖ 『난중일기』를 일본 사람들이 보면 무서워하겠지? 일본군들을 우리나라 장군이 쳐부순 이야기잖아!

그런데 속사정을 살피면 그 주장을 선뜻 받아들이기 어렵다. 『난중일기』는 일제강점기인 1935년에 조선총독부의 조선사편수회에서 최초로 해석 및 간행되었다고 전해진다. 조선사편수회가 『난중일기』의 친필본(초서체)과 전서본(초서체를 정자로 적은 것)을 합쳐서 『난중일기 초』 한 권으로 간행한 것이다.

일본인들이 일본인을 쳐부순 한국의 영웅 이야기를 스스로 기록하고 간행하였다는 얘기다. 이상하지 않은가?

❖ 일제강점기 때에? 일본인들이 왜?

의문이 드는 건 당연한 일이었다. 한반도를 조선이라고 부르며 이 땅의 역사를 그들 입맛대로 왜곡하려는 일본 정부에서 오히려 일본 왜구를 물리친 이순신 장군에 대한 책을 기록하고 정리해서 간행한다? 물론, 실무를 맡은 것은 조선인 직원들이라고 하더라도 조선 수군이 일본 수군을 물리친 전쟁 이야기를 책으로 간행하도록 허락하였다는 것은 상식적으로 이해가 되지 않았다.

그 이유를 알기 위하여 사료를 살펴보는데, 필자의 눈에 들어온 것이 『난중일기』 원문과 해석에 대한 것이었다.

❖ 『난중일기』를 누가 해석하였을까? 한글 해석은 제대로 된 것일까?

알려지기로, 『난중일기』는 여러 권이 존재한다.

가장 앞선 책은 정조 19년(1795년)의 『이충무공전서』로 『난중일기』 초고본이 처음 활자화된 것이고, 그 다음으로 1916년 조선연구회(朝鮮硏究會)의 아오야나기 고타로(靑柳綱太郎, 1877년~1932년) 주간이 일본어로 간행한 『원문화역대조 이순신전집(原文和譯對照 李舜臣全集)』이라는 책에 수록된 것이 있다. 아오야나기의 『이순신전집』에는 '난중일기 원문'과 '일역문(日譯文)'이 실려 있는데, 임진년 1월 1일부터 을미년 5월 29일까지만 수록되어 있어서 완전한 구성은 아니다.

1960년에 이르러서 이은상(李殷相, 1903년~1982년)이 『난중일기』 초고본을 바탕으로 『이충무공난중일기』를 간행하였는데, 초고본에 없는 내용을 전서[3]본 내용으로 보충하여 『난중일기』 전체 번역을 시도하였다. 이후로도 번역서가 대략 30여 종이 간행되었으나 '이게 정확하게 번역된 책이다'라고 주장할 만한 것은 찾기 어렵다. 이를 순서대로 다시 정리해 보았다.

1592년 이순신 본인 기록

1795년 간행(조선 정조 19년)

1916년 일본어판 간행(일제강점기)

1935년 해석본 간행(일제강점기)

1960년 우리말 간행(대한민국)

위의 순서를 살펴보면, 이순신 장군이 일기를 쓰고 나서 200년이 흐른 뒤에야 책으로 처음 간행되었다는 것이다. 그리고 또 120년의 세월이 흘러 일본어판이 간행되었다. 그 세월 동안 빠진 글자는 없는지, 보관 상태에 따라 어휘 변화에 따라 다르게 쓰인 용어는 없는

3 전서(篆書): 한자 서체 종류의 한 가지. 대전(大篆)과 소전(小篆)으로 나뉜다.

지 궁금했다. 특히, 16세기 한자어를 20세기에 일본어판으로 해석하여 간행하였다면, 원문과 번역본상에 의미 차이가 분명 존재할 것이란 생각도 들었다. 중국[漢語]식 문법으로 기록된 게 원본일 텐데, 그걸 일본어식 한자 문법으로 이해한다면 본래 의미와 달라지고 원뜻이 훼손될 가능성이 높지 않겠는가.

그렇다면 『난중일기』 원문을 100% 완벽하게 번역한 내용은 존재하지 않겠다는 생각이 들었다. 설령 원문에 충실하게 해석한다고 하더라도 일정 부분(가령, 기록이 없는 지역 명칭, 시대상, 인간 이순신의 심정 등)만큼은 그 의미를 살려내기가 물리적으로 불가능한 부분도 없진 않았을 것이다.

지금으로서는 원문으로 전해지는 내용과 해석본을 비교하여 빠진 내용이 없는지 꼼꼼히 살펴보는 게 최선일 것이었다. 그래서 원문과 해석본을 하나하나 비교해 보면서 살펴보았는데 1596년(丙申) 윤 8월 18일(양력 10월 9일)의 내용이 눈에 들어왔다.

> (원문) 十八日壬午. 晴. 後事官金涌上京. 早發到陽江驛 午飯後. 上山城望遠. 指點各浦及諸島. 因向興陽. 暮到其縣. 宿于鄕所廳.

> (해석본) 18일, 맑음. (사관이 김포에서 서울로 올라간 후) 일찍 출발하여 양강역(陽江驛)에 도착하여 점심을 먹고 나서 산성(山城)으로 올라 멀리 바라보며 각 포구와 섬들을 가리켜 짚어주고, 흥양으로 향해 저녁 무렵 흥양현(興陽縣)에 이르러 향소청(鄕所廳)에서 잤다.

『난중일기』 원문에는 분명히 "**後事官金涌上京**(후사관김포상경)"이라고 밝히고 있는데, **현존하여 전해지는 해석본에는 이 문장에 대해 해석이 없다.** (어쩌면 완전한 문장을 모두 해석한 기록을 필자가 아직 찾지 못한 것인지도 모르지만) 왜 이 문장을 뺐는지 의문이다.

좀 더 내용을 들여다보자. 먼저 '경강선(京江船)'을 알아야 하는데, '조선 시대 한강을 중심으로 상업 활동을 하던 선박'을 가리킨다. '경강(京江)'이란 '서울의 강'으로 한강을 의미한다. 『난중일기』의 "後事官金涌上京"이 "사관이 김포에서 서울로 올라간 후"로 해석되는 까닭이다.

이를 염두에 두고 다시 해석해 보았다. "사관(나랏일을 하는 관료)이 김포에서 서울로 올라가고, 이순신은 일찍 출발하여 양강(陽江)에 도착하였다"는 뜻이다. 그런데 어째 어색하다. 김포는 한강의 포구를 가리키는데 양강은 어디인가? 우리의 역사책에서는 그곳이 '전라남도 고흥'이라고 말한다.

그렇다면 당시의 정황을 다시 그려보자.

(이순신과 사관이 김포 인근에 머물다가) 사관이 먼저 김포에서 서울로 가고, 이순신은 아침 일찍 출발하여 양강에 도착했다는 것이다. 이순신은 임진왜란 시기에 남해에 머물던 상태였지 않은가? 어떻게 한강의 포구에 머물 수 있었을까? 그리고 그 당시 김포에서 고흥까지 점심 식사 전에 도착할 수 있었을까? 이상하지 않은가? 그런데 만약 '후사관김포상경'이라는 문장을 빼면 어떤가? 그냥 '아침 일찍 출발하여 양강에 도착한다'가 되어 모순이 사라진다. 양강에 들러 순찰한다는 게 전혀 이상하지 않게 된다. 하지만 원문에는 분명 '김포'가 있다. 그렇다면 '양강'은 어디일까? 미로 속에 빠진 느낌이었다.

그래서 다시 좀 더 살펴보았다.

이순신 장군이 양강에 와서 올라간 '산성'은 어디인가? 우리가 배우는 국사(國史)에선 '고흥군 남양면 대곡리'를 가리킨다. 그리고 '흥양'은 '고흥읍'에 해당된다고 가르친다. 양강과 고흥을 세계 지도에

대륙의 양강　　조선총독부의 '고흥'

서 찾아보았다. 양강은 한자로 '陽江', 고흥은 '高興'이다. 그랬더니 양강은 대륙 광동성 인근 하이난도(海南島, 해남도) 바로 위 지역으로 나오고, 고흥은 남해안 제주도 바로 위 지역으로 나왔다.

지도에서 전체적인 지형과 위치를 비교해 봤다. '대륙의 하이난도와 양강의 위치' 그리고 '한반도의 제주도와 고흥의 위치'가 닮은꼴이었다. 구도상으로나 비례상으로나 크게 다를 바 없어 보였다.

그런데 '고흥군' 자료를 찾아보니 1915년 조선총독부 임시토지조사국에서 만든 자료가 있었다. 우리나라 전라남도 고흥군은 1914년 조선총독부에서 '고흥군'이라 이름을 정한 것이었다.

그렇다고 하더라도, 아직 해결되지 않은 부분이 있었다. '김포'와 '한강' 부분은 어떻게 설명할 수 있을까? 분명히 원문에는 김포와 양강이 동시에 기재되어 있지 않은가. 그런데 양강의 한자가 '陽江'이라는 것에서 문득 두 글자가 들어가는 강이 떠올랐다. 대륙의 '양자강(陽子江)'이었다.

❖ 설마 대륙의 그 양자강일까?

지구상 위도와 경도를 살펴보자. 대륙의 산둥반도에서 우측으로 시선을 옮기면 우리 한반도가 있다. 방위가 비슷하다. 그런데 비슷한 지명들도 꽤 많다. 우연일까? 방위가 비슷하다는 것이 비슷한 지명들을 갖게 된 이유가 될 수는 없지 않은가?

이번에는 장보고[4]가 설치한 '청해진(淸海鎭)'을 기억해 보자. 청해진은 현재 한반도의 완도(莞島)에 설치되었다고 배웠다. 조선 시대에는 완도에 가리포진이 설치되었다고 전해지는데 현재에 이르러서는 완도에 청해진 유적지가 만들어져 있을 뿐이다. 완도가 통일신라의 땅인지, 조선의 땅인지 구분하기도 애매모호하다.

그런데, 완도는 임진왜란과도 연관성이 있다고 전해진다.

임진왜란 후반에 이순신이 고금도(現 완도군 고금면)에 삼도수군통제영(三道水軍統制營)을 설치했다는 것이다. 1592년 8월 14일(선조 25년 음력 7월 8일) 한산도 앞 견내량에서 학익진을 사용한 조선 수군이 일본 왜군들을 크게 무찌른 이른바 한산도 대첩(閑山島大捷)이 있고 나서 5년 후, 1597년 8월 28일(선조 30년 음력 7월 16일) 칠전량[5] 해전에서 패하여 한산도가 왜군에게 넘어갔고, 1597년 10월 25일(선조 30년 음력 9월 16일) 명량 해전 이후 통영의 한산도에 설치되었던 삼도수군통제영 대신 고금도 쪽에 새롭게 통제영을 설치했다는 것이다.

칠전량 해전에서 패하여 거북선 3척과 판옥선 60여 척을 잃었다지만 이후 명량 해전에서 남은 13척의 배로 일본 수군 300여 척을 격퇴하는 대승을 거뒀음에도 불구하고 삼도수군통제영을 옮긴 것이다. 왜일까?

4 787년~846년, 청해진 출생으로 대륙의 남북국 시대, 통일신라의 무사 장군이자 해상 호족.

5 칠전량: 경상남도 거제도와 칠전도 사이 해협

정리해 보자.

한산도 대첩에서 왜군을 물리치고 지켜냈는데 5년 후 칠전량 해전에서 패배하며 한산도가 왜군 수중에 들어갔다. 그리고 조선 수군이 다시 명량 해전에서 대승을 거두었는데도 불구하고 한산도는 여전히 왜군에게 빼앗긴 상태에서 완도에다 수군통제영을 설치했다는 의미다. 지도에서 위치를 찾아보면, 한산도와 칠전량은 거제도를 사이에 두고 대각선 방향에 존재한다. 한산도보다 칠전량이 위쪽이다. 그리고 완도는 명량에 가깝다.

이상하지 않은가? 쉽게 납득이 되지 않는다. 또한 한산도 대첩과 칠전량 해전 사이, 그 5년의 시간 동안 조선 수군은 무엇을 하였다는 것인지 아무런 설명이 없다.

전쟁의 와중에 5년여 동안 대비책이 없었다면 그것만큼 무능한 게 있을까?

그런데 이순신이 자국을 쳐들어온 외세를 막아낸 것이 아니라 다른 나라를 도와준 것이라면 오히려 설명이 된다. 다른 나라를 도와주고 앞으로 잘해라 말하고 떠난 것이라면 이해된다. 그렇지 않다면 이건 무능함의 '끝판왕'이 아닐까? 5년 동안이나 허송세월하며 방어대책을 세우지 않은 것이니 말이다.

임진왜란이 과연 한반도에서 벌어진 역사인가?

이런 의문을 갖게 된 이유는 또 있다. 『하멜 표류기』에 이런 얘기가 나온다.

“이 나라에는…… 도무지 코끼리는 볼 수 없고, 여러 크기의 악어는 강에 살고 있다. 여기 사람들이 우리에게 말하는 것은 어떤 악어의 배 속에 어린아이 셋이 들어 있는 것도 보았다고 전한다.”

조선 땅에 1653년에 들어와 1666년까지 머물었던 네덜란드 사람 **헨드릭 하멜**(Hendrik Hamel, 1630년~1692년). **그가 본 것이 악어라고 했다.** 그런데 한반도의 어느 곳에 악어가 있는가? 국내 역사학자 일부는 하멜이 본 게 악어가 아니라 큰 도마뱀이라고 주장하기도 한다는데 그 당시 세계 여러 나라를 여행하던 하멜이, 당시 24세의 나이였던 하멜이 악어와 도마뱀조차 구분하지 못했을까? 하멜 집안 후손들이 들었다면 “우리 집안이 그 정도로 무식하지 않다”며 통탄할 일이 아닐까?

백 번 양보해서 하멜이 본 게 큰 도마뱀이라고 하더라도 얼마나 큰 도마뱀이기에 어린아이 셋을 삼킬 정도가 되었는가? **그런 도마뱀이 현재 우리 땅엔 왜 없을까? 그 당시에 그만한 크기의 도마뱀들이 존재했다는 기록은 왜 더 없을까?**

지금까지의 이야기들은 필자가 ‘임진왜란은 한반도에서 있었던 역사가 아닐 수 있다’는 의문을 갖게 된 이유들 가운데 일부분이다. 그런데 『난중일기』와 『하멜 표류기』의 기록뿐만이 아니다. 더 있다. 연행록(燕行錄)[6] 『계산기정(薊山[7]記程)』[8]의 ‘산천(山川)’ 편을 보자.

“의무려산은 요나라 임금이 정한 12개의 산들 가운데 하나이고 **우리나라 장백산(長白山)**에서 산맥이 여러 곳으로 시작되어 **큰 사막을 가로질러 막았다.** 서북쪽으로 700~800리를 가도 끝이 보이지 않는다. 의무려산은 옛 흉노의 땅인데 명나라에서는 **달단**이라고 하였고 지금은

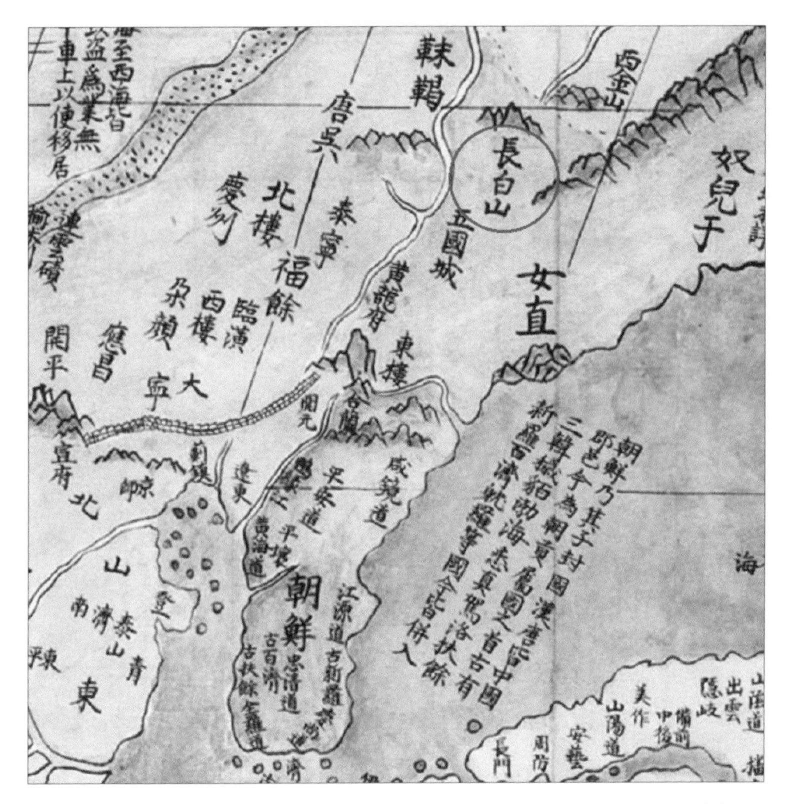

곤여만국전도 중 장백산 부분

출처: 일본 도호쿠 대학도서관 '카노컬렉션'
Image Database of the Kano Collection_ Tohoku University Library

6 조선 시대에 사신이나 수행원이 중국을 다녀온 기행문.

7 '계구(薊丘)'와 같은 뜻으로 '연경'을 지칭.

8 조선 순조(제23대, 1800년~1834년) 때 동지사의 서장관 '서장보'를 따라 연경(춘추전국시대 연나라 수도. 현재의 베이징 지역)을 다녀온 필자 미상의 사행기록.(국립중앙도서관 소장).

'몽골'이라고 부르니 하늘께서 이(夷: 동이족)와 하(華夏: 한족)의 경계를 나누신 것이다."

위의 기록을 보면, 의무려산 주위에 백두산이 존재하는 것인데 지금의 백두산(?)을 기준으로 한다면 큰 사막이 없으므로 말이 맞지 않는다. 그런데 그게 아니다. 왜냐하면 장백산은 지금 우리가 알고 있는 한반도의 백두산이 아니기 때문이다.

곤연만국전도를 보면, 장백산은 한반도가 아닌, 만주 지역 위에 서금산(西金山) 옆에 있다. 다시 『계산기정』의 기록을 보자. 장백산 서북쪽으로 끝이 보이지 않는 큰 사막이라고 했다. 조선 순조 때 기록이고 조선 사람의 기록이다. 그런데 '우리나라 장백산'이라고 했다. 조선의 영토에 장백산이 있다는 말이다. 시대적으로는 19세기 초이다. 그 당시에도 조선의 땅이었다는 이야기다.

❖ 임진왜란은 어디에서 벌어진 전쟁이고, 당시 조선은 어디에 있었는지 더더욱 궁금해진다.

이번엔 왜구의 이야기를 해보자.

임진왜란 때 조선 땅을 쳐들어와 조선의 선조 임금을 도망시킨 역사(?)를 만들었다는 왜군은 과연 현재 일본의 이야기일까?

먼저, 왜군이 현재의 일본이고 일본이 임진왜란을 일으킨 왜구였다는 이야기를 하기 전에 한반도와 일본 열도, 우리 역사와 일본의 관계를 먼저 짚어보고자 한다. 2018년 초 공주대학교 백제문화국제심포지엄에서 발표된 '익산미륵사 출토 금실에 대한 일고찰'에서 데쓰카야마(帝塚山)대학의 다구치 아키토(牟田口章人) 교수는 645년에 일본의 다이카 개신(大化改新)[9]을 주도한 후지와라노 가마타리(藤原鎌足, 614년~669년)의 무덤에서 발굴된 금실(金糸)이 백제 것일 가능성이 크다고 주장했다.

후지와라노 가마타리는 백제계 사람으로서 헤이안 시대[10]의 최고 명문 가문인 후지와라 가문의 시조로 알려진 인물인데, 그의 무덤에서 나온 금실 하나가 고대 한반도와 일본의 관계에 대한 실체를 밝혀줄 단서가 된 셈이다.

시간을 더 거슬러 올라가 보자. 1934년이다. 오사카(大阪)의 아부야마(阿武山) 고분으로 드러난 후지와라노 가마타리의 무덤은 발굴 과정부터 예사롭지 않았다. 관측소를 짓던 곳에서 일본 발굴단이 특수카메라와 엑스레이로 탐사한 결과 일본 왕에게만 사용된다는 옻칠 된 관모를 쓴 시신이 발굴된 것이다. 일본에서는 일본 왕의 무덤 발굴을 금하고 있기 때문에 고분 발굴은 더 이상 진행되지 않았는데, 『일본서기』에 나오는 최고위 관료인 대직관(大織冠)이 된 후지와라노 가마타리가 썼던 '금실로 장식한 관모'가 분명하다는 사실까진 밝혀졌지만 그 기술의 유래는 알 수 없었다.

그런데 2009년 한국의 익산 미륵사지석탑 해체 보수 과정에서 나온 유물들 중에 금실이 있다는 사실이 2014년 발굴보고서에 의해 알려졌다. 꽃잎 모양처럼 만들어진 금실이 꽃, 구름, 용의 문양의 테두리로 비단에 수놓아져 있었는데, 아부야마 고분 관모에서 발굴된 금실과 똑같은 형태였다.

9 일본 역사상 최초의 중앙집권제 정치 개혁.

10 헤이안(平安) 시대(794년~1185년): 794년 간무 천황이 헤이안쿄(平安京)로 천도한 때부터 가마쿠라 막부의 설립까지 약 390년간을 지칭하는 시기. 가마쿠라 막부가 설립될 때까지 일본 교토에 세워진 헤이안쿄가 정치의 중심이었던 이유로 헤이안 시대라고 불린다.

미륵사지석탑은 639년에 건립된 것이고, 아부야마 고분은 백제 멸망 9년 뒤인 669년에 세워졌다는 사실에서 백제와 일본의 연관성이 드러나지 않는가? 물론 이것은 백제가 한반도에 존재하였다는 가정하에 생각할 수 있는 논리다. 백제 사람이 일본에 건너가 최고위직이 되었다는 게 사실이라면? 그로부터 1,000년 후에 임진왜란을 일으킨 왜군이 백제의 후손일 수도 있지 않은가 하는 이야기다.

광화문 광장 앞에 서 보았다. 2018년 봄 무렵. 뉴스에 의하면 광화문 광장이 넓어지면서 이곳에 역사도 되살린다고 한다. 경복궁의 광화문 앞거리를 부르던 '육조 거리'의 역사를 되살린다고 한다. 과연 무슨 역사를 되살리려고 하는 것일까? 노비문서 관리청의 표석을 근거로 장예원(掌隸院)[11]을 복원하려는 것일까? 일제강점기에 파손된 동십자각(東十字閣)[12]과 그 맞은편에 있던 서십자각(西十字閣)까지 복원한다는 이야기도 들린다.

조선의 최고관부였던 의정부 터를 발굴하는 것도 한창이란다. 조선을 다스리던 조선의 행정 관청들이 밀집하여 육조 거리라고 불렸던 지역. 조선 초기 정종 2년(1400년)에 이곳에 설치된 의정부는 1907년에 폐지되기까지 조선의 최고 정치행정기구였는데 의정부조차 지금에서야 복원에 나서 터를 발굴하는 모양새다.

그러나 광화문 광장을 새롭게 조성하는 계획에 따라 의정부 터 발굴과 복원이 더 미뤄지게 되었다니 필자로서는 아이러니한 생각이 들 뿐이다. 과연 그곳에서 의정부 터가 실제 발굴되고, 제대로 복원될 것인지 의문이다.

11 조선 시대 노비를 관리 감독하던 기관으로, 소송을 다루고 노비문서를 관리하였다.
12 광화문에 연결되어 경복궁 외궁성(外宮城)이 건춘문(建春門)을 향해 꺾이는 부분에 세운 망루(望樓).

1926년 광화문 (서울역사박물관 소장)

1927년 광화문 (서울역사박물관 소장)

서울역사박물관에 소장된 1926년 광화문과 1927년 광화문을 살펴보기 바란다.

2018년 광화문(필자가 찍은 사진)

그리고 필자가 2018년에 촬영한 광화문과도 비교해서 살펴보기 바란다. 각 사진들의 차이점을 알아보겠는가?

사진에 있어서 각도와 위치에 따라 피사체의 모양이 변화될 수 있다는 것은 당연하다. 하지만 그것도 어느 정도껏이지 않은가? 산 하나가 드러났다가 사라지는 상태에서 무엇이 옳고, 무엇이 제대로 된 것이라고 말할 수 있을까?

임진왜란에서 시작된 의문, "조선은 도대체 어디에 있습니까?"

조선의 위치를 찾는 본격적인 여행을 지금부터 시작해보자.

1592년 왜국은 어디인가?

광화문 광장

서울 세종로에 세워진 이순신 장군 동상을 지나 세종대왕을 바라보며(이 책이 출간되고 어느 미래에는 동상들의 위치가 변경될 수도 있겠지만) 그 뒤로 광화문을 바라본다. 이순신 장군 동상인지 모르는 사람, 세종대왕 동상인지 모르는 사람은 간혹 있을지언정 임진왜란을 모르는 사람이나 한글을 만든 세종대왕을 모르는 사람은 아마도 없을 것이다.

그런데 사람들은 흔히 임진왜란 하면 1592년에 일본이 조선에 요구하기를 명나라를 공격하러 가겠으니 길을 비켜달라고 하였는데 조선이 들어주지 않자 그 구실로 일본 왜군이 조선에 쳐들어와 한양까지 공격해 온 이야기로 기억한다. 또 어떤 사람들은 명량 대첩(鳴梁大捷), 한산도 대첩(閑山島大捷), 노량 대첩(露梁大捷)이야말로 우리의 이순신이 일본 왜구를 격파하고 대승을 거둔 3대 해전이라고 자랑삼아 이야기한다.

하지만 구체적으로 3대 대첩이 각각 몇 년도에 있었는지, 그 이유는 무엇이었는지, 누가 어떻게 승리한 것인지 물어보면 대부분의 사람은 고개를 갸웃거리는 것도 사실이다.

우리가 그동안 임진왜란에서 이순신 장군이 일본 왜군을 상대로 승리했다는 결과에만 도취되었던 것은 아닌지 되돌아봐야 하는 것은 아닐까. 우리 역사에 대한 몇 가지 질문을 해보겠다.

❁ 1592년 조선의 수도는 어디였습니까?

사람들은 고개를 갸우뚱할지도 모르다. 한양? 한성? 지금의 서울 아닌가요?

❁ 1592년에 만들어진 조선 지도를 본 적 있는가요?

음……. 왕조실록에 조선 8도라고 나오지 않나? 대동여지도? 김정호? 이런 반응들을 보일지 모르겠다.

❁ 왕조실록에 기록된 내용들이라면 100% 정확한 것일까요?

대부분의 사람은 이렇게 대답할 것이다. 그렇죠. 조선의 왕이 만든 건데, 거기 거짓말이 있으면 안 되죠.

그런데 이상하다. 왕조실록에 기재된 내용을 지금 대한민국의 한반도에 겹쳐놓고 하나하나 맞춰보다 보면 어째 맞지 않는 부분들이 보인다.

왕조실록에서 설명하고 있는 한양 땅의 모양도 그렇고, 조선 8도로 부르던 지역들에 대한 설명에서도 여기저기 논리적 허점 이를테면 '구멍'이 보인다. 지금 한반도에 적용하려면 정확하게 맞아 떨어지지 않는다는 이야기다.

그 당시엔 과학기술이 발달하지 않았고, 요즘엔 현대 과학기술 덕분에 정확하게 측정할 수 있으니까 그런 데서 생기는 차이 아닐까요?

이런 질문을 하는 사람도 있다. 일리 있는 이야기다. 그런데 현대 과학기술로도 설명이 안 되는 역사가 있다면 어떻게 할 것인가? 자꾸만 의문 속으로 빠져들 뿐이다. 도대체 뭐가 정답일까? 우리는 그동안 무엇을 역사라고 배워온 것일까?

먼저 1592년에 대해 제대로 알아야 되지 않을까? 당시에 조선의 영토가 어디부터 어디까지였는지부터 알아야 하고, 지명은 무엇이었으며, 이웃나라들과의 교역은 어떠하였는지 여러 면에서 살펴봐야 하지 않을까?

임진왜란 당시를 기록한 일본의 『이칭일본전(異稱日本傳)』이라는 책이 있다. 이 책은 1688년에 마쓰시타 겐린(松下見林)이 쓴 역사 연구서인데 제목대로 해석하자면 '다르게 쓰인 일본 이야기' 또는 '다르게 부르는 일본 이야기' 정도의 의미가 되겠다.

이 책은 상 3권, 중 8권, 하 4권으로 구성되었는데 책이 완성되기까지 30년이 걸렸으며, 중국과 한국의 역사서 120여 종에서 일본에 관계되는 내용을 발췌하여 의문을 제기하고 비판을 적은 내용이다.

조선의 역사에 대해서는 '하권'에 기록되어 전하는데 출간 이후 조선에도 이 책이 유입되어 한치윤이 지은 『해동역사』에 내용 일부가 인용되어 전한다.

『이칭일본전』에서 임진왜란 당시 상황을 기록한 내용을 보면 "소서행장이 평양에 주둔하였는데, 왕성은 동쪽에 여강, 남쪽에 한강, 서쪽에 서강의 물이 넘실댄다"고 하였고, "서울은 푸른 돌로 사방의 벽을 쌓았다"고도 하였다.

서울을 세 개의 강이 둘러싸고 있다 했는데, 현재 서울 어디에 세 개의 강이 흐르는지 의문이고 푸른 돌로 벽을 쌓았다는 그 성은 도대체 어디에 있는 것인지도 의문이다.

광흥창역에서 여의도로 넘어가는 대교가 서강대교인데 거기가 서강 아닌가요? 대학교 이름도 있는데?

이런 질문도 가능하겠다. 하지만 지금 한강에는 다리가 서른 개도 넘게 있다. 우리 서울에 흐르는 강은 동네마다 다른 이름이 아니고 한강일 뿐이다. 즉, 물줄기가 하나라는 의미도 되고 '큰 강'이라는 의미도 된다. 강이 세 개가 있는 게 아니다.

13 김종성, 『한국 중국 일본, 그들의 교과서가 가르치지 않는 역사』(역사의 아침, 2015).

이번엔 다른 역사책을 보자. 일본인이 쓴 책에 기록된 왜군의 모습과 몽골(원나라)의 역사서 『원사(元史)』에서 기록한 왜구에 대한 설명을 비교하여 보자. 시기는 양력 1363년 9월 8일이고 『원사(元史)』 순제 본기 지정 23년 8월 1일자 내용이다.[13]

"왜인들이 봉주(蓬州)를 약탈했다."

"지정 18년 이래로 왜인들이 계속해서 연해주를 약탈했다."

위 책에서 '봉주'가 어딜까? 최소한 한반도에서 듣던 지명은 아니다. 찾아보니 대륙의 사천성에 소재한 지명이다.

봉주가 대륙의 티베트고원 우측 내륙 지역인 사천성에 있다니? 일본 열도의 왜구가 대륙을 지나 사천성까지 갔다고?

이 기록에 따르면 왜구는 1592년 임진왜란을 일으키기 훨씬 전부터, 1363년경에도 이미 대륙 사천성까지 공략했던 세력이었음을 알 수 있다. 대륙에서도 내륙 지역이라 바다로 통하는 길도 아니었다. 왜군이 어떻게 대륙으로 그것도 내륙 깊숙이 들어갈 수 있었을까?

그렇다면 '1592년에 전쟁을 일으킬 명분으로 명나라를 치러 갈 테니 한반도 땅을 비켜달라고 했다'는 일본의 침략 구실도 이해가 되지 않는다. 일본이 왜구가 맞다면 이미 수백 년 전부터 대륙을 들락날락거렸으면서 생뚱맞게 이제 와서 길을 비켜달라니 이치에 맞지 않는다.

또 한 가지. 명나라 역사서 『명사(明史)』의 기록을 보자.

양력 1554년 6월 31일~6월 29일, 대체로 진왜(眞倭) 사람은 열의 셋이고, 왜인을 따르는 자들이 일곱이다.[14]

왜구의 세력을 보아하니 '진왜'는 30% 정도이고 나머지 70%는 진왜를 따르는 자들이라고 했다. 무슨 말인가. 왜구의 세력이 연합세력이라는 뜻이다. 일본이 왜구가 아니라는 사실이 드러나는 부분이지 않은가?

왜구가 일찌감치 바다를 무대로 세력을 확장했던 것 아닐까요?

현재의 '일본'이 '왜'라고 가정하면 이런 질문을 할 수도 있겠다. 하지만 조금 더 깊이 살펴보면, 일본과 왜는 전혀 다른 이야기다.

우선, 1392년 이후에 등장하는 왜구는 송나라 유민을 지칭한 용어였고, 명나라 역사책에는 "왜구는 대륙에 사는 사람"이라고 기록하고 있다. 또한 왜구와 일본을 구분하여 왜구를 표해부족(바다에서 떠돌아다니는 민족: 나라를 잃고 수시로 대륙 해안을 침공한 유민)이라고 불렀다는 기록도 있다. 그리고 16세기 대륙 해안을 침공한 왜구의 정체가 송나라 유민이었다[15]는 주장도 있다.

필자가 무엇보다 중요하게 여기는 것은 지리적으로 명백한 사실을 따라야 한다는 점이다.

첫째. 봉주 지역은 대륙 내륙 지역이다. 이곳까지는 양자강(揚子江=長江)이 흐른다.

14 상동.
15 황영희, 『한국사 미스터리 1』(북큐브 출판, 2016).

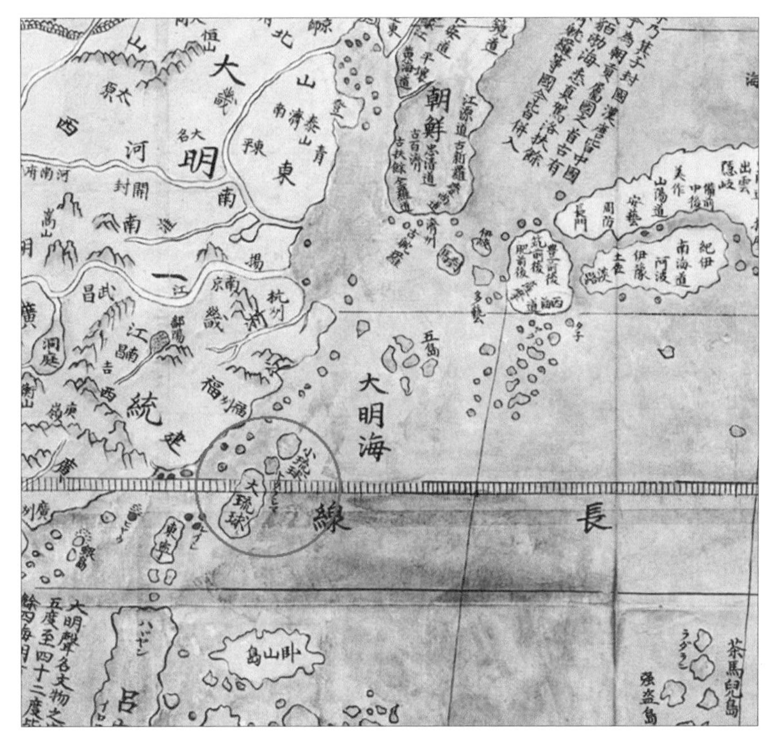

곤여만국전도 중 유구국 부분(대만이 유구국이었다)

출처 : 일본 도호쿠 대학도서관 '카노컬렉션'
Image Database of the Kano Collection_ Tohoku University Library

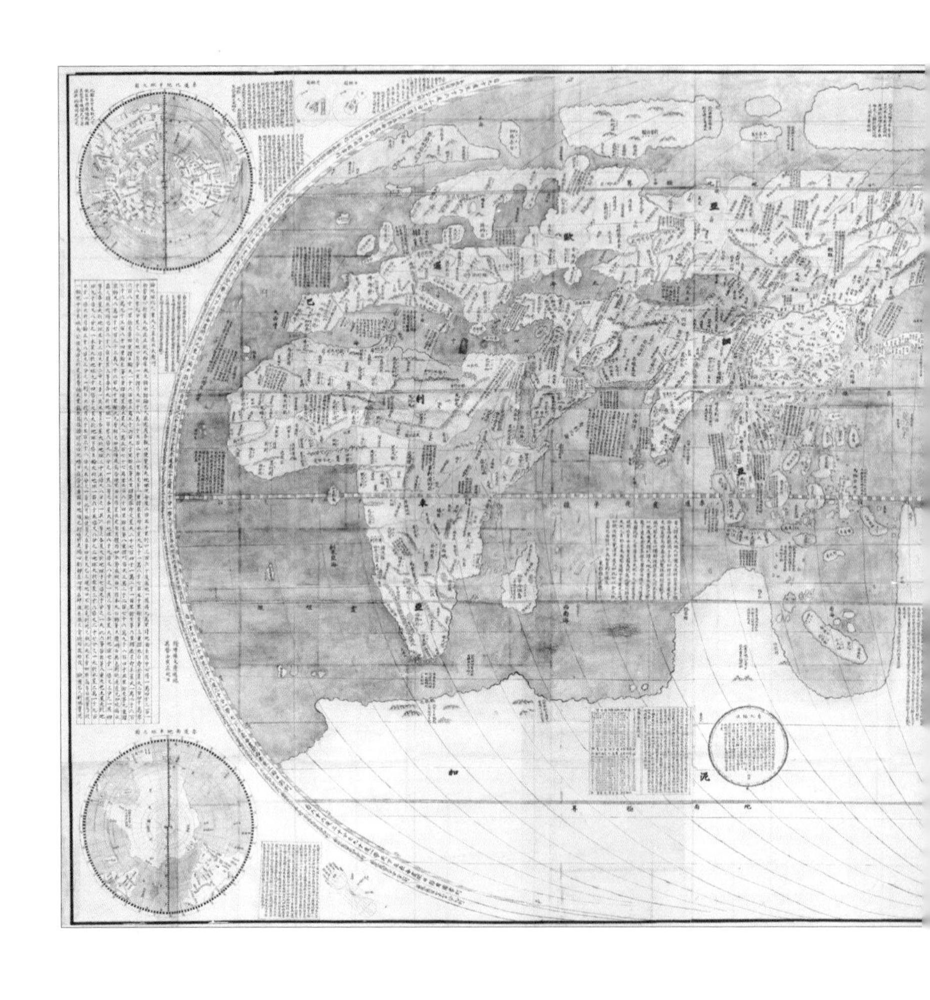

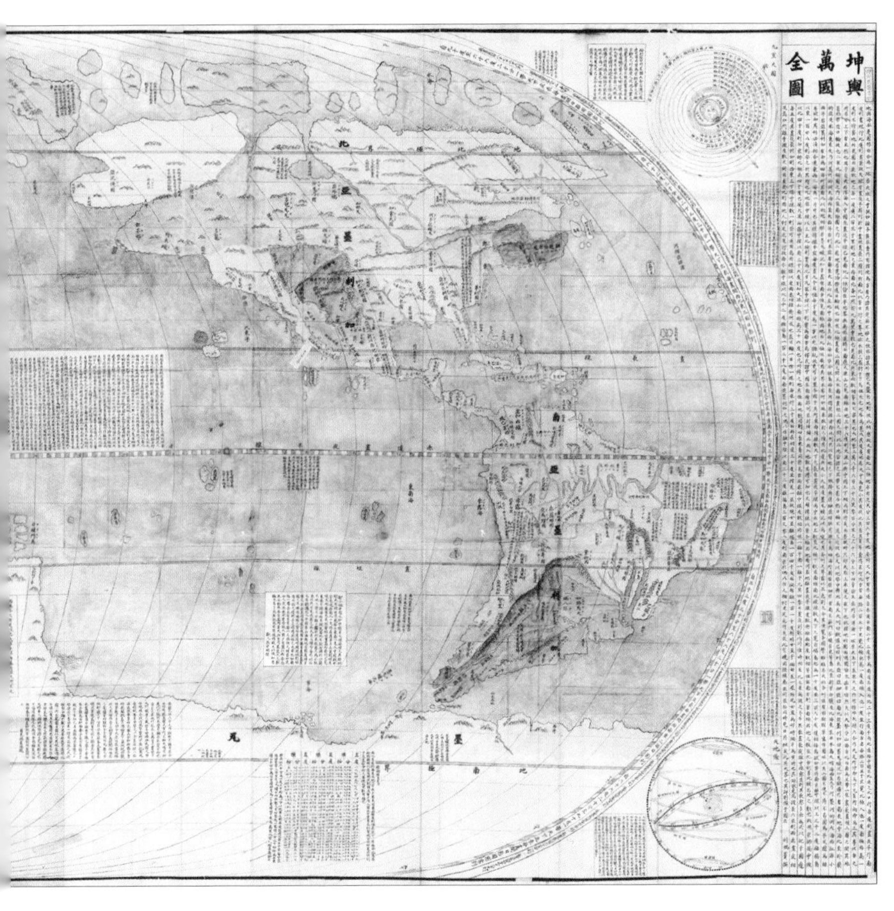

곤여만국전도

둘째. 1392년부터 1592년 무렵의 지도들에서 일본은 일본이었을 뿐, 왜구로 불린 기록을 찾지 못했다. 1688년에 간행된 「만국총계도」에 기록된 명칭도 일본이다. 17세기에 간행된 「곤여만국전도」에도 일본은 단지 일본으로 표기되어 있다. 오히려 현재의 일본이 본래 '유구(流球)국[16]'이었다고 주장하는 '오키나와'가 아니라 지금의 대만이 유구국으로 표기되어 있다.

1592년 왜국은 어디였을까?

이 질문의 답을 찾자면 미국 상선보고서 및 영국지리지에서 '조선'에 대한 기록을 발견할 수 있다. 그 기록에는 "조선은 사막이 길어서 러시아를 거쳐 가기는 힘들고 해로를 통해서만 안전하게 갈 수 있다"고 하였다. '사막이 길다'는 내용은 앞서 본 연행록과 일치했다.

긴 사막이라니?

이번에도 사막이 등장했다. 한반도에 과연 사막이 있던가? 사막으로 불릴 정도라면 끝이 보이지 않을 정도의 모래밭이 펼쳐져야 한다. 고작 해변 모래사장을 사막이라고 부를 리 만무하다.

그런데 서양의 기록에는 '조선에 사막이 존재하였다'고 한다. 어쩌면 그들이 실수한 것이라고, 오타 혹은 잘못 적은 것일 수도 있다고 생각해 본다.

그래서 이번엔 고대역사서 『삼국지위지동이전』의 기록을 찾아본다.

16 동중국해의 남동쪽에 위치하였던 독립 왕국으로 3개의 나라로 분할되었던 곳을 1429년에 중산국(中山國)이 통일하였다고 전해진다. 현재 역사에서는 일본 오키나와 지역으로 전해짐.(저자 주)

"동이국가들 중에는 뽕나무로 비단을 지어 옷을 만들어 입는 사람들이 사는 나라가 있다"고 하며 나라 이름을 "부상국"이라고 하였고 "부상국 너머 대민국, 여국, 군자국 등 다른 나라들도 있다"고 했다. 우리나라 사학자 신채호 선생의 『조선상고사』에도 "한반도 사람들은 고대의 백제, 신라가 아니라 부상국"이라는 기록이 남아 있으니 고개를 갸웃거리게 된다. 필자가 **최근 근대 역사서 중에 현재의 일본을 부상국이라고 지칭**하였다는 기록을 본 기억 때문이다.

『삼국지위지동이전』에서는 한반도 사람들을 가리켜 부상국이라고 하였는데 근세 조선사는 어째서 옛 기록과 다르게 기록한 것일까?

조선 8도는 무엇이고 한반도에 살던 사람들은 누구이며 일본의 오키나와가 유구국이 아니고 대륙 아래 지역이라면? 자꾸 머릿속이

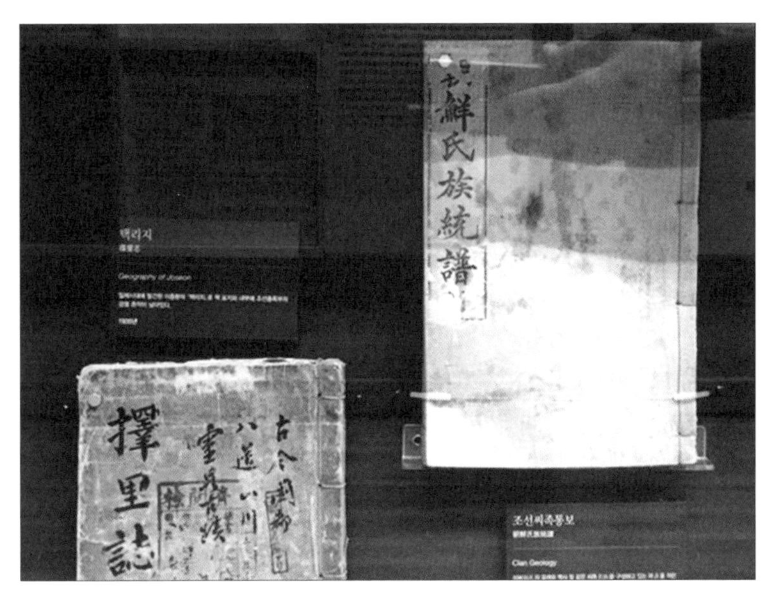

이중환의 택리지

출처: 서울역사박물관

복잡해지지 않는가?

다른 자료를 보자. 이중환의 『택리지』다.

서울역사박물관에 들러 여러 기록들을 살펴보다가 발견한 택리지. 이 자료 설명을 보니 "일제강점기에 조선총독부의 검열을 거쳐 내용이 기술되었다"는 부분이 눈에 들어온다. 피식 하고 웃음이 터졌다. 우리나라 땅 이야기를 기록하는데 왜 일본의 조선총독부가 검열을 하였을까? 그들이 우리보다 더 많이 알아서일까 아니면 뭔가 감추고 싶었던 게 있었을까? 그들이 원하는 바대로 기록되길 원했던 게 아닐까? 여러 가지 생각이 들었다.

만약에, 이건 정말 만약이겠지만 일제강점기 당시에 조선총독부에서 일하던 조선인들이 있었고, 그들이 택리지를 검열하였을 수도 있을 것이다. **조선총독부에서 일하던 조선인(역사학자)들이 일본의 입맛에 맞게 내용을 검열하였다(?)는 가정이다.** 이게 사실이라면 또 다른 의문이 생긴다. 조선총독부에서 일하던 조선인 역사학자들의 후배들이 누구일까? 그들은 지금 어디에서 무엇을 하고 있을까?

우선은 여러 의문을 차치하고서라도, 『택리지』에서 '경상도'에 대한 이야기를 살펴보면 "상주를 가리키는 다른 말이 낙양이다"라는 기록이 나온다. 우리는 한반도 땅에서 경상북도 서쪽에 있는 상주(尙州)로 배운 것으로 기억하는데 거기가 아니라 대륙의 낙양이었다는 이야기로 이해가 된다. 낙양이라니? 조선총독부는 한반도에 '상주'를 만들기만 했을 뿐, '낙양'에 대해서는 미처 대비를 못한 모양이다.

"尙州一名洛陽(상주일명낙양)"

글자 그대로 풀이하자면 '**상주의 다른 이름은 낙양**'이란 의미다. 우리나라에 낙양이란 곳이 존재하는가? 없다. 낙양은 대륙 지역에 뤄양(洛陽, 洛阳, LuoYang)이란 이름으로만 있다. 한자가 동일하다.

그런데 낙양 하면 떠오르는 노랫가락이 있다. "낙양성 십리허에"로 시작되는 노래는 다름 아닌 우리 민요 「성주풀이」다. 누구나 한번쯤 들어본 민요일 것이다.

성주풀이? 성주가 아니라 상주를 얘기하고 있지 않나요?

아니, 성주(尙州)나 상주(尙州)나 한자어가 같다.

이중환이 지은 『택리지』에 나온 명칭은 '尙州'라고만 표기되었으나 남도 민요로 전래되는 「성주풀이」에서 근원을 찾아본다. 그리고 이중환의 책에서 '尙州가 낙양'이라고 기록된 것은 사실이므로 우리나라 현재의 지명이 상주이든 성주이든 별 문제가 아닐 것이다.

낙양성 십리허(하)에 높고 낮은 저 무덤은
영웅호걸이 몇몇이며 절세가인이 그 누구냐
우리네 인생 한 번 가면 저기 저 모양이 될 터이니
에라 만수 에라 대신이야

저 건너 잔솔밭에 설설 기는 저 포수야
저 산비둘기 잡지 마라 저 비둘기는 나와 같이
임을 잃고 밤새도록 임을 찾아 헤매노라
에라 만수 에라 대신이야

한 송정 솔을 베어 조그맣게 배를 지어
술렁술렁 배 띄워 놓고 술이나 안주 가득 싣고
강릉 경포대 달구경 가세 두리둥실 달구경 가세
에라 만수 에라 대신이야

— 작자 미상, 「성주풀이」 전문

「성주풀이」 내용을 보면 언뜻 이해하기 힘든 구절이 나온다.

첫째는 "에라 만수 에라 대신"이라는 후렴구 부분이고, 둘째는 성주에서 배를 띄워 강릉 경포대로 달구경 가자는 이야기 부분이다.

일각에서는 무당들이 굿을 할 때 부른다는 성주풀이 굿과 비교하기도 있지만 그것은 「성주풀이」 내용상 설득력이 부족하다. 오히려 성주와 낙양성이란 단어를 놓고 볼 때 시대적 상황을 살펴봐야 할 것으로 보인다.

우선, '만수 대신' 부분을 보자. 조선이 건국될 당시에 태조 이성계를 도운 '류만수'라는 장수가 있다. 개국 공신으로서 좌의정의 자리까지 올랐으니 그야말로 대신(大臣)이 되었지만, 제1차 왕자의 난 때 이방원에게 참살을 당했으니 인생 새옹지마라 이를 풍자했던 게 아닐까 그리 생각해 볼 수도 있겠다.

그 다음, 낙양이 한반도에 존재하지 않으므로 대륙의 뤄양(洛陽, 낙양)으로 생각해 보면, 뤄양은 대륙의 '하나라', '상나라', '주나라'의 도읍지였다는 기록이 갑골문에 전해지고 있고, 유방(劉邦)이 한나라를 세운 후에 대도시로 발전했으며 인근 황하강을 통해 생필품이나 각종 물품 등을 조달하면서 경제적으로 발달한 곳이다.

다만, 『삼국지』에 보면 '동탁'이 정권을 잡으면서 '장안' 지역으로 수도를 옮기고 뤄양에 불을 질러 폐허로 만들었다는 기록이 전해진다. 낙양에 큰 성이 다시 생긴 것은 589년 수나라가 대륙을 통일하면서인데, 낙양을 수도로 삼으면서 커다란 궁을 다시 지었고 이후 당나라가 들어서면서 낙양은 장안 다음의 2대 도시가 되었다. 뤄양에는 대륙의 내로라하는 부자들이 많이 거주하는 것으로도 유명하다.

그렇다면 「성주풀이」의 내용을 생각해볼 때, "낙양성, 배를 띄워, 영웅호걸" 이런 단어들이 모두 설명되지 않는가. "(황하강에) 술렁술렁 배 띄워" 부분이 통하고, 동탁과 대결한 무사들을 "영웅호걸"이라 부를 수도 있겠다. 물론, 후렴구에 "만수 대신"이란 것은 조선 건국과 밀접한 연관성이 있기에 조금 더 알아보도록 해야겠지만 말이다.

반면에 현재 우리나라 상주를 민요 속 낙양이라고 한다면 또 다른 의문이 생긴다. 낙양성이라고 부르는 그 성은 도대체 어디에 있다는 것일까?

조선이 한반도에 있긴 있었나?

원나라 때 간행된 지리책 『이역지(異域志)』에는 여러 나라에 대한 소개와 더불어 조선국(朝鮮國)에 대해 기록된 내용도 나오고 일본국(日本國), 부상국(扶桑國)에 대한 기록이 있다.

먼저 조선국에 대한 내용의 첫 문장은 "古朝鮮, 一日高麗(고조선, 일일고려)"로 시작한다. '옛 조선이 어느 날 고려가 되었다'는 뜻이다. 그런데 이 구절만 봐서는 현재의 조선인지, 옛 조선인지 애매하고, 고려가 옛 조선 명칭을 사용하였다는 의미인지도 명확하지 않다.

다음 단락을 보자. **"재동북해빈(在東北海濱)"이라고 하여 '동북쪽 바닷가에 있으며'**라는 의미다. 어떤가? **한반도 동북쪽 바닷가에 어떤 나라가 있었던가?** 그 나라가 조선이었던가? 한반도로 생각하면 도저히 설명이 되지 않는다.

반면에 대륙으로 옮겨서 대륙의 동북쪽 지역에 조선이 존재했다고 가정해 보자. 대륙의 동북쪽 바닷가라는 문장이 설명이 된다. 즉, 원나라 『이역지』에 기록된 내용대로라면 우리가 기억하는 '조선'은 한반도에 존재한 게 아니라 대륙 동북 지역에 존재했다는 의미다.

❖ 그럼 임진왜란은?

임진왜란을 이야기하기에 앞서 살펴볼 것이 있다. 『이역지』가 기록한 '왜국'에 대한 내용을 보도록 하자.

"在大海島中 島方千里 卽倭國也(재대해도중 도방천리 즉왜국야)"라고 하였다. 일반적으로 '큰 바다 섬 무리이며, 섬 쪽으로 거리는 400km에 이른다. 즉, 왜국이다'로 해석할 수도 있다. 그런데 13세기 중반 『이역지』가 간행된 시기를 고려하면 '大海'는 큰 바다 또는 큰 호수를 의미하기도 하고, '海'라는 글자는 많은 사람들이나 사물들을 가리키기도 한다. 중(中) 자는 '무리, 들'을 의미한다. 그렇다면 '많은 섬들로 이뤄진 나라이며, 대륙에서 400km 거리에 있는 섬들이다'로 해석할 수도 있다. 원나라 시대에 대륙으로부터 바다로 400km 거리에 있는 섬들을 가리켜 왜국이라고 한다는 의미가 되는 것이며, 이는 왜국이 대륙의 남해 지역으로 필리핀, 인도네시아 등의 섬으로 이뤄진 나라들을 가리킨다는 의미가 될 수도 있다는 것이다. (대륙 남쪽 약 400km 거리에 필리핀이 존재한다.)

'이역지'의 기록대로라면 왜나라(왜국)는 대륙의 남해에 섬들로 이뤄진 나라들을 가리키는 것이며 대륙으로부터 400Km 거리에 있는 섬들이라는 것이다.

너무 억지스러운 해석 아닌가요?

그럴까? 기록을 바라보는 시각에 따라 그럴 수도 있겠다. 그렇다면 이번엔 중국 북경박물관이 소장하고 있는 역사 자료를 살펴보자. 「양직공도(梁職貢圖)」[17]에 '왜국'에 대한 기록이 나오는데 그 내용을

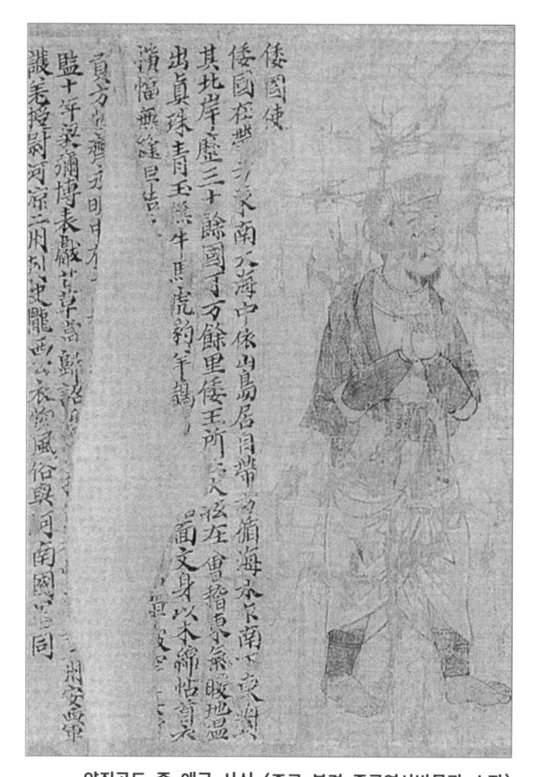

양직공도 중 왜국 사신 (중국 북경 중국역사박물관 소장)

출처: 한국콘텐츠진흥원 문화콘텐츠닷컴
http://www.culturecontent.com/content/contentOrgFilePopup.do?cp_code=cp0702&index_id=cp07020141&content_id=cp070201410001 &content_seq=3

17 양직공도: 중국에 온 백제(百濟), 왜(倭) 등 다른 나라 사신들의 모습과 그 나라의 풍습 등을 기록한 그림책. 원본은 6세기에 제작되었으나 현존하는 것은 1077년 북송 시대에 베껴 그린 것이다.

살펴보면 '왜국'이 어떠한 곳인지 구체적 진실(실체)에 조금 더 다가갈 수 있다고 생각한다.

> "나라에 성곽이 없고, 나무를 이어 방책을 만들었으며, 풀로 집을 지었다(國無城郭 聯木為柵落 以草茨屋). 문자가 없어서 나무에 표시하거나 매듭을 짓는다(無文字唯刻木結繩). 백제에서 불경을 얻으면서 문자가 있게 되었다(敬佛法於百濟求得佛經始有文字). 풍속에 접시가 없어 나뭇잎 위에 얹어 손으로 먹었다(俗無盤俎藉以葉食用手餔之)."

왜국을 일러 나무와 풀로 집을 짓는 곳이라 했다. 백제에서 불경을 얻어 문자를 처음 사용하게 된 곳이라 했다. 그리고 접시가 없어서 나뭇잎 위에 음식을 얹어 손으로 먹는다고 하였다.

어디일까? 언뜻 머릿속에 그려지는 모습은 원시 밀림에 거주하는 원주민들의 삶에 가깝지 않은가? 그렇다면 현재의 일본을 생각해 보자. 일본 열도에 그러한 원시 밀림이 있을까? 오히려 위 내용은 동남아시아 원시 밀림 지역의 모습을 떠올리게 된다. 인도네시아, 필리핀, 베트남 등의 밀림에 거주하는 사람들의 모습 말이다.

❖ 백제가 불경을 전해줬다고 하잖아요? 백제가 한반도에서 일본으로 불교를 전해줬다는 이야기 아닌가요? 학교 역사 시간에 배운 것 아닌가요?

그렇다면 다시 「양직공도」를 보자. 이번엔 백제 사신의 모습을 찾아보고 기록된 설명을 보자.

현존하는 그림 자료 가운데 백제인의 모습을 담은 것으로서는 유

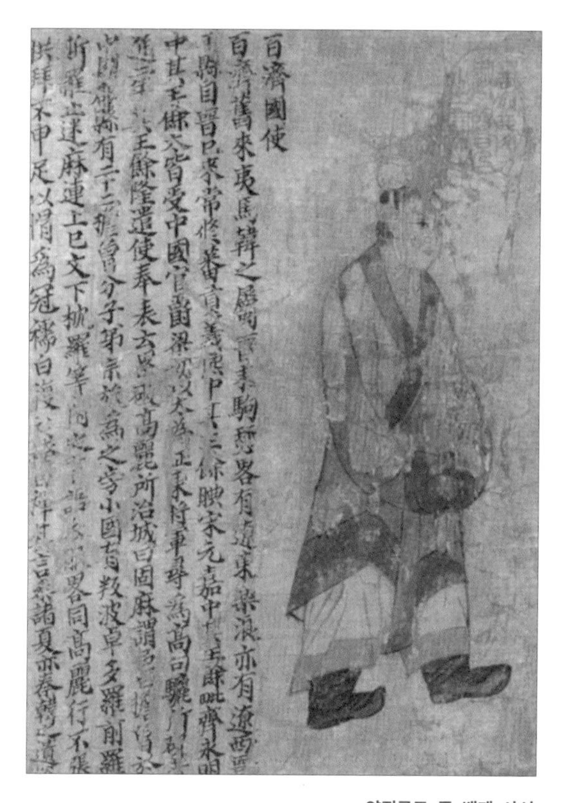

양직공도 중 백제 사신

출처: 한국콘텐츠진흥원 문화콘텐츠닷컴
http://www.culturecontent.com/content/contentOrgFilePopup.do?cp_code=cp0702&index_id=cp07020141&content_id=cp070201410001&content_seq=2

일한 '백제국사(百濟國使)' 그림이다. 여기에 나온 설명을 보면, "마한(馬韓)에서 시작된 나라이며, 대륙의 요서(遼西) 지방을 차지해 다스렸다"는 내용이 있다.

백제가 대륙의 요서 지방을 다스렸다고 명확하게 기록되었다. 「양직공도」에 기록된 바대로 요서 지방이라고 한다면 대륙에 흐르는 요하(遼河, Laoha)의 서쪽 일대 지역을 가리킨다. 그렇다면 요하가 어디에 있는가? 필자가 대략적인 위치를 표시해 보았다.

요하강 위치

현재 대륙의 선양(瀋陽, 심양) 근처다. 요하강 유역은 역사적으로 요하 문명의 발상지이고 빗살무늬토기가 발견되었으며 여러 학술적 가치가 높은 곳인데, 그 내용은 나중에 별도로 다루기로 하고 우선 백제의 위치에 집중해서 보자.

백제가 대륙에 존재했다면 일본으로 알려진 왜구는 어디에 있어야 할까? 왜구의 근거지로 양자강 남쪽 지역이며 대륙의 남쪽 지역을 가리키고 있는 것 아닌가? 그렇다면 임진왜란은 누가 벌인 것이고 어디에서 일어난 전쟁인가?

임진왜란은 1592년의 일이고 「양직공도」는 1077년에 그려진 것이다. 시기적으로 500년이라는 간격이 있으므로 '일본이 곧 왜구이며, 임진왜란은 한반도와 일본 열도에서 벌어진 전쟁'이라는 사실에는 영향을 주지 않는다고 주장할 수도 있다.

그런데 과연 그럴까? 일본의 기원, 왜구의 기원, 백제의 영토에서부터 근본적인 차이가 나는데 1077년 이후로 수백 년이 흘렀다고 하더라도 '역사의 진실'이 달라질 수 있는 것인가?

사료를 찾으면 찾을수록 의문이 커지는 것이니, 우리가 그동안 배운 역사는 도대체 무엇이었는가? 이쯤 되면 머릿속에 떠오르는 게 있지 않은가? 일제강점기 조선총독부의 조선사편수회 말이다.

물론, 혹자는 이러한 사료를 무시하고 기존의 주장을 굽히지 않으려 할 수도 있다. 또 이렇게 말할 수도 있을 것이다.

「양직공도」는 가짜다. 실제 사실을 기록한 게 아니다!

그렇다면 다시 임진왜란 당시로 거슬러 가보자.

임진왜란 당시 한반도의 거제도, 여수 앞바다가 전쟁터였다면 반드시 입증되어야 하는 게 있다. 거북선 유물이다. 거북선 본체가 아니라도 하다못해 거북선 잔해라도 발굴되었어야 한다. 하지만 지금까지 임진왜란 전쟁터라고 알려진 곳에서 거북선 잔해들, 임진왜란 당시 조선 수군의 유물이나 유적이 단 하나라도 발굴된 사실이 있을까? 없다.

2017년 10월 12일자 한겨레신문에 명량 해협을 발굴하였는데 고려청자가 올라왔다는 기사가 실렸다. 조선 시대에 임진왜란 전투가 벌어진 곳에서 그 이전 고려 시대의 청자가 나오다니? 언뜻 이해가 안 되었다. 우리가 배운 바대로라면 삼국 통일 후 고려가 등장하고, 고려가 망한 다음 조선이 세워졌다. 조선은 대한제국에 이르기까지 500여 년을 지속해 온 국가였다. 역사적으로도, 시기적으로도 고려 시대는 조선 시대보다 앞선 시대라고 배웠다. 그렇다면 명량 해협에서 고려청자가 나온다면 조선의 유물도 나와야 하는 게 정상 아닐까?

❖ 고려시대 청자들뿐이라니? 현재 시점에서 더 가까운 조선 시대 유물이 아니라 더 먼 고려 시대 유물만 나온다니?

또 다른 기사를 보자. 국립해양문화재연구소에서 진도 해역 수중 발굴을 하였는데 12~13세기 고려청자들이 나왔고, 옛날 배에 쓰였던 닻들도 다수 발굴되었다고 하였다. 발굴 조사는 2012년부터 2017년까지 5차례 시행되었다고 한다. 6년 동안 유물 발굴 조사를 한 셈이다. 이전에는 총통이나 돌 포탄, 석궁 방아쇠 등이 발굴되어 화제가 된 일도 있다고 한다. 문제는 이 역시 임진왜란 당시 거북선 유물이라고 확정지을 만한 것이 하나도 없다는 것이다.

진도 앞바다가 어디인가? '울돌목'이라고 부르는 곳이다. 전라남도 진도군 명량 해협이다. 이순신 장군이 이끄는 13척의 조선 수군이 왜군 300여 척에 맞서 승리한 곳으로 유명하다. 시기는 1597년이다. 다만, 발굴 조사한 곳은 명량 대첩 장소에서 4km 떨어진 곳이라고 한다. 그렇다고 임진왜란 유물을 발굴할 수 없다는 주장은 설득력이 떨어진다. 발굴 조사에서는 수중탐사선을 사용하여 유물이 있을 것으로 추정되는 지점을 선택하기 때문이다.

그런데도…… 12세기 유물은 발굴되는데 16세기 임진왜란 유물은 없다? 거북선 유물은 고사하고 명량 해협에서 침몰했다는 일본군의 유물도 없다?

❖ 누가 어떤 주장을 한들 한반도가 조선이라는 사실은 바뀌지 않아!

여기까지 읽었다 해도 많은 사람은 '한반도가 조선'이라는 사실을 바꾸고 싶지 않을 것이다. 물론 글을 쓰고 있는 필자도 크게 다르진 않다. 다만 한 가지는 분명히 해야겠다.

지금 필자가 이야기하고 있는 내용들은 '조선이 한반도에 있던 게 아니다. 조선은(우리 민족은) 세계 최강의 국가로서 아시아 대륙부터 유럽권역까지 거대한 대륙 영토를 지배하고 다스린 황제 국가다'라며 억지를 부리려는 것이 아니다. 오히려 필자가 바라는 바는 이 책에서 이야기하는 내용들이 학계에서 학술적으로 깊고, 폭넓게 논의되고 다뤄졌으면 하는 것이다.

무리한 억지 주장이 아니라 합리적인 근거에 비추어 지난 역사에서 이해가 되지 않는 점들을 기록으로 남기고, 전문가를 비롯한 여러 사람이 참여하여 그 기록을 깊이 살펴서 우리의 역사를 다시 한 번 제대로 점검해 보자는 취지다.

가령, 2017년 10월 28일자 뉴스에서 조선 시대 서원 터에서 고려 시대의 절에 사용된 물건들이 출토되었다는 기사가 전해졌다. 조선 시대 도봉서원의 터라고 생각하는 장소에서 고려 시대 영국사 승려 혜거국사(慧炬國師)의 비석 조각이 출토된 것이었다. 이를 보더라도 조선이 고려에서 이어진 나라로 보기에는 선뜻 이해하기 어려운 것이다.

서원(書院)은 조선 중기 이후 등장한 교육기관 아닌가. 유교의 옛 스승들에게 제사를 지내던 곳이기도 하고.

서원 터를 발견하였다고 했으니 그 자리에 조선 시대의 서원이 존재하였다는 이야기다. 공식적으로 권위를 갖춘 기관에서 그 자리에 조선 시대의 서원이 있었다며, 역사적으로 사실 관계를 인정한 것이었다.

그런데 실제 그 터를 발굴해 보니 조선 시대의 서원이 아니라 고려 시대의 절이 있었다는 게 밝혀진 것이다. 고려 시대의 절이 조선 시대의 서원이 될 수는 없다. 조선 시대의 서원은 유교를 대표하는 곳이다. 고려 시대의 절은 불교를 대표하는 곳이다. 그러니 서원 터라는 것은 말이 되지 않는다.

이러한 오류는 왜 생겼을까? 역사 기록상의 오류일 수도 있다. 하지만 보다 더 근원적인 이유는 무엇일까? A를 B라고 '주장'하는 것과 같은 것 아닐까? A는 A가 되어야 하는데 A대신 B라고 주장한 것과 같다는 이야기다. 그러니 누군가에 의해 조작된 역사가 아닐까 의문을 갖는 것은 어쩌면 당연하고도 합리적인 태도일 것이다.

도봉서원. 서울 도봉산에 위치한 조선 시대의 서원. 서울시 기념물로도 지정된 바 있으며, 조선 시대 유학자 송시열(宋時烈, 1607년~1689년), 조광조(趙光祖, 1482년~1520년)를 제사지낸 곳인데 지금은 터만 남았다고 배웠다. 처음엔 조광조를 기리기 위해 1583년에 설립된 걸로 알려졌다. 하지만 임진왜란 때 불타 없어졌고, 1608년에 중건되었지만 1871년에 흥선대원군(興宣大院君, 1820년~1898년)의 서원 철폐령[18]에 따라 다시 사라졌다. 그렇게 배웠다. 그런데 그 조선 시대 서원 터에서 고려 시대 절의 흔적이 발굴되었다는 것이다.

❖ 고려 시대엔 절이었어도 조선 시대엔 서원으로 될 수도 있는 것 아닌가요? 서원 철폐령에 따라 서원의 흔적을 지운 거라면요?

다양한 학문적 의구심은 당연하고 바람직한 모습이다. 하지만, 역사는 상식이다. 서원 철폐령을 내렸어도 조선의 서원들이 전부 사라진 것은 아니고 곳곳에 여전히 존재했다는 게 또한 사실이다. 그리고 무엇보다 절을 없애고 그 위에 유교 서원을 짓는다? 설령, 그렇게 할 수 있다고 해보자. 고려 시대의 절을 부수고 그 위에 조선의 서원을 지었다면 고려 시대 절의 유물이 아니라 조선 서원의 유물이 발굴되어야 하는 것이 정상 아닌가?

상식적으로 생각해 보자. 우리는 '고려는 불교 국가, 조선은 유교 국가'라고 배웠다. 그렇다면 조선 시대에 서원을 세우면서 그 자리가 어떤 곳인지 자세히 알아볼까? 아닐까? 조선 시대의 양반이거나 왕이라고 생각해 보자. 일반 백성이라 해도 좋다. 고려 시대의 절이 있던 곳에 조선 시대 고위 양반 관료를 기리는 서원을 세우려고 할까? 심지어 절에서 사용하던 온갖 물건들을 그대로 둔 채로 그 위에다 서원을 짓는다? 상식으로 받아들이기 쉽지 않다.

참고로, 그곳에서 고려 시대 절의 유물뿐 아니라 통일 신라 시대의 기와 및 건물의 기단 부분도 나왔다고 하니 점점 더 미궁이다. 오히려 '영국사'라는 절의 설립 연도를 알아볼 수 있는 근거가 될 수 있을지 연구해 볼 수도 있겠다.

여담이지만, 현재 조선 시대 유림의 후손들은 서원을 재건하여 줄

18 서원 철폐(書院撤廢): 조선 시대 서원의 부조리를 제거하기 위해 1871년 5월 9일 흥선대원군이 서원을 정리하라고 명령하였다.

것을 관계 당국에 요구하고 있는데, 불교계에서는 영국사 유물이 이미 출토되었고 파면 팔수록 계속 절의 유물들이 나오는 것을 내세워 서원 재건을 반대하고 있다고 한다.

다시 명량 해협으로 돌아가 보자. 한반도의 명량 해협에 대해 설명을 추가하자면, '울돌목'이라고도 불리는 곳은 전라남도 해남군 문내면 학동리의 화원반도와 진도군 군내면 녹전리 사이 해협을 가리킨다. 해협에서 가장 좁은 폭은 약 300m 정도이고 길이는 대략 1.5km 정도다. 언뜻 길이를 상상하기 어렵다면 서울 한강의 마포대교 길이를 생각하자. 그 길이가 1.5km 정도다.

명량 해협이 우리 국민에게 널리 알려진 이유는 뭐니 뭐니 해도 명량 대첩 덕분 아닐까? 정유재란 당시에 이순신의 수군이 일본 왜군을 물리쳤다는, 그것도 매우 드라마틱하게 13척의 배로 적의 배 300여 척을 물리친 곳.

그런데 혹시 명량 해협에 들러본 경험이 있는가? 필자가 직접 가서 확인한 바에 따르면 가장 큰 특징으로 남해의 바닷물이 좁은 울돌목을 통과하면서 조류가 초속 5m로 빨라진다는 점이다. 300m의 좁은 폭, 초속 5m의 빠른 물길. 상대적으로 많은 왜군의 배. 상상해 본다. 많은 배들이 좁은 해협에서 빠른 조류로 인해 우왕좌왕하다가 격파당하는 당시 명량 대첩의 모습을 말이다.

그런데…… 그런데 무언가 이상하다. 명량 해협의 모습을 실제로 보면 고개를 갸웃하게 되는 순간이 온다. 남해에서 서해로 좁은 해협을 빠른 속도로 빠져나가는 조류 때문에 일본 왜군이 대패하였다는 게 명량 대첩의 기록이다. 하지만 명량 해협의 남해 쪽에서 서해로 흐르는 조류 주위에는 단지 물길만 있는 게 아니다. 남해 쪽에는 크고 작은 섬이 서너 개가 있다. 서해 쪽 상황도 좁은 해협을 지나면 바로 큰 바다를 만나는 게 아니고 좁은 해협보다 두세 배 정도 넓어진 지형이 이어진다.

> **내가 만약 임진왜란 당시 왜군의 장군이었다면 300척 가운데 150척은 진도를 돌아 서해에서 명량 해협 쪽으로 공격하고, 나머지 150척은 그대로 남해에서 서해로 밀고 나가지 않았을까?**

진도대교에서 좌우 바다를 보면서 갖게 되는 생각이다. 혼자만의 막연한 환상일까? 정유재란 당시라면 어떨까?

우리 역사에서는 1597년 8월, 조선과 왜군의 정전 회담이 결렬되자 1597년 10월 26일(음력 9월 16일)에 다시 조선을 침공한 왜군이 1598년까지 이어간 전쟁이 정유재란이라고 한다. 초반에는 왜군의

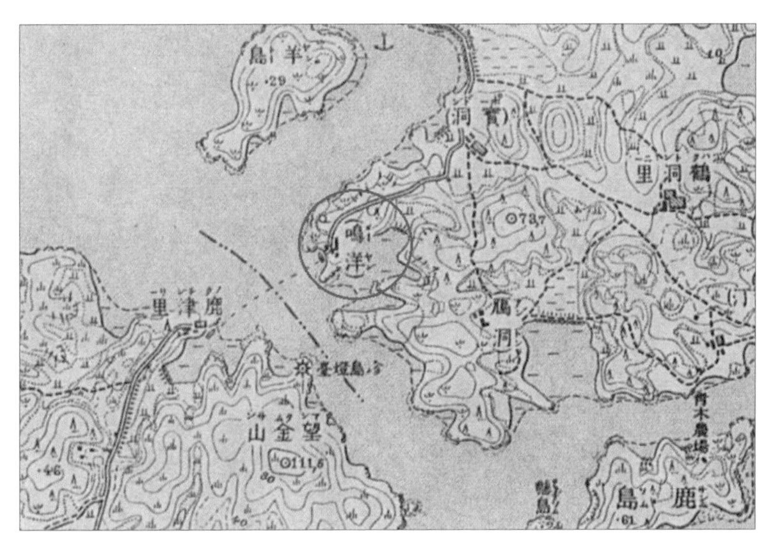

명량 옛 지도

출처: 국사편찬위원회

공격이 세를 얻다가 명량 대첩을 기점으로 남해에 집중된 왜군에 대해 조선과 명나라 연합군이 반격을 하는 상태였다고도 했다.

의문이 생겼다. 일제강점기에 간행된 고지도를 찾아봤다. 지형은 다를 바 없었는데 지역 명칭이 눈에 들어왔다.

울돌목의 옛 명칭이 명양(鳴洋)이네?

우리가 배우기로는 명량 대첩(鳴梁大捷)이라고 하였다. 그렇다면 지명은 명량(鳴梁)이어야 하는 거 아닌가?

물론 미묘한 차이다. 지도를 만든 이의 실수이거나 옛 지명을 기록으로 남기는 데 있어서 '명양'도 되고 '명량'도 되었을 가능성도 있다. 그도 아니면 국어법칙에 따라 번갈아 표기하기도 했다는 등의 이유도 있을 것이다.

하지만 일제강점기 시대에 간행된 지도가 아닌가?

한반도 땅을 강점하고 통치하려던 일본의 조선총독부가 만들었으니 실수로 보이지 않는다. 이중환의 『택리지』조차 꼼꼼하게 검열했던 조선총독부였기 때문이다. 그렇다면 '명양'과 '명량'의 차이, 그 차이가 생긴 진짜 이유는 무엇일까?

광해군 때 만든 이순신대첩비에 어떤 근거가 남아 있지 않을까? 이순신 장군이 1545년에 태어나 1598년 전쟁 중에 사망했으니…….

임진왜란에 대해 자세히 알 수 있는 사료는 사실 많지 않다. 우리가 흔히 알고 있는 『난중일기』가 있지만, 그 역시 일제강점기에 일본어 번역본으로 나온 게 최초다. 이순신 장군의 일기를 일본어로 처음 해석해서 만들었다는 이야기다. 이러한 배경 탓에 내용면에서 전체 원문과 해석문을 비교하기는 쉽지 않았다.

그래서 생각난 것이 이순신대첩비였다. 조선 광해군 7년(1615년)에 충무공 이순신 장군의 업적을 기념하기 위하여 전라남도 여수에 건립했다는 비석이다.

이 비석은 '이순신좌수영대첩비(李舜臣左水營大捷碑)' 또는 '좌수영대첩비(左水營大捷碑)'라고도 불리는데, 정확한 명칭은 '통제이공수군대첩비(統制李公水軍大捷碑)'이다. 통제사 이순신의 대첩을 기리는 비 정도로 이해하면 된다.

비석에 적힌 내용이라면 훗날 누군가 그 내용을 바꾸기는 쉽지 않을 테니까, 그나마 정확성이 있다고 볼 수 있지 않을까?

비석에 새겼으니 변경이 어려울 것이고, 임금(광해군)의 명으로 새긴 만큼 내용 면에서도 임금과 여러 신하가 함께 검증하였을 것이니 그 내용을 신뢰할 수 있지 않을까 싶었다. 이를테면 요즘 말로 '정부 공식 인증'이었다고 할 수 있으니까 말이다. 그런데 아니었다. 비의 옆면에 보면 숙종 24년(1698년)에 이 비의 건립에 대한 사연을 새겨놓은 게 있었다. 사연인즉, 좌수영 지역의 유지들과 후손들이 이 비를 세웠으며, 비를 만든 돌은 이순신의 부하였다가 나중에 전라좌수사를 지낸 유형(柳珩)이 제공했다고 한다.

그런데 이 비석의 운명이 참 기구하다. 일제강점기에 조선총독부는 일본에 저항하는 내용의 유물들을 철거하였는데, 그에 따라 이 비석

또한 1942년 서울로 옮겨져 경복궁 근정전 앞 땅속에 묻히게 된다. 이 비석이 전라남도 여수로 다시 옮겨진 것은 광복 이후의 일이다.

조선총독부는 왜 이 비석을 땅속에 묻어야 했을까? 그 내용을 발췌하여 옮겨본다. 비문 판독 및 해석문 내용의 출처는 한국금석문종합영상정보시스템[19]에서 인용하였다.

統制李公水軍大捷碑 (篆題)

有明朝鮮國正憲大夫行全羅左道水軍節度使兼忠淸全羅慶尙三道水軍統制使 贈効忠仗義迪毅協力宣武功臣大匡輔國崇祿大夫議政府左議政兼領 經筵事德豐府院君謚忠武」李公水軍大捷碑銘幷 序

推忠奮義平難忠勤貞亮竭誠効節協榮扈 聖竭忠盡誠同德贊謨佐運衛聖効忠奮義

炳幾翼社奮忠秉義決幾亨難功臣大匡輔國崇祿大夫領中樞府事鰲城府院君李恒福撰

嘉善大夫同知敦寧府事金玄成書

正憲大夫知敦寧府事兼五衛都摠府都摠管金尙容篆

在昔壬辰南寇匪茹連艫泛海由嶺而湖者其蔽曰閑山其界曰露梁其阨曰鳴梁若失閑山露梁不守直蹙鳴梁畿輔搖心矣疇克有庸式遏三險越乃元侯統制李公曰 君乏使 命」

余視師臨發有 教曰故統制使臣李舜臣其勤 王家捍衛我南藩無祿大命隕墜予惟寵嘉之廟宇不立無以勸忠汝往欽哉臣受 命而退稽諸祀典以死勤事則祀之能捍大患則」

祀之玆惟貞哉載在故府追惟亂初公職在湖南官守有限以 國害爲深羞鄰

19 http://gsm.nricp.go.kr/_third/user/frame.jsp?View=search&No=4&ksmno=1719

灾爲己憂踰南海蹈寇地玉浦之戰露梁之戰唐浦之戰栗浦之戰閑山之戰安骨之戰焚燒賊船二百二十餘」

艘斬首五百九十餘級溺水死者又不記其數賊死咋不敢近公寨下因陣閑山以遏賊衝至于丁酉代斲血指閑山敗沒於是舟師敗將奔卒及南土之民擧咨嗟一口齊聲曰李統制若在豈」

使此賊窺湖南一步地 朝廷急而求公再莅前職公單騎召收進陣鳴梁猝遇夜襲用少致死以十三新集之艦當大萬蔽海之破船三十賈勇以前賊遂退遁戊戌 天朝大發兵來」

援水軍提督陣璘與公合陣奇公之爲必稱李爺而不名其年冬賊合勢大來進至露梁公自領銳師先嘗其鋒 天兵夾進與公掎角是日鷄鳴馮夷啓道蚩廉戢威四維褰擧軫乃曉中兩」

軍齊作千帆飛舞公先躍入乘銳崩之賊乃蟻潰救死不暇皷音未衰將星沉彩公於黎明中丸而顚猶戒衆諱言死曰恐我師熸也提督聞之以身投於船者三日無可與有爲矣 天兵亦」

却肉不食南民奔走巷哭操文以祭之老幼遮道而哭者所在如一嗚呼若公者可謂以死勤事能捍大患者非耶宜其勳爲元臣爵爲上相錫之茅土形圖麟閣食報無窮又使英雄永技危涕」

丈夫生世良足千古況余受 命職當南事敢不良圖時李統制時言聞言感激實主張是凡軍中將校卒伍飮公之德者蹈舞 上恩慷慨公死千群雀躍萬斧電翻不十日而工告訖功」

後十五年甲寅海西柳節度珩走書來願以露梁之事載烈垂永余曰公在南民者口碑不朽公之功在 社稷者太史有籙何事於碑唯其處家愛恤孤姪恩若己出內行之淳也在軍數」

年大開魚鹽廣設屯田軍無乏絶所得戰賞施下無餘外行之備也至於和易之德果辦之才刑賞必當之勇作人如斯足爲百世聞人而在公則爲疏節也可

畧也已銘曰」

在壬辰歲狂不臣虐始於鄰 列郡瓦裂迎敵津津若蹈無人 時維李公其氣益振扼拊海㵎 皇者其武出師甡甡命虎臣璘 列缺掉幟玄冥司辰賊窘而罵師于㢮港大戰其垠」

矢集脩鱗 斃蛇掉尾毒于公身不佑于神 露梁殷殷維水淵淪樹此貞珉 後天不墜公名嶙峋維永宗禋　萬曆四十三年五月

통제이공수군대첩비(統制李公水軍大捷碑) 전제(篆題)

유명조선국(有明朝鮮國) 정헌대부(正憲大夫) 행전라좌도수군절도사(行全羅左道水軍節度使) 겸 충청전라경상삼도수군통제사(兼 忠淸全羅慶尙三道水軍統制使)로 효충장의적의협력선무공신(効忠仗義迪毅協力宣武功臣) 대광보국숭록대부(大匡輔國崇祿大夫) 의정부좌의정(議政府左議政) 겸 영경연사(兼 領經筵事)를 추증(追贈)받은 덕풍부원군(德豐府院君) 시호(諡號) 충무(忠武) 이공(李公)의 수군대첩비명(水軍大捷碑銘) 및 서문(序文)

추충분의평난충근정량갈성효절협영호 성갈충진성동덕찬모좌운위성효충분의 병기익사분충병의결기형난공신(推忠奮義平難忠勤貞亮竭誠効節協榮扈聖竭忠盡誠同德贊謨佐運衛聖効忠奮義 炳幾翼社奮忠秉義決幾亨難功臣) 대광보국숭록대부(大匡輔國崇祿大夫) 영중추부사(領中樞府事) 오성부원군(鰲城府院君) 이항복(李恒福) 지음.

가선대부(嘉善大夫) 동지돈녕부사(同知敦寧府事) 김현성(金玄成) 씀.

정헌대부(正憲大夫) 지돈녕부사(知敦寧府事) 겸 오위도총부도총관(兼 五衛都摠府都摠管) 김상용(金尙容)이 전액(篆額)을 씀.

지난 임진(壬辰)년에 남쪽 오랑캐들이 스스로 헤아리지 않고 뱃머리를 연하여 바다를 건너와서 경상도를 거쳐 호남 지방으로 향하였다. 이때에 그들을 방비한 곳이 한산도(閑山島)이고, 그들과 경계를 지은 곳이 노량(露梁)이고, 그들을 가로막은 곳이 명량(鳴梁)이었다. 만약 한산도를 잃어버렸다면 노량을 지킬 수 없었을 것이고, 곧바로 명량으로 짓쳐들어와 기내(畿內)도 마음을 놓을 수 없었을 것이다. 능히 능력을 발휘하여 이 세 곳을 막아낸 것은 바로 원후(元侯)와 같은 통제사(統制使) 이(李) 공이시다.

하늘 같은 임금께서 심부름을 시키시려 나에게 명령하여 군대를 시찰하게 하였다. 떠나려 할 때에 명하여 말씀하시기를 "돌아가신 통제사(統制使) 이순신(李舜臣)은 왕실을 보위하고 우리 남쪽 울타리를 막아 지켜내었으되 그에 걸맞은 큰 녹봉을 받지 못하고 죽으니 내가 오로지 근심하고 애석해 하는 바이다. 묘우(廟宇)를 세우지 못한다면 어찌 후대에 그 충성심을 본받게 할 수 있겠는가? 너는 가서 그것을 잘 살피도록 하여라."고 하셨다.

신이 명을 받들고 물러나와 두루 제사에 관한 법전들을 살펴보니, 죽음으로써 왕을 섬긴 자는 제사지내고, 능히 큰 환란을 막은 이도 제사지낸다고 하였으니, 바로 여기에 들어맞지 않는가! 옛 고을에 기록이 남아 있음에 돌이켜 생각해보니 전란의 초기에 공의 직무는 호남(湖南)을 지키는 것으로 그 지키는 범위에는 한계가 있었지만, 나라에 해가 됨을 심히 부끄러워하고 이웃 고을에 미친 재앙을 마치 자신에게 미친 것처럼 걱정하여, 남해(南海)를 넘어 도적들의 소굴로 쳐들어갔다. 옥포(玉浦) 전투, 노량(露梁) 전투, 당포(唐浦) 전투, 율포(栗浦) 전투, 한산(閑山) 전투와 안골(安骨) 전투에서 적선(賊船) 220여 척을 불태우고 적군 590여 명의 목을 베었는데 물에 빠져 죽은 자는 그 수에 넣지 않았다. 적들은 죽을 지경이 되어 감히 공의 요새 근처에도 가까이 오지 못하니, 이에 한산도에 진을 쳐서 적의 요충지를 가로막았다. 정유년(1597년)에 이르러 충성스러운 신하를 바꾸니, 한산도가 패몰(敗沒)하였다.

이때에 수군의 패장(敗將)과 달아난 군졸들 및 남쪽 지방의 백성들이 모두 탄식하며 한결같이 말하기를 "만약 이 통제사가 있었더라면 어찌 적들로 하여금 호남 땅을 한 발자국이라도 엿보게 하였겠는가?" 하니, 조정에서 급히 공을 찾아 이전의 관직을 다시 제수하였던 것이다. **공(이순신)이 단기(單騎: 혼자 말을 타고 달려가)로 군사들을 거두고 소집하여, 나아가 명량(鳴梁)에 진을 쳤다. 갑자기 야습(夜襲)을 당하여 적은 군사로 목숨을 내놓고 싸워 새로 모은 13척의 배로 바다를 가득 덮은 수만의 적과 싸워 30여 척을 깨뜨리고 용감히 앞으로 나아가니 적이 드디어 물러나 도망갔다.** 무술년(1598)에 **명나라에서 크게 군사를 보내어 구원할 때에** 명나라 수군제독(水軍提督) 진린(陣璘)이 공(이순신)과 함께 군대를 지휘하게 되었는데, 공을 특별히 존중하여 반드시 이야(李爺)라고 부를 뿐 그 이름은 부르지 않았다.

그해 겨울에 적군이 세력을 합하여 크게 공격하여 와서 노량(露梁)에 이르렀다. 공이 스스로 날랜 군사를 이끌고 먼저 나아가 그 선봉과 맞닥뜨렸는데, 명나라 군대가 와서 함께 앞뒤에서 공격하게 되었다. 이날 닭이 울 무렵에 물의 신이 길을 안내하고 바람의 신이 그 위세를 부드럽게 하니, 사방이 모두 날아오르는 듯하니 진성(軫星)이 새벽에 정남쪽에 있을 때였다. 두 나라의 군대가 나란히 진군하니 천 개의 돛이 바람에 춤을 추는데, 공이 먼저 뛰어들어 날카롭게 쳐들어가니 적이 무너졌다. 적은 마치 개미처럼 흩어져 오직 목숨을 구하기에 겨를이 없었고, 북소리 아직 쇠하지 않았는데 장군의 별은 그 광채를 잃었구나. 공이 새벽녘에 총탄에 맞아 쓰러졌으나, 오히려 여러 사람에게 죽음을 알리지 말라며 "우리 군사들이 기운이 꺾일까 두렵다."고 하였다. 제독이 이 소식을 듣고 배에 몸을 던지기를 세 차례나 하며 말하기를 "가히 더불어 할 만한 이를 잃었구나."라고 하였다. 명나라 군사들도 또한 고기를 물리치고 먹지 않았으며, 남쪽의 백성들은 뛰어다니면서도 길에서 울고 글을 지어 제사지내며, 늙은이와 어린이가 길을 막고 통곡하는 것은 어디에서나 마찬가지였다.

아아, 공과 같은 이는 가히 죽음으로써 임무를 다하여 커다란 환란을 막아내었다고 할 수 있지 않겠는가? 마땅히 그 공훈(功勳)은 으뜸이 되고, 작위(爵位)는 재상의 우두머리가 되며, 모토(茅土)를 나누어 주고, 그 초상화를 인합(麟閤)에 그리며, 식읍(食邑)의 보상은 한없이 주어야 할 것이다. 또 길이 영웅들로 하여금 눈물을 짓게 하니,

장부로 세상에 태어나 천고에 부족함이 없다고 할 만하다. 하물며 나는 왕명을 받들어 남쪽의 일을 맡았으니 어찌 좋은 계획을 마련하지 않을 수 있겠는가?

이때에 통제사(統制使) 이시언(李時言)이 이 말을 듣고는 감격하여 실제로 모든 일을 주관하였는데, 모든 군중의 장교(將校)와 병사들로 공의 덕을 본 사람들이 왕의 은혜에 감격하여 춤을 추며 좋아하고, 공의 죽음을 비분강개(悲憤慷慨)히 여겼다. 일 천 무리의 사람들이 참새가 날뛰듯이 몰려와 만 개의 도끼가 번개처럼 번뜩이니, 불과 열흘도 지나지 않아 사당(祠堂)의 공사가 끝나게 되었다. 그로부터 15년 뒤인 갑인(甲寅)년에 해서절도사(海西節度使) 유형(柳珩)이 급히 글을 올려 말하기를 노량(露梁)에서 있었던 일을 돌에 새겨 영원히 전하기를 원한다고 하였다. 내가 이르기를 "공의 덕(德)은 남쪽 백성들에게 있으니 그들의 입이 비석(碑石)이 되어 영원히 없어지지 않을 것이요, 공의

공(功)은 사직에 있으니 역사를 기록하는 태사(太史)가 대쪽에 기록하여 전할 것이니 어찌 비를 세울 필요가 있겠는가? 다만 집에 있을 때에 홀로된 조카를 마치 친자식처럼 보살펴 주었으니, 이것은 집안에서의 순박한 행동이라 할 것이다. 군에 있는 수년 동안 크게 소금을 굽고 고기잡이를 하며 둔전(屯田)을 넓혀서 군대에 물자가 모자라지 않게 하였으며, 전투에서 상으로 받은 것은 모두 남김없이 아랫사람에게 나누어주니 이것은 바깥에서의 행실이 갖추어진 것이라 하겠다. 그리고 온화하고 대범한 덕과, 과단성 있게 판단하는 재주와, 상과 형벌을 공평하게 집행하는 용기는 보통 사람이라면 족히 백세(百世)의 모범이 될 만한 것이겠지만, 공에게 있어서는 오히려 하찮은 일일 것이니 생략해도 좋을 것이다. 명(銘)에 이르기를

지난 임진(壬辰)년에 미친 도적들이 역심을 품고 이웃 나라를 침범해 왔다네.

여러 고을이 궤멸되고 수많은 적은 마치 무인지경을 밟듯이 하네.

이때에 오직 이 공만이 그 기세를 더욱 떨쳐 바닷가를 지키셨네.

천자가 무위(武威)를 떨쳐 많은 군대를 보내고 진린(陣璘)을 장군에 임명하셨네.

번개가 깃발을 흔들고 바다의 신은 시각을 맡아 도우니 적들이 곤궁하여 벙어리 신세가 되었네.

좁은 항구에 군대를 주둔시키고 그 벼랑 끝에서 큰 싸움을 벌이니 화살은 뱀에게 집중되네.

죽은 뱀이 꼬리를 흔들어 공의 몸에 독을 뿌리는데 신의 보살핌을 받지 못하였네.

노량(露梁)은 어슴푸레 흐릿하고 물은 오직 깊은데 여기에 비석을 세우노라.

후세에도 없어지지 않고 공의 이름 우뚝하여 영원토록 으뜸가는 제

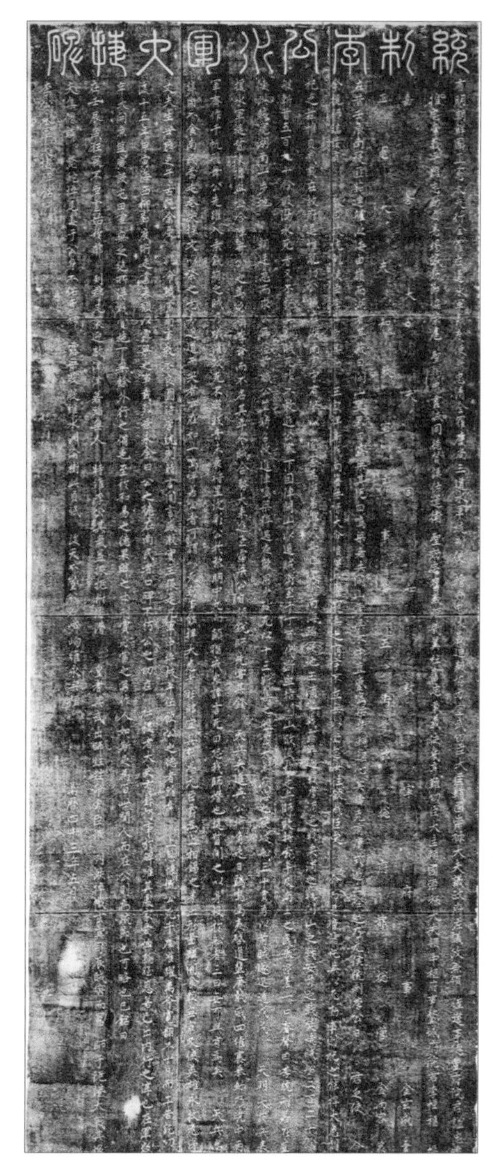

충무공 대첩비문 탁본
이순신좌수영대첩비(李舜臣左水營大捷碑) (경기도박물관 소장)

출처: 한국금석문종합영상정보시스템(판독 및 해석자: 이우태)
http://gsm.nricp.go.kr/_third/user/frame.jsp?View=search&No=4&ksmno=1719
http://gsm.nricp.go.kr/_third/user/viewer/viewer01.jsp?ksmno=1719

사를 받으소서.

만력(萬曆) 43년(광해군 7년, 1615년) 5월

(판독 및 해석문 출전: 한국금석문종합영상정보시스템)

그런데 이 비의 내용에서 이해가 안 되는 내용들이 있었다. 먼저, "有明朝鮮國"으로 쓰고 '유명조선국'이라고만 발음만 표기한 부분이다.

해석을 붙이지 않고 단지 한자어 발음만 표기한 이유는 무엇일까?

한자어식 해석을 따르자면 '有明朝鮮國'은 두 가지로도 해석될 수 있다. 첫째는 有明 朝鮮國이라고 하여 '유명한(널리 알려진) 조선국'이라고 할 수 있다. 둘째는 有 明朝鮮國이라고 하여 '명조선국에 있는'이라고도 할 수 있다. 그런데 이 두 가지 경우 모두 쉽게 납득하기 어려웠다.

첫 번째 해석을 따른다면, 조선에서 조선의 장수를 기리기 위해 비문을 새기는데 굳이 '유명한 조선국'이라고 할 이유는 없지 않을까?

두 번째 해석도 마찬가지였다. 당시 일부 지도에는 '명나라'로 표기된 게 아니라 '대명(大明)' 또는 '명조(明朝)'라고 표기된 경우를 보긴 하였지만, '명조선(明朝鮮)'이라고 굳이 두 나라의 명칭을 함께 붙여 쓴 것은 어떤 의미일까? 혹시 명과 조선이 동일한 나라라는 의미일까? 아니면 명과 조선이 함께 왜구에 맞섰다라는 의미에서일까?

그리고 다른 의문도 있다.

在昔壬辰南寇匪茹連艫泛海由嶺而湖者(재석임진남구비여연로범해유영이호자)라는 부분이다. 공개된 해석문에는 "지난 임진(壬辰)년에 남쪽 오랑캐들"이라고만 되어 있었다. 그런데 모든 한자를 포함하여 해석하면 '지난 임진년에 남쪽 도적떼들이 무리를 지어 뱃머리를 모아 바다를 통해 호수로 온 자들'이라 해야 한다.

분명히 기록된 한자까지 생략하면서 애매모호하게 해석한 내용만을 공개하는 이유는 무엇일까?

우리가 배운 임진왜란이라 하면 일본 열도에서 바다를 건너 부산으로 들어온 것인데, 이 문장에는 왜구라는 말도 없고 일본도 없고, 다만 '남쪽 도적떼가 바다를 통해 호수로 들어온 것'이라고만 되어 있네? 게다가 한반도로 놓고 보면 이해가 되지 않아. 그런데 대륙의 남쪽이라면 가능하겠다. '이역지'에 기록된 바대로 대륙 남쪽의 동남아시아 사람들이 남해를 가로질러 대륙으로 들어와 양자강 쪽으로 공격해 들어왔다면 말이야.

위처럼 생각한 이유는 출처의 해석문처럼 '오랑캐'라고 해석하려면 '胡(오랑캐 호)'라는 글자가 있어야 하기 때문이다. 하지만 비석에 나오는 한자는 '호수 호(湖)'라는 글자다. 글자 그대로 호수라는 의미이고 따라서 '호자(湖者)'라는 것은 한 자 한 자를 구분해서 '호수로 들어온 자'라고 해야 비로소 문맥상 의미를 이해할 수 있는 것이다.

그리고 또 다른 의문이다.

> 踰南海蹈寇地玉浦之戰露梁之戰唐浦之戰栗浦之戰閑山之戰安骨之戰焚燒賊船二百二十餘(유남해도구지옥포이전노량지전당포지전율포지전한산지전안골지전분소적선이백이십척)
>
> 남해를 넘어 도적들의 소굴로 쳐들어갔다. 옥포(玉浦) 전투, 노량(露梁)전투, 당포(唐浦) 전투, 율포(栗浦) 전투, 한산(閑山) 전투와 안골(安骨) 전투에서 적선(賊船) 220여 척을 불태우고

위 내용을 보자. 이순신 장군이 **"남해를 넘어 도적들의 소굴로 쳐들어갔다"**고 기록되어 있다. 원문 **"踰南海蹈寇地(유남해도구지)"**를 **글자 그대로 풀면 '남해를 지나[踰] 도적의 땅[寇地]을 디디다'**라는 의미다. 임진왜란에서 이순신 장군의 일대기를 배운 여러분들은 이순신 장군이 일본 열도를 쳐들어갔다고 배운 기억이 있는가? 필자는 기억이 나지 않는다.

필자가 배운 기억으로는 위 지명들이 한반도 남쪽 지역으로서 '옥포'는 경상남도 거제, '노량'은 경상남도 남해군 노량, '당포'는 전라남도 장흥, '율포'는 전라남도 보성, '한산'은 경상남도 통영, '안골'은 전라남도 목포 지역을 가리킨다.

그런데 한반도 땅의 일부분인 전라남도와 경상남도가 '남해'를 건너야 디딜 수 있는 도적들의 소굴인가? 필자로서는 도무지 이해하기 어렵다.

❖ **한반도에서 남해(南海)는 어디지? 한반도 아래쪽 바다를 가리키잖아. 그 남해를 건너면 뭐가 나오지? 그냥 망망대해잖아. 그런데 대륙에서 남해를 건너면 동남아시아 섬나라들이 나와. 인도네시아, 말레이시아, 필리핀 등등.**

비석에는 남해를 건너 옥포, 노량 등등의 전투를 벌이고 적선을 불태웠다고 한다. 한반도에서는 이 또한 선뜻 이해하기 어렵다. 이번에도 대륙 지역으로 가정해 보면 대륙 아래쪽 남해를 가로질러 동남아시아 여러 섬으로 쳐들어갔다는 의미로 이해할 수 있지 않은가? (동남아시아 섬들로 이뤄진 지역의 명칭들이 옥포, 노량 등으로 기록된 16세기 사료를 찾는다면 더욱 확실하지만) 한반도에서라면 무엇보다 이순신 장군이 남해를 넘어 도적들의 소굴로 쳐들어갔다는 내용을 이해하기 어렵다는 의미다. 그리고 또 이건 어떤가?

"天朝大發兵來(천조대발병래)"를 "명나라에서 크게 군사를 보내어 구원할 때에"라고 해석하였다. 하지만 원문에는 '명나라'라는 표기도 없고, '크게 군사를 보내어 구원하다'는 표현도 없다. 다만, 天朝(천조)는 명나라를 가리키는 것인지 확실하지 않다. 오히려 조선을 섬기던 제후국의 입장에서 조선을 지칭하는 표현이라면 이해가 된다.

우리 역사 자료 곳곳에서 어김없이 드러나는 표현들—단어가 생략되거나 없던 단어가 들어가거나 혹은 단어 자체의 의미가 과장되거나 왜곡된 게 아닌지 의심을 불러일으키는 내용들—은 왜, 어떻게 생겼을까?

마치 어느 누군가에 의해 조직적으로 왜곡되었다는 의심이 들지 않을 수 없다. 거의 대부분의 사료에서 그런 표현들이 보이니 말이다. 과장되거나, 이해가 안 되거나, 없는 단어가 들어가거나…….

도대체, 왜, 누가 그런 일을 벌인 걸까?

사라진
앙코르와트 문명

❖ 도대체 왜(倭)는 어디지?

궁금하다. 임진왜란에 대해 여러 사료를 뒤지고 찾아가며 기록들을 비교하고 살펴보지만, 그때마다 매번 '왜'의 존재에 대해 난관에 부딪히곤 한다. 우리 역사에서는 분명히 '임진왜란'이라고 이야기하고 있어서다. 임진왜란, 그러니까 **'왜'가 임진년에 일으킨 난리(전쟁)라는 것인데, '왜'에 관하여 확실하게 수긍할 만한 사료를 찾아보기 어려운 것은 무슨 이유일까?** 도대체 이해할 수 없는 노릇이었다.

그나마 관련 기록을 통해 개연성 있는 가설을 세울 만한 역사 자료로 『삼국지위지동이전』과 '광개토대왕릉비'가 있는데, 그 내용을 살펴보면 '이역지'와 마찬가지로 '왜'는 대륙의 남쪽 지역에서 동남아시아 섬나라 일대까지 포함하고 있다는 것을 짐작할 수 있다. 필자가 앙코르와트 문명 쪽에 관심을 갖게 된 이유다.

물론, 왜에 대한 이러한 가설은 지금으로서는 필자의 가설일 뿐이다. 또한 임진왜란이 일본 왜군에 의해 1592년 한반도 땅에서 벌어진 전쟁이라는 기존의 역사를 무조건 배척하려는 것도 아니다.

서두에 밝혔듯이, 역사적 사실이라는 것은 인접 당사국들의 입장 차이를 협의해서 결정되는 게 아니라 제3국가들의 사료와 함께 객관적인 교차 점검을 통해 비로소 확인되는 것이라 할 것이다. 따라서 필자는 가능한 여러 가설을 세우고 관련 사료를 통해 내용을 찾아보는 것뿐이다. 앙코르와트 또한 그 연장선상이라 하겠다.

앙코르와트(Angkor Wat)는 무엇인가?

기록에 의하면, 1296년 원나라 성종(成宗, 테무르 칸)이 보낸 사신 주달관(周達觀, 1266년~1346년)이 쓴 『진랍풍토기(眞臘風土記)』에는 앙코르와트가 묘지(Mausoleum)이며 '앙코르(Angkor)[20]'의 우두머리가 사망하여 어느 탑 아래에 매장되었다고 설명하고 있다. 앙코르와트는 묘지였다. 앙코르는 어떤 역사를 지녔던 곳일까?

앙코르는 어디에 있나?

앙코르는 캄보디아(Kingdom of Cambodia)에 있다. 캄보디아는 크메르어로 캄푸치아 왕국(Kingdom of Kampuchea)으로도 불리는데 수도가 앙크로였다. 14세기에 접어들면서 서쪽의 아유타야[21](태국) 및

20 9세기~15세기 캄보디아를 다스렸던 크메르 제국의 수도.

21 아유타야 왕조(อาณาจักรอยุธยา, 1351년~1767년): 태국 중부를 중심으로 타이족이 세웠던 왕조. 단, '아유타국(阿踰陀國)'에 대해선 인도, 태국, 중국, 일본 설이 있는데, 김수로왕의 부인 '허

남쪽의 퉁구(버마=미얀마) 그리고 동쪽의 베트남 사이에서 약소국으로 지내다가 1431년 아유타야의 침공으로 수도를 프놈펜으로 옮겼다.[22]

❖ 아유타야의 영웅 나레수안?

아유타야의 영웅이라 불리는 나레수안(솜뎃프라산펫 2세, 1555년~1605년) 왕이 있다. 버마(미얀마)의 버인나웅(1516년~1581년) 왕은 1569년 아유타야를 정복하는 등 여러 국가를 정복하고 통치하였는데, 버인나웅의 사후에 국력이 약해지면서 버마는 여러 정복지에서 반란을 겪게 된다. 이 무렵 아유타야의 나레수안 왕은 버마에 반기를 들고 버마를 굴복시킴으로써 아유타야의 영웅으로 불리게 된다.

이후 버마는 여러 세력들에 의해 혼란을 맞이하게 되는데, 그 계기가 된 사람이 바로 나레수안 왕이다.

❖ 나레수안 왕이 명나라에 요청하기를 조선에 파병할 수 있게 해달라고 말했다?

그런데 "1592년에 나레수안은 버마 통치를 받던 시암(현재의 태국)의 왕으로서 명나라에게 두 번이나 청하며 조선에 파병하겠다고 하였다"고 하는데 의문이 생긴다. 조선에 파병을 하게 해달라는 나레

황옥(許黃玉)'의 탄생지로서 인도의 경우엔 우타르프라데시州 아요디아市를 지칭하기도 한다. 그 근거로는 김수로왕릉 정문 대들보에 새겨진 두 마리의 물고기가 인도 아요디아 지방의 건축양식이라고 보여지기 때문이라고 한다. 그러나 쌍어문(물고기 두 마리가 그려진 문) 양식은 불교과 밀접한 양식으로, 김해 은하사 대웅전 수미단, 양산 계원사 대웅전 현판, 합천 영암사지 비석, 양양 진전사지에서 출토된 암키와(암 기와)류에 새겨진 경우 등이 있어서 '아유타국'대해선 여러 설들이 병존하는 상황이다. (참고: 이희근, 『한국사 그 끝나지 않는 의문』/ 국제신문 칼럼, 「이영식의 가야사 여행」)

22 Cambodia e-Gov Homepage: Country's History

수안 왕의 요청이 조선을 침공한 토요토미 히데요시(豊臣秀吉, 풍신수길)와 싸우겠다는 것이었는지, 아니면 대륙의 서남쪽에서 미얀마를 무찌르고 캄보디아를 무찌르며 태국의 영웅이 된 것처럼 동남아시아 국가들이 조선을 침략한 것을 막는데 돕겠다는 의미였는지 등, 어떠한 다른 이유에서였는지는 좀 더 연구가 필요할 것 같다.

시기적으로 1592년이라는 시점이 임진왜란과 일치한다는 점, 명나라와 교류하던 시대라는 점, 조선(당시, 국가 명칭을 무엇으로 지칭하였는지에 대해서도 확인이 필요하지만)에 파병하겠다고 명나라에게 알렸다는 점 등에 대해 사실 파악이 필요하다는 뜻이다.

나레수안 왕이 명나라에게 파병을 허락받아야 했다면 그건 1592년 무렵 명나라의 영향력 아래 있었다는 거잖아. 버마(미얀마), **시암**(아유타야~태국), **캄보디아 등도 마찬가지였던 것 같고…….**

임진왜란이 발발할 당시 대륙 남부 동남아시아 국가들의 상황을 보면 버마를 비롯하여 주변국들이 모두 혼란 속에 있었다. 그런 가운데 1592년에 버마를 굴복시킨 시암의 나레수안 왕이 조선에 파병하겠다고 명나라에 두 번이나 요청했다는 것에 대해서는 다각도의 역사적 접근이 필요하지 않을까?

왜냐하면 캄보디아(앙코르) 및 버마(미얀마) 등은 대륙 서남부 지역이기 때문이다. 캄보디아만 하더라도 태국과 베트남에 둘러싸여 있는 지역이다. 이를테면, 버마가 세력을 잃어가면서 독립국이 될 기회를 얻은 여러 나라가 각자의 세력을 넓히기 위하여 치고 박고 다투던 시기였는데 굳이 먼 나라, 그러니까 한반도 조선에 전쟁이 일어났다고 하여 군대를 파병하겠다고 나설 상황이 아니었다는 이야기다.

❋ 나레수안 왕이 조선에 파병하겠다고 한 이유는 다음 세 가지 중 하나 아닐까? 첫째는 조선과 우호 관계가 돈독해서 돕고자 하는 마음이거나, 둘째는 일본과 적대 관계에서 일본을 무찌르고 싶거나, 셋째는…….

세 번째 이유는 잠시 망설이게 되는 가정이다.

❋ 셋째는…… 명나라가 조선을 치는 것을 돕겠다는 뜻일 수도 있어. 근데, 명나라가 조선을 친다? 우리가 배운 대로라면 말이 안 되긴 해. 그렇다면 가령, 한반도에 있는 (조선이 아닌) 어떤 나라가 말을 안 듣는 거야. 그래서 명나라가 치려고 하는데 나레수안이 돕겠다고 한 것은 아닐까?

버마가 약해진 틈을 타서 힘이 생긴 여러 섬나라가 자신들의 세력을 넓히기 위하여 스스로 다른 나라를 침공하겠다는 의도가 아니었다면 어쨌든 학문적으로 가능한 가정들이다.

❋ 16세기 나레수안 왕의 시대에 대륙의 명칭과 한반도의 명칭을 살펴보면 더 정확한 사실을 알 수 있을 텐데……. 문제는 앙코르 유적이 19세기 프랑스 고고학자들의 탐험에 의해 발견될 때까지 밀림에 감춰져 있었다는 거야. 발굴이 이루어진 건 1907년부터 1970년까지인데, 그것도 프랑스 관할 하에서 진행된 것이고…….

역사를 탐구하면서 매번 느끼는 것이 대부분의 사료들이 객관적이지는 않다는 점이다. 역사 유물에 대한 사료 평가는 최초 발굴자의 관점과 국가 간 이해관계에 따라 얼마든지 왜곡될 가능성이 있기 때문이다. 앙코르 사료 또한 크게 다르지 않다.

앙코르 유적은 1907년 프랑스에 의해 처음 발굴이 시작되었다. 그 당시라면 우리는 일제강점기였고, 캄보디아는 프랑스 식민지였다. 캄보디아는 1861년부터 프랑스 통치를 받기 시작했던 상황이었다. 프랑스에 의해 시작된 발굴 작업은 이후 1970년에 마무리되었지만 1907년 초기 사료들에 대한 정보는 한반도 지역을 강점한 그 당시 일본 정부를 통해서만 얻을 수 있었다는 것 아닌가?

게다가 프랑스와 일본은 그 무렵 서로 적대 관계였다.

1913년 프랑스령 인도차이나반도의 지도(80쪽)에 표시된 영역을 보자. 베트남과 캄보디아 등이 포함된 것을 알 수 있다. 실제로 '왜'의 흔적이 어딘가에서 발견되었다고 하더라도 프랑스와 일본을 거쳐 전해지기가 어려운 여건이었다.

그뿐 아니다. 1940년 9월, 일본은 프랑스령 인도차이나를 침공한다. 이 전쟁은 다시 중일 전쟁과 제2차 세계대전으로 이어지는데, 그 시기 프랑스는 독일에게 패하여 세력을 잃었고, 일본은 대륙의 국민당과 전쟁 중이었다.

그래서였을까? 독일은 프랑스령이었던 인도차이나 지역에 일본군 진입을 허용함으로써 일본은 1940년 베트남에 들어갈 수 있었고, 1941년에는 베트남 전역을 차지하게 된다. 우리로서는 역사 자료 확보 측면에서 좋은 상황은 아닌 게 분명했다. 1592년 임진왜란 당시 동남아시아 세력들의 기록을 확인할 수 있는 지역이 일본의 손아귀에 들어갔기 때문이다. (한편, 나레수안 왕이 명나라에 청하기를 조선에 파병하겠다고 한 기록을 떠올려 본다. 인도차이나를 점령한 일본이 곧장 베트남

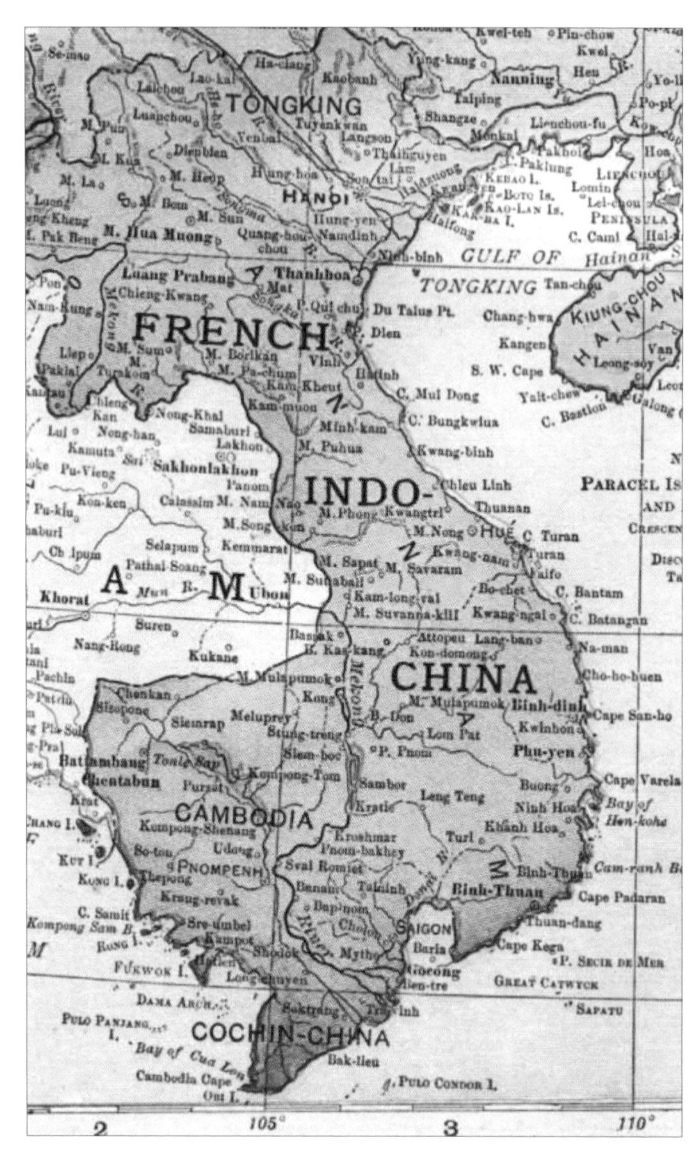

프랑스령 인도차이나(1913년)

출처: https://commons.wikimedia.org/wiki/File:Indochine_fran%C3%A7aise_(1913).jpg

으로 진출한 사실로 볼 때, 조선이 왜국를 지배하였거나 왜국이 조선의 일부라도 차지하였다면 대륙의 명나라는 고사하고 대륙의 서남쪽에 태국이나 베트남 등도 안전을 담보할 수 없는 상황이었다는 것을 생각해 볼 수 있다.)

❖ 불행 중 다행이라고 해야 되나? 인도차이나가 1940년 일본의 손아귀에 들어가기 전까지 프랑스가 1861년 이후 앙코르에서 발굴해 낸 유물들을 가져가서 루브르 박물관에 보관하였으니 말이야. 프랑스 루브르박물관에 가면 왜의 실체에 대한 사료를 확인할 수 있지 않을까?

그런데 당시 프랑스를 비롯한 유럽에서는 아시아 문명을 얕잡아 보는 시각과 주장들이 팽배했고, 아시아 문명에 대해 허무맹랑한 소문도 퍼지고 있던 상황이었다. 물론 어떤 근거가 있는 것도 아니었다. 가령, 앙코르와트 건축물을 로마의 후손들이 만들었다는 억지 주장을 펴기도 했다. 그들 눈에는 미개한 아시아인들이 앙코르와트 같은 건축물을 세운다는 것을 상상할 수조차 없었던 것이었다.

❖ 사라진 역사… 어쩌면 우리에게도 해당되는 이야기는 아닐까?

실체는 존재하는데 학계에서 인정받지 못하는 사료들이 있다. 이른바 주류 학파와 비주류 학파로 나뉘어 일종의 파벌이랄까 세력 싸움을 벌이면서 초래된 사태인데, 주류 학파의 학설과 위배되는 사료는 무조건 '위서(가짜 책)'로 치부해 버리는 것은 이미 공공연한 일이다.

❈ 뭐하는 짓거리야? 말도 안 되는 소리를 하고 있어!

자칭 인텔리라고 자부하던 모 인사가 필자에게 한 말이다. 국내 최고의 대학을 졸업했다는 자부심이었을까? 아니면 그와 연관된 사학계 선후배들이 많아서 그들의 주장에 위배되는 학설이나 사료, 가설 등의 자체를 인정하지 않으려는 반응이었을까? 그는 필자가 학문적 의문에서 질의하는 이야기를 전혀 들으려 하지 않았다.

사실인즉슨, 임진왜란에 관한 조선의 사료를 탐구하면서 궁금증이 생긴 자료들을 준비해서 전문가의 의견을 듣고자 찾아갔던 자리에서 벌어진 일이었다. 내가 꺼낸 자료집의 첫 페이지 제목을 보던 그는 다짜고짜 의자에서 일어나며 말도 안 되는 이야기라고 냅다 소리부터 꽥 지른 것이다.

지금 생각하면 헛웃음만 나올 뿐이지만, 그때 어렴풋하게나마 느꼈던 것은 자칭 인텔리라고 자부하는 사람의 지적인 편협함이었다. 그는 진실에 접근하기보다는 자신의 기존 지식을 강고히 하기 위해 논리 보강에 오히려 집중하는, 자칭 주류라고 하는 사람들 중 하나였다.

그런데 주류라고 하는 사람들이 인정하지 않는다고 해서 사료가 전부 거짓인 것은 아니다. 주류가 감추려고 하는 진실이 무엇인지 오히려 의심해 볼 필요가 있지 않겠는가. 가령, 거란의 역사서 『요사지리지(遼史地理志)』에는 "고주(高州)의 삼한(三韓) 현(縣)으로 '진주'는 본래 고구려 개모성으로 발해에서 개주로 고쳤다가 '진주'로 고쳤는데 '진한'으로 인해서 명칭을 고친 것이다"라는 기록이 있다. 『신당서(新唐書)』와 『구당서(舊唐書)』에는 변한의 후예가 낙랑 땅에 있다고 하였다. 그리고 고려 인종 때, 김부식이 쓴 『삼국사기』에는 동이족의 나라는 '구리국'이고, 그 뿌리는 양쯔강 회수 유역의 '묘족(서이족)'이라고 한 내용이 있다. 이 모두 거짓인가.

그 외에 다른 사료들은 어떤가. 단군과 고조선(후고구려, 옥저, 남옥저, 예, 동예)은 대륙 지역의 천산산맥 일대에 있었다고 전해지며, 이성계는 몽골족으로 대륙에서 흉노족의 나라 고려를 이어 대륙에 조선을 세운 것이라는 주장을 담은 사료들도 있다. 이러한 사료들이 국내에서는 공식적으로 인정받지 못하고 있는데, 그렇다고 전부 거짓은 아니라는 것이다. 오히려 좀 더 면밀히 살펴봐야 하지 않겠는가. 최소한 질문은 던져봐야 하지 않겠는가.

광개토대왕릉비가 전하는 이야기

광개토대왕릉비는 고구려 장수왕이 아버지인 광개토대왕을 기리기 위하여 장수왕 3년(414년)에 만든 비석으로 알려져 있는데 현재는 길림성(吉林省) 집안시(集安市) 태왕향(太王鄕) 구화리(九華里) 대비가(大碑街)에 놓여 있다고 전해진다.[23]

다만, 광개토대왕릉비는 발견 당시에도 그 위치에 있어서 고구려 영토 또는 광개토대왕과 연관성을 찾기 어렵고 상당히 축소되고 왜곡된 것으로 보이는 등 여러 미심쩍은 요인을 갖고 있었다. 가령, 이 비석이 발견된 곳에서 서남쪽으로 태왕릉이 있다고 하여 광개토대왕의 능으로 추정된다는 이야기도 있지만 확인된 바가 없다.

광개토대왕의 비석이라고 확인된 시기는 1880년 무렵으로 전해지는데, 화강암으로 만들어진 이 비의 높이는 6.39m이고 비에 새겨진 글자는 1,775개에 달한다. 다만 그 가운데 150여 개의 글자는 판독이 어렵다.

비석의 내용에는 고구려의 건국과 관련된 이야기를 담고 있는데, 동명성왕으로 알려진 '추모왕(鄒牟王)'과 유류왕(儒留王), 대주류왕(大朱留王) 그리고 광개토대왕의 업적에 대해 기록되어 있다. 그 외에도 광개토대왕릉을 지키는 사람들의 인원 수, 출신지, 관련 법령 등도 기록되어 있다.

❈ **중요한 것은 고구려, 백제, 신라의 3국과 왜(倭)의 관계가 기록된 부분이거든. 조선 시대 이전 삼국 시대에 쓰인 왜의 기록을 본다면 왜의 위치와 3국의 위치, 그리고 조선에 대한 사실도 확인될 수 있지 않을까?**

광개토왕릉비의 원문과 해석내용[24]을 살펴보자.

소장처는 국립중앙도서관 및 국립문화재연구소, 임세권 교수(원탁) 등이고, 판독해석자는 열네 분이 계시는데, 이 책에서는 서울대학교 역사학과 노태돈(盧泰敦) 명예교수의 판독문과 해석문을 인용 고찰하려고 한다. 인용문에서 ▨로 표시된 부분은 금석문을 판독할 때 마멸되어 판독이 불가능한 한자를 나타낸다.

(第一面)

惟昔始祖鄒牟王之創基也出自北夫餘天帝之子母河伯女郎剖卵降世生而有聖▨▨▨▨▨▨命駕」

23 한국고대사회연구소, 『譯註 韓國古代金石文』 제1권(1992).

24 한국금석문종합영상정보시스템 (http://gsm.nricp.go.kr/_third/user/viewer/viewer01.jsp)

巡幸南下路由夫餘奄利大水王臨津言曰我是皇天之子母河伯女郎鄒牟王爲我連葭浮龜應聲卽爲」

連葭浮龜然後造渡於沸流谷忽本西城山上而建都焉不樂世位因遣黃龍來下迎王王於忽本東罡履」

龍頁昇天顧命世子儒留王以道興治大朱留王紹承基業遝至十七世孫國罡上廣開土境平安好太王」

二九登祚號爲永樂大王恩澤洽于皇天武威振被四海掃除▨▨庶寧其業國富民殷五穀豊熟昊天不」

弔卅有九寔駕棄國以甲寅年九月廿九日乙酉遷就山陵於是立碑銘記勳績以示後世焉其詞曰」

永樂五年歲在乙未王以稗麗不▨▨人躬率往討過富山負山至鹽水上破其三部洛六七百營牛馬群」

羊不可稱數於是旋駕因過襄平道東來▨城力城北豊五備▨遊觀土境田獵而還百殘新羅舊是屬民」

由來朝貢而倭以辛卯年來渡▨破百殘▨▨新羅以爲臣民以六年丙申王躬率▨軍討伐殘國軍▨▨」

首攻取寧八城臼模盧城各模盧城幹氐利城▨▨城閣彌城牟盧城彌沙城▨舍蔦城阿旦城古利城▨」

利城雜珍城奧利城勾牟城古模耶羅城頁▨▨▨▨城▨而耶羅城瑑城於利城▨▨城豆奴城沸▨▨」

(第二面)

利城彌鄒城也利城太山韓城掃加城敦拔城▨▨▨城婁賣城散那城那旦城細城牟婁城于婁城蘇灰」

城燕婁城析支利城巖門▨城林城▨▨▨▨▨▨▨利城就鄒城▨拔城古牟婁城閏奴城貫奴城彡穰」

城曾▨城▨▨盧城仇天城▨▨▨▨▨其國城殘不服義敢出百戰王威赫怒渡阿利水遣刺迫城▨▨」

歸穴▨便圍城而殘主困逼獻出男女生口一千人細布千匹跪王自誓從今以後永爲奴客太王恩赦▨」

迷之愆錄其後順之誠於是得五十八城村七百將殘主弟幷大臣十人旋師還都八年戊戌教遣偏師觀」

帛愼土谷因便抄得莫▨羅城加太羅谷男女三百餘人自此以來朝貢論事九年己亥百殘違誓與倭和」

通王巡下平穰而新羅遣使白王云倭人滿其國境潰破城池以奴客爲民歸王請命太王恩慈矜其忠誠」

▨遣使還告以▨計十年庚子教遣步騎五萬往救新羅從男居城至新羅城倭滿其中官軍方至倭賊退」

▨▨背急追至任那加羅從拔城城卽歸服安羅人戍兵▨新羅城▨城倭寇大潰城▨」

▨▨盡▨▨▨安羅人戍兵新▨▨▨▨其▨▨▨▨▨▨▨言」

(第三面)

▨▨▨▨▨▨▨▨▨▨▨▨▨▨▨▨▨▨▨▨▨▨▨▨▨▨辭▨▨▨▨▨▨▨▨▨▨▨▨▨潰」

▨▨▨▨安羅人戍兵昔新羅寐錦未有身來論事▨國罡上廣開土境好太王▨▨▨▨寐錦▨▨僕勾」

▨▨▨▨朝貢十四年甲辰而倭不軌侵入帶方界▨▨▨▨▨石城▨連船▨▨▨王躬率▨▨從平穰」

▨▨▨鋒相遇王幢要截盪刺倭寇潰敗斬煞無數十七年丁未教遣步騎五萬▨▨▨▨▨▨▨▨▨師」

▨▨合戰斬煞蕩盡所獲鎧鉀一萬餘領軍資器械不可稱數還破沙溝城婁

城▨住城▨城▨▨▨▨▨」

▨城廿年庚戌東夫餘舊是鄒牟王屬民中叛不貢王躬率往討軍到餘城而

餘▨國駭▨▨▨▨▨▨▨」

▨▨王恩普覆於是旋還又其慕化隨官來者味仇婁鴨盧卑斯麻鴨盧椯社

婁鴨盧肅斯舍鴨盧▨▨▨」

鴨盧凡所攻破城六十四村一千四百守墓人烟戶賣句余民國烟二看烟三

東海賈國烟三看烟五敦城」

民四家盡爲看烟于城一家爲看烟碑利城二家爲國烟平穰城民國烟一看

烟十訾連二家爲看烟俳婁」

人國烟一看烟卌三梁谷二家爲看烟梁城二家爲看烟安夫連廿二家爲看

烟改谷三家爲看烟新城三」

家爲看烟南蘇城一家爲國烟新來韓穢沙水城國烟一看烟一牟婁城二家

爲看烟豆比鴨岑韓五家爲」

看烟勾牟客頭二家爲看烟求底韓一家爲看烟舍蔦城韓穢國烟三看烟廿

一古模耶羅城一家爲看烟」

炅古城國烟一看烟三客賢韓一家爲看烟阿旦城雜珍城合十家爲看烟巴

奴城韓九家爲看烟臼模盧」

城四家爲看烟各模盧城二家爲看烟牟水城三家爲看烟幹氐利城國烟一

看烟三彌鄒城國烟一看烟」

(第四面)

七也利城三家爲看烟豆奴城國烟一看烟二奧利城國烟一看烟八須鄒城

國烟二看烟五百」

殘南居韓國烟一看烟五太山韓城六家爲看烟農賣城國烟一看烟七閏奴

城國烟二看烟廿二古牟婁」

城國烟二看烟八瑑城國烟一看烟八味城六家爲看烟就咨城五家爲看烟

彡穰城廿四家爲看烟散那」

城一家爲國烟那旦城一家爲看烟勾牟城一家爲看烟於利城八家爲看烟比利城三家爲看烟細城三」

家爲看烟國罡上廣開土境好太王存時敎言祖王先王但敎取遠近舊民守墓洒掃吾慮舊民轉當羸劣」

若吾萬年之後安守墓者但取吾躬巡所略來韓穢令備洒掃言敎如此是以如敎令取韓穢二百廿家慮」

其不知法則復取舊民一百十家合新舊守墓戶國烟卅看烟三百都合三百卅家自上祖先王以來墓上」

不安石碑致使守墓人烟戶差錯唯國罡上廣開土境好太王盡爲祖先王墓上立碑銘其烟戶不令差錯」

又制守墓人自今以後不得更相轉賣雖有富足之者亦不得擅買其有違令賣者刑之買人制令守墓之」

옛적 시조(始祖) 추모왕(鄒牟王)이 나라를 세웠는데 (王은) 북부여(北夫餘)에서 태어났으며, 천제(天帝)의 아들이었고 어머니는 하백(河伯: 水神)의 따님이었다. 알을 깨고 세상에 나왔는데, 태어나면서부터 성(聖)스러운 ……이 있었다(6字 不明). 길을 떠나 남쪽으로 내려가는데, 부여의 엄리대수(奄利大水)를 거쳐가게 되었다. 왕이 나룻가에서 "나는 천제(天帝)의 아들이며 하백(河伯)의 따님을 어머니로 한 추모왕(鄒牟王)이다. 나를 위하여 갈대를 연결하고 거북이 무리를 짓게 하여라"라고 하였다. 말이 끝나자마자 곧 갈대가 연결되고 거북 떼가 물 위로 떠올랐다. 그리하여 강물을 건너가서, 비류곡(沸流谷) 홀본(忽本) 서쪽 산 위에 성(城)을 쌓고 도읍(都邑)을 세웠다. 왕이 왕위에 싫증을 내니, (하늘님이) 황룡(黃龍)을 보내어 내려와서 왕을 맞이하였다. (이에) 왕은 홀본(忽本) 동쪽 언덕에서 용의 머리를 디디고 서서 하늘로 올라갔다.

유명(遺命)을 이어받은 세자(世子) 유류왕(儒留王)은 도(道)로써 나라를 잘 다스렸고, 대주류왕(大朱留王)은 왕업(王業)을 계승하여 발전시키었다.

17세손(世孫)에 이르러 국강상광개토경평안호태왕(國罡上廣開土境平安好太王)이 18세에 왕위에 올라 칭호를 영락대왕(永樂大王)이라 하였다. (王의) 은택(恩澤)이 하늘까지 미쳤고 위무(威武)는 사해(四海)에 떨쳤다. (나쁜 무리를) 쓸어 없애니, 백성이 각기 그 생업에 힘쓰고 편안히 살게 되었다. 나라는 부강하고 백성은 유족해졌으며, 오곡이 풍성하게 익었다. (그런데) 하늘이 (이 백성을) 어여삐 여기지 아니하여 39세에 세상을 버리고 떠나시니, 갑인년(甲寅年) 9월 29일 을유(乙酉)에 산릉(山陵)으로 모시었다. 이에 비를 세워 그 공훈을 기록하여 후세에 전한다. 그 말씀[詞]은 아래와 같다.

패려(稗麗)가 고구려인에 대한 (노략질을 그치지 않으므로), 영락(永樂) 5년 을미(乙未)에 왕이 친히 군사를 이끌고 가서 토벌하였다. 부산(富山), 부산(負山)을 지나 염수(鹽水)에 이르러 그 3개 부락(部洛) 600~700영(營)을 격파하니, 노획한 소, 말, 양의 수가 이루 다 헤아릴 수 없었다.

이에 왕이 행차를 돌려 양평도(襄平道)를 지나 동으로 ▨성(▨城), 역성(力城), 북풍(北豊), 오비▨(五備▨)로 오면서 영토를 시찰하고, 수렵을 한 후에 돌아왔다. 백잔(百殘), 신라(新羅)는 예로부터 고구려 속민(屬民)으로써 조공(朝貢)을 해왔다. 그런데 **왜가 신묘년(辛卯年, 391년)에 건너와 백잔(百殘)을 파(破)하고 (2字缺) 신라(新羅) …… 하여 신민(臣民)으로 삼았다.**

영락(永樂) 6년(396년) 병신(丙申)에 왕이 친히 군을 이끌고 백잔국(百殘國)을 토벌하였다. 고구려군이 (3字 不明)하여 영팔성, 구모로성, 각모로성, 간저리성, ▨▨성, 각미성, 모로성, 미사성, ▨사조성, 아단성, 고리성, ▨리성, 잡진성, 오리성, 구모성, 고모야라성, 혈▨▨▨▨성, ▨이야라성, 전성, 어리성, ▨▨성, 두노성, 비▨▨리성, 미추성, 야리성, 태산한성, 소가성, 돈발성, ▨▨▨성, 루매성, 산나성, 나단성, 세성, 모루성, 우루성, 소회성, 연루성, 석지리성, 암문▨성, 임성, ▨▨▨▨▨▨▨리성, 취추성, ▨발성, 고모루성, 윤노성, 관노성, 삼양성, 증▨성, ▨▨노성, 구천성 …… 등을 공취(攻取)하고, 그 수도(首都)를 …… 하였다. 백잔(百殘)이 의(義)에 복종하지 않고 감히 나와 싸우니 왕이 크게 노하여 아리수를 건너 정병(精兵)을 보내어 그 수도(首都)에 육박하였다. (百殘軍이 퇴각하니……) 곧 그 성을 포위하였다. 이에 백잔주(百殘主)가 곤핍(困逼)해져, 남녀(男女) 생구(生口) 1천 명과 세포(細布) 천 필을 바치면서 왕에게 항복하고, 이제부터 영구히 고구려왕의 노객(奴客)이 되겠다고 맹세하였다. 태왕은 (百殘主가 저지른) 앞의 잘못을 은혜로써 용서하고 뒤에 순종해 온 그 정성을 기특히 여겼다. 이에 58성 700촌을 획득하고 백잔주(百殘主)의 아우와 대신 10인을 데리고 수도로 개선하였다.

영락 8년(398년) 무술(戊戌)에 한 부대의 군사를 파견하여 백신(帛愼: 息愼, 肅愼) 토곡(土谷)을 관찰(觀察), 순시(巡視)하였으며 그때에 (이 지역에 살던 저항적인) 모▨라성(莫▨羅城) 가태라곡(加太羅谷)의 남녀 삼백여 인을 잡아왔다. 이후로 (帛愼은 고구려 조정에) 조공(朝貢)을 하고 (그 내부의 일을) 보고하며 (고구려의) 명(命)을 받았다.

영락(永樂) 9年(399년) 기해(己亥)에 백잔(百殘)이 맹서를 어기고 왜(倭)와 화통하였다. (이에) 왕이 평양으로 행차하여 내려갔다. 그때 신라왕이 사신을 보내어 아뢰기를, "왜인(倭人)이 그 국경(國境)에 가득 차 성지(城池)를 부수고 노객(奴客)으로 하여금 왜(倭)의 민(民)으로 삼으려 하니 이에 왕께 귀의(歸依)하여 구원을 요청합니다"라고 하였다. 태왕(太王)이 은혜롭고 자애로워 신라왕의 충성을 갸륵히 여겨, 신라 사신을 보내면서 (고구려 측의) 계책을 (알려주어) 돌아가서 고하게 하였다.

10년(400년) 경자(庚子)에 왕이 보병과 기병 도합 5만 명을 보내어 신라를 구원하게 하였다. (고구려군이) 남거성(男居城)을 거쳐 신라성(新羅城: 國都)에 이르니, 그곳에 왜군이 가득하였다. 관군(官軍)이 막 도착하니 왜적이 퇴각하였다. (고구려군이) 그 뒤를 급히 추격하여 임나가라(任那加羅)의 종발성(從拔城)에 이르니 성(城)이 곧 항복하였다. 안라인 수병(安羅人戍兵) …… 신라성(新羅城) ▨성(▨城) …… 하였고, 왜구가 크게 무너졌다. (이하 77자 중 거의 대부분이 불명. 대체로 고구려군의 원정에 따른 임나가라 지역에서의 전투와 정세 변동을 서술하였을 것이다.) 옛적에는 신라 매금(寐錦)이 몸소 고구려에 와서 보고를 하며 청명(聽命)을 한 일이 없었는데, 국강상광개토경호태왕 대(國罡上廣開土境好太王代)에 이르러 (이번의 원정으로 신라를 도와 왜구를 격퇴하니) 신라 매금이 …… 하여 (스스로 와서) 조공(朝貢)하였다.

14년(404년) 갑진(甲辰)에 왜(倭)가 법도(法度)를 지키지 않고 대방(帶方) 지역에 침입하였다. …… 석성(石城) (을 공격하고……), 연선(連船: 水軍을 동원하였다는 뜻인 듯) …… (이에 왕이 군대를 끌고) 평양을 거쳐 (……로 나아가) 서로 맞부딪치게 되었다. 왕의 군대가 적의 길을 끊고 막아 좌우로 공격하니, 왜구가 궤멸하였다. (왜구를) 참살한 것이 무수히 많았다.

17년(407년) 정미(丁未)에 왕의 명령으로 보군과 마군 도합 5만 명을 파견하여 …… 합전(合戰)하여 모조리 살상하여 분쇄하였다. 노획한 (적병의) 갑옷이 만여 벌이며, 그 밖에 군수물자는 그 수를 헤아릴 수 없이 많았다. 또 사구성(沙溝城) 루성(婁城) ▨주성(▨住城) ▨城▨▨▨▨▨▨城을 파하였다.

20년(410년) 경술(庚戌), 동부여는 옛적에 추모왕의 속민(屬民)이었는데, 중간에 배반하여 (고구려에) 조공을 하지 않게 되었다. 왕이 친히 군대를 끌고 가 토벌하였다. 고구려군이 여성(餘城: 동부여의 왕성)에 도달하자, 동부여의 온 나라가 놀라 두려워하여 (투항하였다). 왕의 은덕이 동부여의 모든 곳에 두루 미치게 되었다. 이에 개선을 하였다. 이때에 왕의 교화를 사모하여 개선군(凱旋軍)을 따라 함께 온 자는 미구루압로(味仇婁鴨盧), 비사마압로(卑斯麻鴨盧), 타사루압로(椯社婁鴨盧), 숙사사압로(肅斯舍鴨盧), ▨▨▨압로(▨▨▨鴨盧)였다. 무릇 공파(攻破)한 성(城)이 64개, 촌(村)이 1,400이었다.

(왕릉을 지키는) 수묘인(守墓人) 연호(烟戶)(의 그 出身地와 戶數는 다음과 같이 한다.) 매구여(賣句余) 민은 국연(國烟)이 2가(家), 간연(看烟)이 3가. 동해고(東海賈)는 국연이 3가, 간연이 5가. 돈성(敦城)의 民은 4가가 다 간연. 우성(于城)의 1가는 간연으로, 비리성(碑利城)의 2가는 국연. 평양성민(平穰城民)은 국연 1가, 간연 10가. 자련(訾連)의 2가는 간연. 배루인(俳婁人)은 국연 1가, 간연 43가. 양곡(梁

谷) 2가는 간연. 양성(梁城) 2가는 간연. 안부련(安夫連)의 22가는 간연. 개곡(改谷)의 3가는 간연. 신성(新城)의 3가는 간연. 남소성(南蘇城)의 1가는 국연. 새로 약취(略取)해 온 한(韓)과 예(穢)(의 烟戶는 다음과 같다.) 사수성(沙水城)은 국연 1가, 간연 1가. 모루성(牟婁城)의 2가는 간연. 두비압잠(豆比鴨岑) 한(韓)의 5가는 간연. 구모객두(勾牟客頭)의 2가는 간연. 구저한(求底韓)의 1가는 간연. 사조성(舍蔦城)의 한예(韓穢)는 국연 3가, 간연 21가. 고모야라성(古模耶羅城)의 1가는 간연. 경고성(炅古城)은 국연 1가, 간연 3가. 객현한(客賢韓)의 1가는 간연. 아단성(阿旦城)과 잡진성(雜珍城)은 합하여 10가가 간연. 파노성(巴奴城) 한(韓)은 9가가 간연. 구모로성(臼模盧城)의 4가는 간연. 각모로성(各模盧城)의 2가는 간연. 모수성(牟水城)의 3가는 간연. 간저리성(幹氐利城)은 국연 1가, 간연 3가. 미추성(彌鄒城)은 국연 1가, 간연이 7가. 야리성(也利城)은 3가가 간연. 두노성(豆奴城)은 국연이 1가, 간연이 2가. 오리성(奧利城)은 국연이 1가, 간연이 8가. 수추성(須鄒城)은 국연이 2가, 간연이 5가. 백잔남거한(百殘南居韓)은 국연이 1가, 간연이 5가. 태산한성(太山韓城)의 6가는 간연. 풍매성(農賣城)은 국연이 1가, 간연이 7가. 윤노성(閏奴城)은 국연이 2가, 간연이 22가. 고무루성(古牟婁城)은 국연이 2가, 간연이 8가. 전성(瑑城)은 국연이 1가, 간연이 8가. 미성(味城)은 6가가 간연. 취자성(就咨城)은 5가가 간연. 삼양성(彡穰城)은 24가가 간연. 산나성(散那城)은 1가가 국연. 나단성(那旦城)은 1가가 간연(看烟). 구모성(勾牟城)은 1가가 간연. 어리성(於利城)의 8가는 간연. 비리성(比利城)의 3가는 간연. 세성(細城)의 3가는 간연.

국강상광개토경호태왕(國罡上廣開土境好太王)이 살아 계실 때에 교(敎)를 내려 말하기를, "선조(先祖) 왕들이 다만 원근(遠近)에 사는 구민(舊民)들만을 데려다가 무덤을 지키며 소제를 맡게 하였는데, 나는 이들 구민들이 점점 몰락하게 될 것이 염려된다. 만일 내가 죽은 뒤 나의 무덤을 편안히 수묘하는 일에는, 내가 몸소 다니며 약취(略取)해 온 한인(韓人)과 예인(穢人)들만을 데려다가 무덤을 수호 소제하게 하라"고 하였다. 왕의 말씀이 이와 같았으므로 그에 따라 한(韓)과 예(穢)의 220가(家)를 데려다가 수묘케 하였다. 그런데 그들 한인과 예인들이 수묘의 예법(禮法)을 잘 모를 것이 염려되어, 다시 구민(舊民) 110가(家)를 더 데려왔다. 신(新), 구(舊) 수묘호를 합쳐, 국연(國烟)이 30가이고 간연(看烟)이 300가로서, 도합(都合) 330가(家)이다.

선조(先祖) 왕들 이래로 능묘에 석비(石碑)를 세우지 않았기 때문에 수묘인 연호(烟戶)들이 섞갈리게 되었다. 오직 국강상광개토경호태왕(國罡上廣開土境好太王)께서 선조(先祖) 왕들을 위해 묘상(墓上)에 비(碑)를 세우고 그 연호(烟戶)를 새겨 기록하여 착오가 없게 하라고 명하였다. 또한 왕께서 규정을 제정하시어, "수묘인을 이제부터 다시 서로 팔아넘기지 못하며, 비록 부유한 자가 있을지라도 또한 함부로 사들이지 못할 것이니, 만약 이 법령을 위반하는 자가 있으면, 판 자는 형벌을 받을 것이고, 산 자는 자신이 수묘(守墓)하도록 하라"고 하였다.

— 출전: 한국고대사회연구소, 『譯註 韓國古代金石文』I (1992)

위 내용에서 '왜'가 등장한 단락을 살펴보면, 다음 4단락으로 추릴 수 있다. 그리고 다음 4단락에서 왜의 등장과 전쟁은 "신묘년에 왜가 바다를 건너와 신라를 신민으로 삼다" 및 399년 및 400년의 '신라성', '임나가라 종발성', 404년의 '대방' 지역에 해당되는 내용들이 될 것이다.

왜가 신묘년(辛卯年)(391년)에 건너와 백잔(百殘)을 파(破)하고 (2字缺) 신라(新羅) …… 하여 신민(臣民)으로 삼았다.

영락(永樂) 9年(399년) 기해(己亥)에 백잔(百殘)이 맹서를 어기고 왜(倭)와 화통하였다. (이에) 왕이 평양으로 행차하여 내려갔다. 그때 신라왕이 사신을 보내어 아뢰기를, "왜인(倭人)이 그 국경(國境)에 가득차 성지(城池)를 부수고 노객(奴客)으로 하여금 왜(倭)의 민(民)으로 삼으려 하니 이에 왕께 귀의(歸依)하여 구원을 요청합니다"라고 하였다.

10년(400년) 경자(庚子)에 왕이 보병과 기병 도합 5만 명을 보내어 신라를 구원하게 하였다. (고구려군이) 남거성(男居城)을 거쳐 신라성(新羅城: 國都)에 이르니, 그곳에 왜군이 가득하였다. 관군(官軍)이 막 도착하니 왜적이 퇴각하였다. (고구려군이) 그 뒤를 급히 추격하여 임나가라(任那加羅)의 종발성(從拔城)에 이르니 성(城)이 곧 항복하였다. 안라인 수병(安羅人戍兵) …… 신라성(新羅城) ▨성(▨城) …… 하였고, 왜구가 크게 무너졌다.

14년(404년) 갑진(甲辰)에 왜(倭)가 법도(法度)를 지키지 않고 대방(帶方) 지역에 침입하였다. …… 석성(石城) (을 공격하고 ……), 연선(連船: 水軍을 동원하였다는 뜻인 듯) …… (이에 왕이 군대를 끌고) 평양을 거쳐 (…… 로 나아가) 서로 맞부딪치게 되었다. 왕의 군대가 적의 길을 끊고 막아 좌우로 공격하니, 왜구가 궤멸하였다. (왜구를) 참살한 것이 무수히 많았다.

이러한 내용에 따르면 '바다를 건너 온 왜(倭)', '신라성', '임나가라 종발성', '대방' 지역에 상관없이(해당 내용들은 나중에 다시 다룰 예정이다) **'왜'는 현재의 일본이 아니라 대륙의 남쪽 지역 수평선이 보일 만큼 거대한 둥팅호수와 양자강 또는 대륙의 남쪽 바다 건너 섬들로 이뤄진 국가들**(본 책에 나오는 양직공도, 뒤 알드 신부의 책, 왕조실록 등 참조)에 해당된다는 점이다.

400년 무렵이라면 1592년의 임진왜란보다 무려 1,000년 전부터 왜가 대륙을 지속적으로 침략했다는 거잖아!

이 책에서 이미 밝혔듯이 「양직공도」에 따르면 대륙의 요서 지방을 다스린 게 백제다. 그리고 '왜'는 대륙 남해 건너 섬들로 이뤄진 나라들이다.

또한 **임진왜란은 한반도에서만 부르는 명칭이다. 다른 나라에서는 임진왜란이라고 부르지 않는다. 1천여 년 전부터 대륙을 침략해 오던 왜구들이다.** 임진년(1592년)에만 쳐들어온 게 아니다. 그렇다면 정확하게 당시의 상황을 이야기하자면 이런 것이 아닐까?

임진년에 왜가 대륙에 또 다시 쳐들어갔는데 명나라와 조선이 왜구들을 상대하는 사이, 일본에서는 당시 명나라 제후국이었던 한반도의 코리아(고려국)로 쳐들어온 것이다.

일본이 왜와 연합해서 한반도의 코리아를 공격하고, 대륙의 명나라를 공격하는 이런 일들이 1592년 단기간에 단발적으로 일어난 일이 아니라는 의미다. 길게는 1,000년 전부터 꾸준히 벌어져 온 같은

양상의 전쟁이었다는 이야기다.

[참고문헌]
(단행본) 한국역사연구회 고대사분과, 2004, 『고대로부터의 통신』, 푸른역사
(논문) 李道學, 2003, 「광개토왕릉비의 건립 배경 -평양성 천도와 관련해서-」『白山學報』65
(논문) 李道學, 2002, 「廣開土王陵碑文의 思想的 背景」『韓國學報』106, 一志社
(논문) 손환일, 2002, 「高句麗 廣開土大王碑 隸書가 新羅 書體에 미친 영향」『高句麗硏究』13
(논문) 이도학, 2002, 「광개토왕릉비문의 國烟과 看烟의 性格에 대한 再檢討 -被征服民 施策과 관련하여-」『韓國古代史硏究』28
(논문) 張傚晶, 2002, 「三國史記 高句麗本紀 東川王 21년조 기사 검토 -평양성의 위치비정을 중심으로-」『高句麗硏究』13
(단행본) 權悳永, 2002, 『韓國古代金石文綜合索引』, 학연문화사
(논문) 박진석, 2001, 「북경에서 새로 발견된 일부 호태왕비탁본의 採拓年代 고증」『韓國宗教』25, 圓光大 宗教問題硏究所
(논문) 李鍾學, 2000, 「廣開土王碑文10年 庚子條의 新考察 -蔚山地域 積石塚의 수수께끼를 벗긴다-」『慶州史學』19, 慶州 東國大學校 慶州史學會
(논문) 張傚晶, 2000, 「고구려왕의 平壤移居와 왕권강화」『龜泉元裕漢敎授定年紀念論叢』(上), 혜안

거북선이 우주선입니까?

임진왜란 전투가 벌어졌던 곳에서 거북선 유물이 나오지 않는다?

이 책 『조선은 어디에 있습니까?』는 '조선의 위치 찾기'라는 단순하지만 이해하기는 무척 어려운 의문에서 시작되었다. 그동안 조선 역사를 발굴하는 학계의 노력에 전혀 성과(?)가 없었던 것은 아니다. 물론 그 '성과'라는 것도 지금까지 보기에는 필자의 의문을 증폭시켰을 뿐이었지만. 어쨌든 각종 미디어에 임진왜란 관련 뉴스가 나오고, 학계에서 이야기하는 임진왜란 유물 성과라는 것이 분명히 있기는 있었다.

2017년 10월 12일. 국내 일간지에는 이런 기사가 실렸다. 필자가 조선 역사와 관련하여 취재를 수년 째 이어오던 때였는데, '임진왜란 명량 해전 승전지에서 유물이 발굴되었다'는 내용이었다. 그것도 한 두 점 정도의 소량이 아닌, 대거 출토되었다고 했다. 가슴이 뛰고 긴장한 것도 당연했다. 그동안 풀지 못했던 조선 역사에 대한 의문들이 한 방에 해결될 수 있을 것이란 기대 때문이었다.

전라남도 진도와 해남 사이에서 수중발굴조사단이 찾아낸 유물이라고 했지?

그런데 이게 뭐지? 고려청자, 토기들이 출토되었고, '돌 포탄'이 나왔다고 했다.

명량 해협에서는 2012년부터 2017년까지 총 5회, 그 가운데 2017년에는 5월부터 10월까지 벌인 수중발굴조사라고 했다. 발굴된 유물의 개수는 900여 점이 넘었다고 했다.

그런데 돌 포탄이란다. 그게 임진왜란 유물이란다. 동그란 돌처럼 생긴, 아니 그냥 동그란 돌인데 그게 유물이란다. 임진왜란 당시에는 돌을 동그랗게 깎아 포탄으로 사용하기도 했단다.

이게 무슨 이야기지?

포탄이라기엔 어째 납득이 가지 않았다. 동그란 돌이 임진왜란 당시 포탄이었다니? 성인 남자 손바닥 위에 올린 돌 포탄(?)을 보면서 궁금증만 자꾸 커졌다. 그리고 두어 달이 지난 때였다. 국내 일간지에 미국발 뉴스가 실렸는데, 미국항공우주국(NASA)에서 공개한 화성(MARS)의 지표면 사진이었다. 2017년 12월 6일 미국에서 공개된 사진이 이튿날 국내에도 전해진 것이었다.

한 장의 사진이 전부였지만 필자의 눈에 쏙 들어오는 물체가 있었다. 거친 황무지를 연상시키는 짙은 황토색의 지표면 위에 동그란 돌 한 개가 보였다. 크기도, 모양도, 색깔도 임진왜란 당시의 포탄이었다는 바로 그 돌 포탄과 너무나 흡사했다.

거북선에서 쏜 돌 포탄이 우주를 가로질러 화성에 지표면에 떨어진 거야? 거북선이 우주선이야?

동그란 돌이 놓인 화성 지표면 사진. 미국 나사(NASA)에서 공개한 설명을 찾아보니, 동그란 그 물체는 황산칼슘, 나트륨, 마그네슘으로 구성된 암석이라고 했다. 게다가 화성 지표면 위에서 동그란 암석이 발견된 것은 이번이 처음도 아니라고 했다. 2014년에 이미 발견되어 공개된 사진도 있다고 했다. 2014년에 공개된 사진 속 동그란 돌은 크기가 3cm 정도라고 했다. 2014년 사진 속에는 동그란 돌이 심지어 한두 개가 아니었다. 여러 개 있었다. 임진왜란 당시에 돌을 깎아 포탄을 만들어 썼다는 주장이 무색하게 느껴지는 순간이었다.

필자가 앞서 했던 이야기를 떠올려 보기 바란다. 이순신대첩비 즉, 통제이공수군대첩비(統制李公水軍大捷碑)에 새겨진 내용을 앞서 이야기했었는데 그 가운데 한 문장을 다시 살펴보자.

> 한산도를 잃어버렸다면 노량을 지킬 수 없었을 것이다. 곧 명량으로 짓쳐들어와 기내(畿內)[25]도 안심할 수 없었다.

위 내용이다. 한산도를 왜군에게 빼앗겼다면 노량마저 내주었을 것이고, 왜구는 명량 해협으로 쳐들어 왔을 것인데, 그렇게 되면 기

25 천자(황제)가 직접 다스리는 땅, 사방 1,000리(400km) 또는 500리(200km).

내 지역도 안전할 수 없었을 것이라는 의미다. 여기서 '기내'란 어떤 곳일까? 어떤 곳이기에 '한산도-노량-명량'을 빼앗기는 순간 위험에 빠지는 걸까? 다른 건 몰라도 매우 중요한 장소라는 건 짐작할 수 있지 않은가? 그래서 찾아봤다.

공자가 나라의 도읍지와 왕의 기운을 설명하면서 당나라(唐, 618~907: 수나라 멸망 후에 건국된 왕조) 시대의 '관중(關中: 산시성의 수도, 시안시 일대)' 지역을 일러 "詩云(시운) 邦畿千里(방기천리) 惟民所止(유민소지)[26]"라고 하였는데, 해석하자면 "시경(詩經)에 말하기를, 나라의 서울 땅(邦畿) 천 리에 오직 백성이 머무른다"는 뜻이다.

'기내'라는 말은 '왕이 머무는 서울'을 가리키고, 사방 1,000리(대략 400km)의 넓은 지역이며 백성들이 머무르는 곳이라는 의미다. 이 순신대첩비의 '기내'를 한반도의 서울로 적용하면 어떻게 될까?

한반도의 서울과 비교했을 때, 사방 400km라면 현재 한반도의 서울을 중심으로 해남 지방까지 이르는 거리인데? 서울에서 부산까지가 약 450km이고. 한반도 거의 전역이 서울이라는 것인가? 도무지 이해가 안 된다.

다른 사료를 보자. 정조(조선 제22대 왕, 재위: 1776년~1800년)는 사도세자[思悼世子, 장조(莊祖), 1735년~1762년]의 무덤을 화산(華山) 아래로 옮기고 1793년엔 화성(華城)을 장용영(壯勇營, 1785년 정조가 만든 호위 군대)의 외영(外營)으로 삼으면서 "서울[기내]을 감싸게 하기 위해서[27]"였다고 말했다.

26 배우성, 『독서와 지식의 풍경: 조선 후기 지식인들의 읽기와 쓰기』(돌베개, 2015).
27 상동.

❈ 한반도에 화성은 어디에 있지?

현재 한반도의 화성은 경기도 수원에 있다. 서울로부터 거리를 따져볼 때 '기내 지역을 감싼다'는 표현조차 꺼낼 수 없는 가까운 지역이다. 서울로부터 위치상, 지역상, 거리상으로 그렇다.

'화산'은 어디인가? 정조가 사도세자의 무덤을 옮긴 곳이라고 했는데, 대륙으로 가정하면, 오악(五岳) 중 서악(西岳)에 해당하는 곳과 이름이 같다. 구체적으로 '오악'이란 대륙에 있는 다섯 개의 유명한 산을 가리키는데, 동쪽으로 동악태산(東岳泰山, 산동성, 1,545m), 서쪽으로 서악화산(西岳華山, 섬서성, 1,997m), 남쪽으로 남악형산(南岳衡山, 후난성, 1,290m), 북쪽으로 북악항산(北岳恒山, 산시성, 2,017m), 그리고 가운데에 중악숭산(中岳嵩山, 허난성, 1,494m)이 있다.

그중에서 화산은 대륙의 시안(西安)에서 동쪽으로 약 120km, 시안(西安)시와 정저우(鄭州)시의 중간 지역으로 화인(華陰)시에 있으며, 지리적으로는 산시성(陜西省: 섬서성) 남쪽에 있는 친링산맥(秦嶺山脈)에 있다.

그렇다면 대륙의 시안 지역이야말로 오히려 정조가 말한 기내 지역에 해당되는 위치다. 아무리 생각해도 이해하기 어렵다. 한반도를 살펴보면 그동안 우리가 배운 역사적 사료와 비교했을 때 맞지 않는, 일치하지 않는 내용들이 빈번하다. 반면에 우리가 배운 역사를 고문헌과 사료에 비춰보며 대륙에 적용했을 때 오히려 합리적으로 들어맞는 것이니 필자로서는 의문을 갖지 않을 수 없는 노릇이다.

❈ 도대체 우리가 지금까지 배운 역사, 그 내용의 진실은 무엇인가?

남해군 전체도(일제강점기)

출처: 국사편찬위원회 한국사데이터베이스 한국근대지도자료
http://db.history.go.kr/item/imageViewer.do?levelId=jnm_024

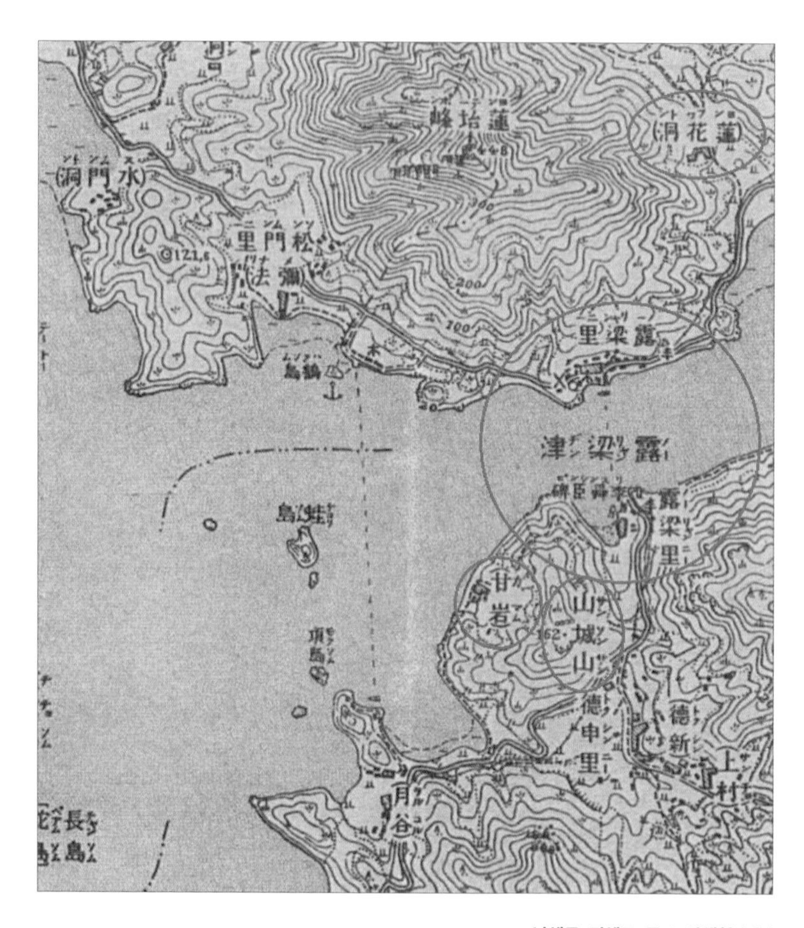

남해군 전체도 중 노량해협 부분

이야기가 나온 김에, 이번엔 노량(露梁)이 어디인지 살펴보자.

한반도에서 노량은 경상남도 남해군 노량리에 있다. 한반도의 남해 지역인데, 그 주위에 사천시, 광양시, 여수시가 있고 인근 지역은 한려해상국립공원이다.

조금 더 구체적으로 살펴보자면, 노량리는 남해군 섬에서 송문리, 금남면 지역 바로 옆인데, 바다를 사이에 두고 문의리 지역을 마주 보는 곳이다. 이를테면, 남해군은 섬들로 이뤄져 있는데 노량리와 문의리 사이에 바다가 흐르고 그곳이 노량 해협이라고 불린다.

노량 해협은 임진왜란 최후의 대규모 해전인 노량 해전(露梁海戰)이 있던 곳으로 알려졌는데 '정유재란' 때인 1598년(선조 31년) 음력 11월 19일(양력 12월 16일) 이순신을 포함한 조선의 수군과 명나라의 수군이 연합하여 노량 해협에서 일본의 함대와 싸운 전투를 가리킨다.

국사편찬위원회에서 제공하는 일제강점기 시대의 지도를 살펴보자. 노량진(露梁津) 위아래로 노량리(露梁里), 이순신 비가 보이고, 인근 지역들의 옛 지명은 연화동, 감암, 삼성산, 왕지라고 표기된 게 보인다.

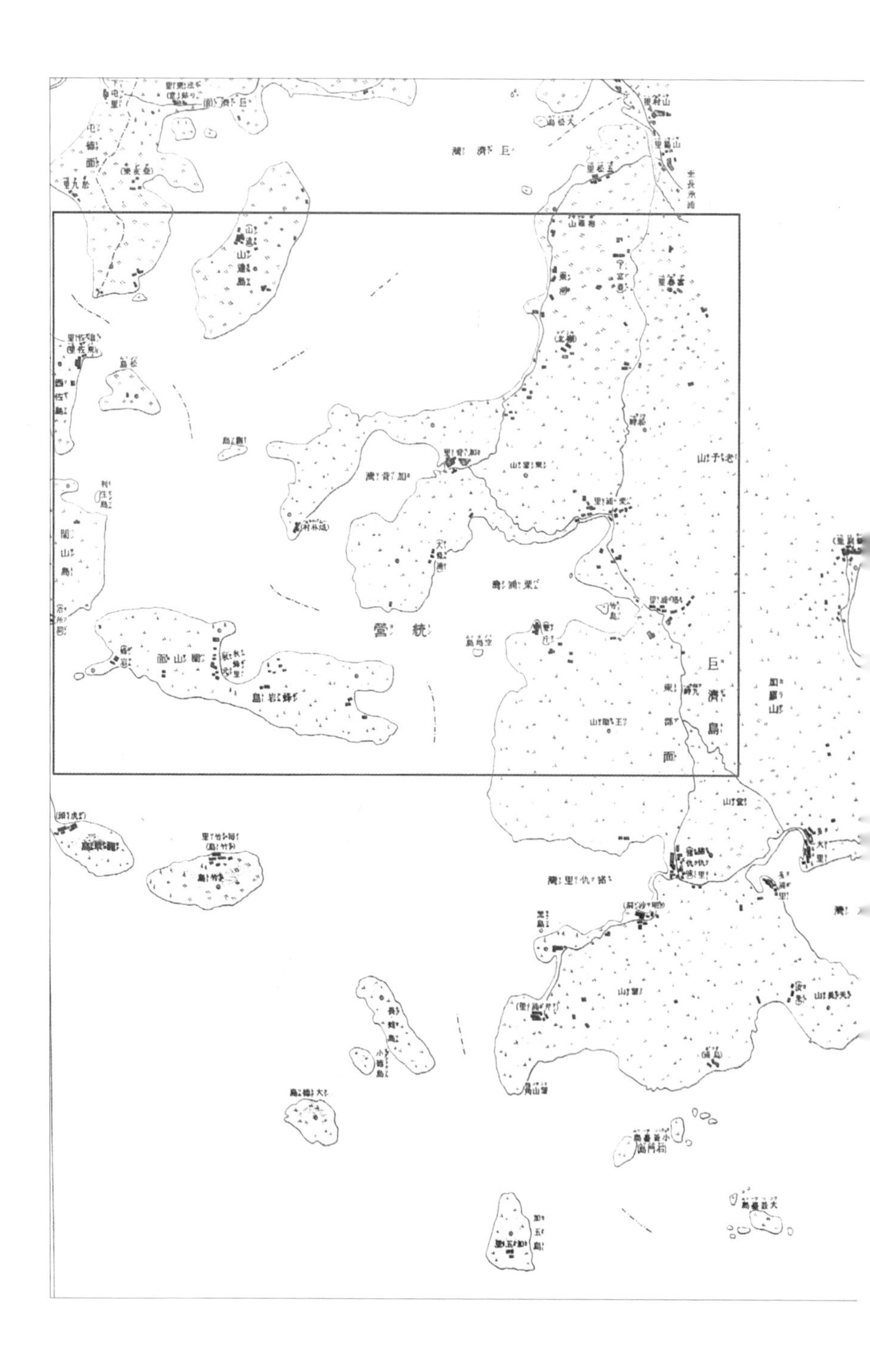
巨濟島
統營
東部面
閑山面

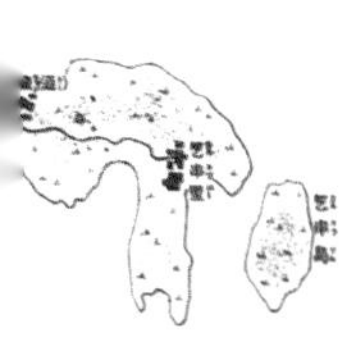

한산 앞바다 전체도(일제강점기)

출처: 국사편찬위원회 한국사데이터베이스 한국근대지도자료
http://db.history.go.kr/item/imageViewer.do?levelId=jnm_024

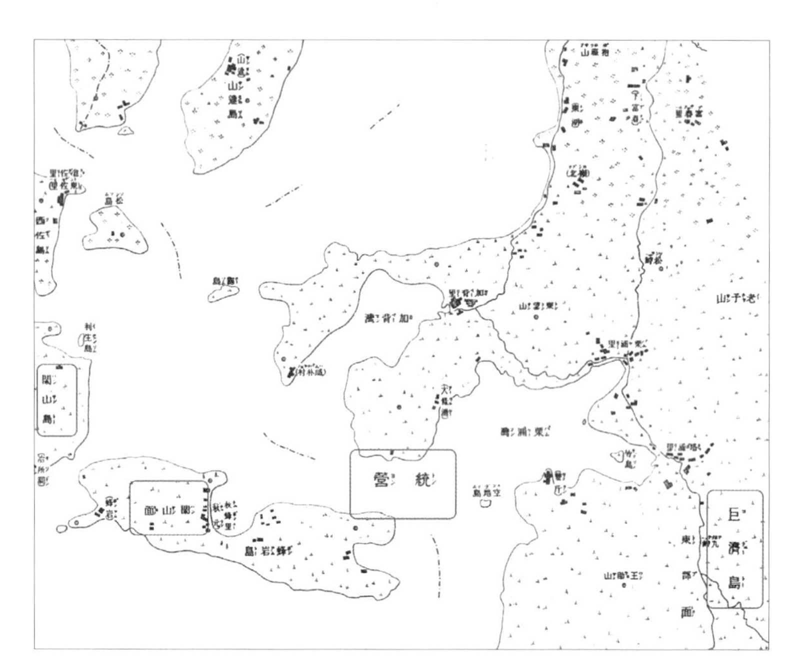

한산 앞바다 전체도 중 한산 해협 부분

이번엔 한산도(閑山島)에 대해 알아보자. 한산도는 경상남도 통영시 한산면에 있는 섬 이름이다. 임진왜란 당시 한산도 대첩(1592년 8월 14일)이 벌어진 장소는 통영시 산양읍과 거제시 거제면과 둔덕면 사이의 바다에 해당된다.

실제 한산도 대첩이 벌어진 곳에서 인근 '견내량'은 거제도와 통영만 사이에 있는 물길인데, 길이는 약 4km이고 폭은 넓어도 600m를 넘지 않으며 바위도 많아서 전투하기에는 좁은 곳이다.

지도에서 보기에도 한산도는 거제도와 통영 사이에 있어서 한 번 들어가면 상하좌우 빠져나갈 곳이 마땅치 않은 데다 당시 한산도는 황량한 곳이었기에 사람이 머물 만한 곳도 아니었다.

결과적으로, 적은 수의 거북선만으로 왜군들을 유인해서 빠져나갈 길목을 차단한 뒤 전투를 벌이기에 적절한 곳이라고도 할 수 있겠다.

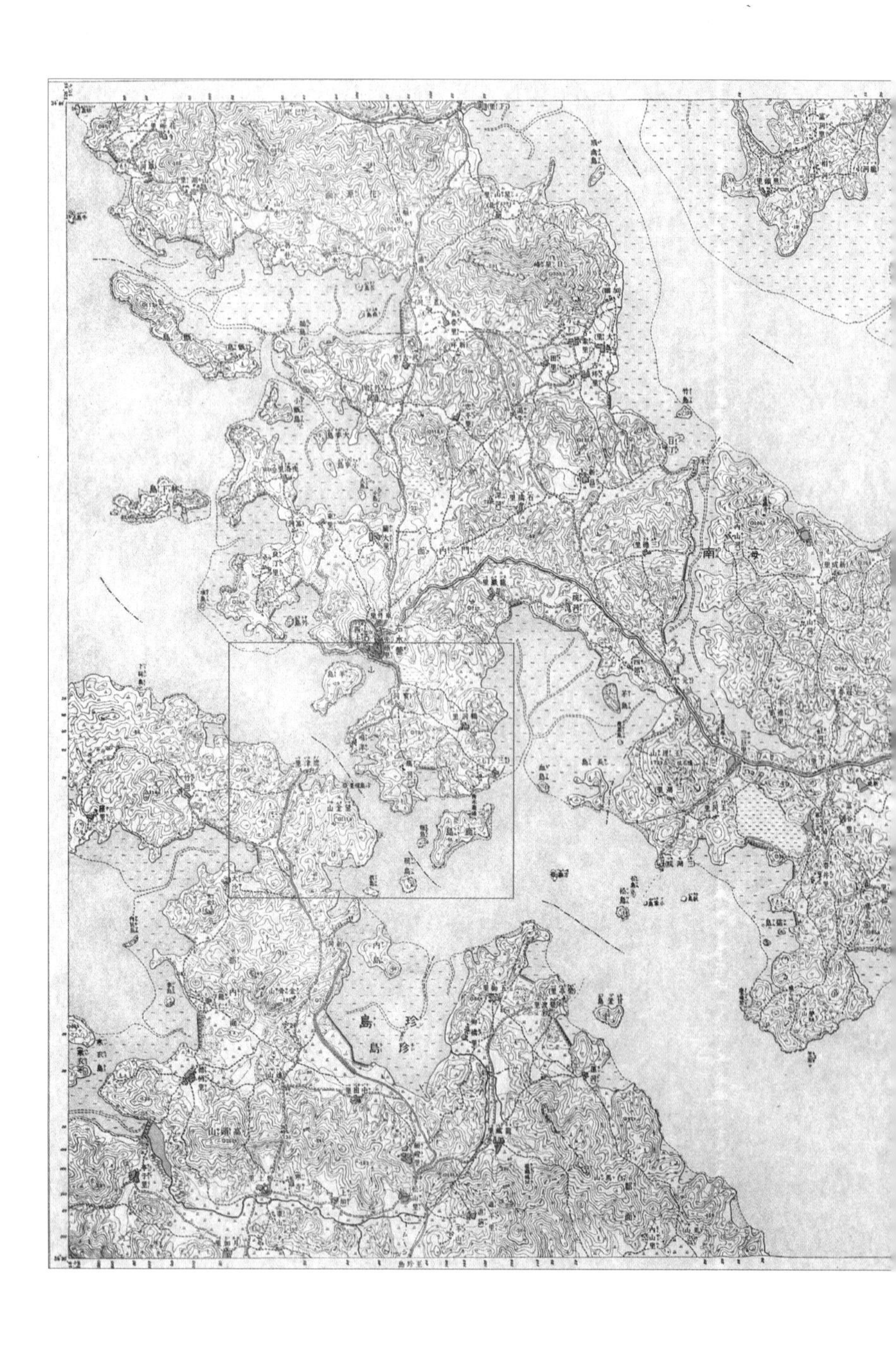

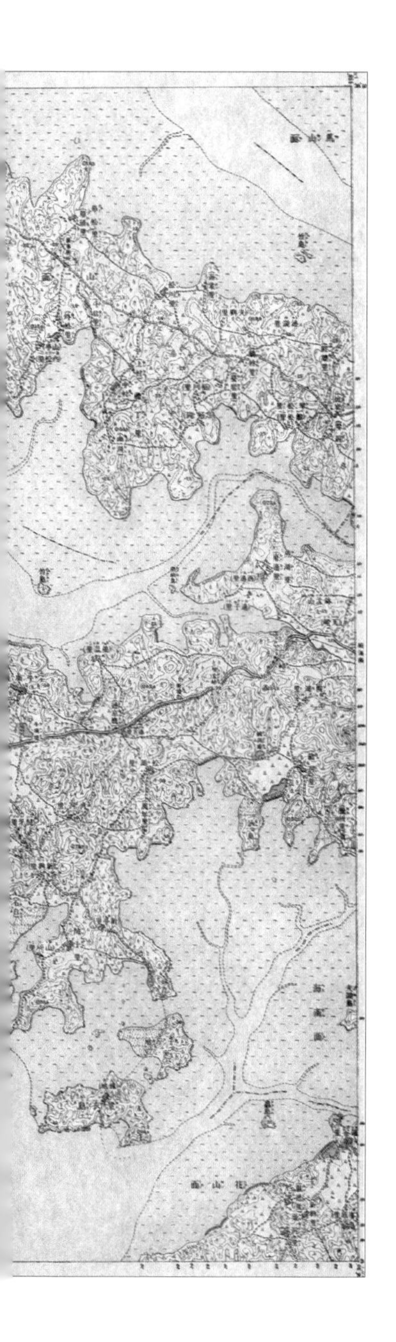

진도군 전체도(일제강점기)

출처: 국사편찬위원회 한국사테이터베이스 한국근대지도자료
http://db.history.go.kr/item/imageViewer.do?levelId=jnm_027

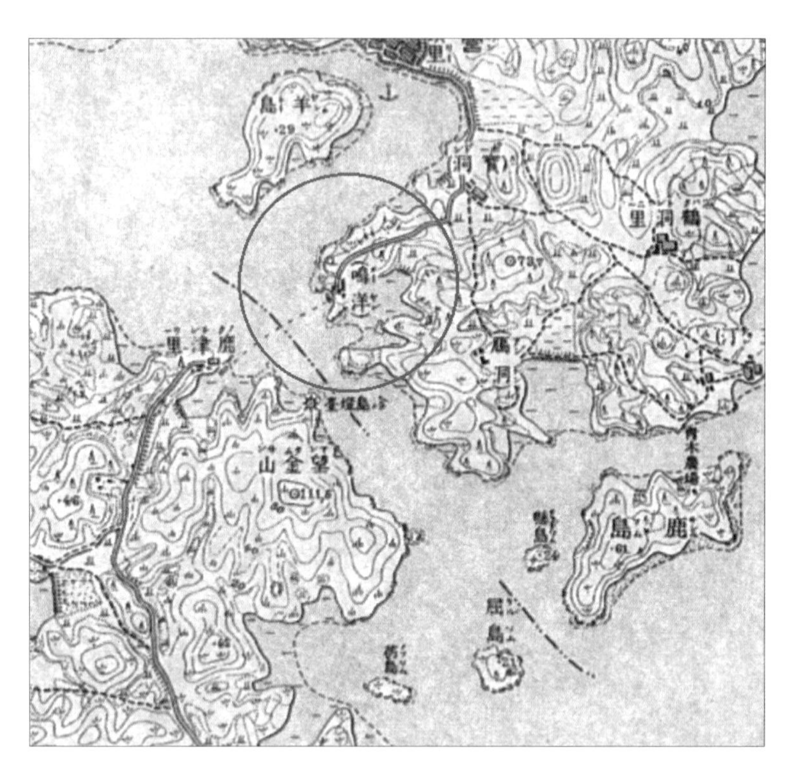

진도군 전체도 중 명량 해협 부분

그럼 명량 해협은 어디인가? 일제강점기 때 간행된 지도에서 찾아 보자.

임진왜란과 이순신 장군을 이야기할 때면 빠지지 않고 등장하는 '3대 대첩'이 바로 '한산도 대첩, 명량 대첩, 노량 대첩'이다. 하지만 필자의 기억으로 대다수 학생들이 임진왜란 당시 3대 대첩이 벌어진 곳에 대해 구체적인 지형이나 위치, 이순신 장군의 전법에 대해 심도 있게 배우지는 않았다.

이순신과 임진왜란을 소재로 한 영화 한 편으로 1,700만 명이 넘는 관객을 끌어 모으고, 역사 관련 TV 프로그램이 늘어나며 역사 강사들이 스타가 되는 시대임에도 불구하고 실제로는 임진왜란에 대해 구체적으로는 알지 못한다. 이순신의 전법이 구체적으로 어떤 것이었는지 모르고 있다. 왜일까?

시험에 나오는 것만 외우면 되니까?

성적에 반영이 안 되므로?

다른 것은 알 필요가 없어서?

아니다.

가르쳐 주지 않아서다. 아무도 가르쳐 주지 않았기 때문이다.

물론 『난중일기』라는 훌륭한 자료가 있고 이순신 장군의 전법에 대해 (구체적이진 않더라도) 배우지 않은 것은 아니다. 하지만 왜 우리는 현장에 직접 가보지 않고, 현장에서 이순신 장군의 전법을 적용해 보지 않았을까? 그래서 3대 대첩이 벌어진 현장을 찾았다. 그곳에서 임진왜란 당시로 돌아가 필자 스스로 이순신 장군이 되어 그동안 우리가 이순신 장군의 전법을 배우지 못한 이유가 뭔지 생각해 보았다. 선생들은 책을 펴놓고 책을 보며 학생들에게 가르쳐 왔다. "여기가 거기다!"라며 단지 책 속의 지도를 선생이 가리키면, 우리는 여기가 한산도 앞바다이고, 저기가 노량 해협이고, 저기가 명량 해협이라고만 배워왔다. 어쩌면 우리는 사실을 배운 게 아니라 '그래야만 하는 역사를 주입받은 것'인지도 모른다.

세계사적으로도 위대한 해군으로 칭송받는 이순신 장군이 대승리를 거둔 이곳 한반도 땅에서, 거북선 유물이 왜 단 한 점도 나오지 않는 것인지? 그 이유에 대해서도 속 시원하게 말해주는 역사 선생이 없는 현실에서 우리가 모르는 건 '어쩌면 당연한 일(?)'인지도 모른다.

임진왜란 당시 이순신 장군의 행적을 새긴 대첩비. 비석에 새겨진 내용 중에 **"이순신 장군이 남해(南海)를 넘어 도적떼 소굴로 쳐들어가 적선 220여 척을 불태웠다"**는 기록을 다시 떠올려 보자.

기록에 나오는 남해는 과연 어디일까. 먼저 한반도가 아닌 대륙으로 눈을 돌려보자. 대륙 아래 바다에서 우리는 남해를 찾을 수 있다. 대륙의 하이난도(海南島, 해남도) 인근 바다를 남해로 부르는 것이다.

대첩비에 "호남(湖南) 땅에 한 발자국이라도 들이지 않겠다'는 내용도 나오는데, 그렇다면 1592년에 호남 지역은 어디일까? 호남은 한자어로 '湖南'으로 표기하고 중국어식 발음은 Hunan(후난)이라고 부른다. 1592년에 해당되는 16세기 대륙의 각 지역 명칭을 다룬 유럽의 고지도를 보면 'Honam(湖南)'이라고 표시된 사실을 알 수 있다. 1705년 완성한 유럽의 지도도 마찬가지다. 대륙의 중부 후난성(湖南省)을 가리키고 있다.

여기서 '호남'이란 이름은 둥팅호(洞庭湖, 동정호)의 남쪽이라는 의미에서 유래하였는데, 둥팅호는 대륙의 양자강에서 물이 유입되어 평

28 대륙의 장시성 북부에 양자강 남쪽에 있으며 대륙에서 가장 큰 호수이다. 면적은 4,400km², 최대 면적은 162,225km²에 달하고 평균 수심은 8.4m다.

29 정상기(鄭尙驥, 1678년~1752년)는 조선 시대 후기의 지도 제작자이다.

균 수심 2.27m, 최대 면적이 20,000km^2(7,722sq/m)에 달하는데 평균적으로는 2,820km^2(1,089sq/m)의 면적을 지닌 담수호이다. 둥팅호는 대륙에서 가장 큰 호수였지만 세월이 흐르면서 수면이 축소되어 이제는 포양호(鄱陽湖, 파양호)[28] 다음으로 두 번째로 큰 호수다. 대륙에서는 둥팅호를 기준으로 북쪽을 후베이(湖北, 호북), 남쪽을 후난(湖南, 호남)으로 부른다.

둥팅호가 워낙 거대한 호수이고 유명한 곳이어서 많은 문학 작품에 등장하고, 사람들은 호수라기보다는 바다라고 부르기도 했지. 세계에서 세 번째로 긴 강으로 양자강(揚子江)을 대륙에서는 장강(長江)이라고 부르고 바다처럼 큰 장강의 아래쪽을 남해(南海)라고도 불렀어.

그렇다면 한반도에서 호남은 어디일까? 영남과 호남을 구분하는 기준은 무엇이고, 전라남도와 전라북도를 호남 지역이라고 부르게 된 연유는 무엇일까?

한반도 지형을 기록한 옛 지도부터 알아보면, 정상기[29]의 「동국지도(東國地圖)」가 있다. '동국대전도', '팔도분도'로도 불리는 이 지도는 1740년경 제작되었다고 전해진다. 정상기는 임진왜란 이후에 사라진 지도들의 제작을 담당하였고, 조선 시대 실학자 '이익(李瀷, 1681년~1763년)'의 제자이기도 하다.

정상기의 「동국지도」에 앞서 같은 명칭의 지도도 있다. 1463년 정척(鄭陟, 1390년~1475년)과 양성지(梁誠之, 1415년~1482년)가 만든 「동국지도(東國地圖)」인데, 방향이나 거리 등이 정확하지 않다는 단점이 있다.

정상기의 「동국지도」 원본을 베낀 여러 지도도 전해지는데 어찌된 일인지, 「동국지도」 원본과 비교했을 때, 각 지역의 명칭이 다르다. 강원도의 경우 '동관(東關)'으로, 함경도를 '북관(北關)', 평안도를 '남관(南關)'으로 표시했고, 1776년 이전에 간행된 지도들에는 표시되어 있는 축척 표시 등도 없다. 정상기의 「동국지도」 이후에 나온 모사본들은 어떠한 이유에서인지 수정된 것으로 보이는 이유다.

정상기의 「동국지도」를 보면 한반도 지형에 호남을 표시하였는데, 지도상에서 호남, 호북을 구분하는 기준이 '벽골제(碧骨堤)'로 보여. 벽골제에 대한 당시 조선의 기록과 비교하여 보면 뭔가 사실이 드러나지 않을까?

벽골제는 전라북도 김제시 부량면 월승리 119번지 일대를 말한다. 김제시에서 벽골제로 오려면 신용리 방향으로 청천리 사이를 지나야 하고 부량면과 가깝다. 벽골제는 백제 비류왕 27년(330년) 때 만들어진 저수지로 알려졌는데 정확한 사료로 확인된 바는 아니고 다만, 한반도에서 호남(湖南) 지방을 이야기할 때 '호(湖)'를 가리켜 벽골제라고 이해하는 정도이다.

벽골제는 태종 15년(1415년)에 다시 대규모로 축조되었는데, 만여 명이 2개월 동안 가장자리를 7만 7,406보, 높이를 17척으로 제방을 쌓아 올렸으며, 저수지나 관개시설 등으로 물을 이용하여 혜택을 받는 농지[몽리수전(蒙利水田) 또는 몽리답(蒙利畓)]는 충청도, 전라도에 걸쳐 9,800결에 달했다는 기록(『태종실록』)이 전해진다.

30 네이버 한민족사전.
31 황광우, 『역사콘서트1: 황광우와 함께 읽는 조선의 결정적 순간』(생각정원, 2016).

❋ **고려 시대나 조선 시대의 측량 단위는 요즘 사람들이 사용하는 것과 명칭이 달라서 이해하기 힘들겠지. 현재 사용하는 도량형으로 바꿔보면 이해가 빠를 거야.**

국내에서 관련 자료를 찾아보면 1결은 10,809㎡[30]이고, 1평은 3.3㎡이므로 1결은 3,270평이 되고, 15마지기에 해당되는 넓이가 된다. 다만, 1결의 넓이에 대해서는 3,000[31]평으로 보는 의견도 있다.

토지 1결이 곡식 1결(300두)을 생산할 수 있는 면적을 가리키는 것이라면 조선시대의 토지 등급별 면적의 경우, 1등급이 38무(2,753.1평), 2등급이 44.7무(3,246.7평), 3등급이 54.2무(3,931.9평) 등으로 달랐다는 점을 염두에 둬야 한다. 따라서 9,800결이란 1~2등급 토지 기준으로 최소 3,000×9,800평 즉, 최소 2천9백4십만 평에 해당될 것이다.

그렇다면 벽골제의 면적(2천9백4십만 평)은 여의도 총면적[약 8.4㎢(250만 평), 한강둔치+제방]과 비교하면 여의도 총면적보다 10배가 넘고, 목포시 1천4백만 평(50㎢)에 비교해도 2배에 달한다. 태종실록에 기록된 면적을 비교하였을 경우다.

현존하는 벽골제에 관한 이야기를 살펴보면, 임진왜란 때 관리 및 유지를 할 수 없게 되어 농민들이 그곳에 경작을 하면서부터 농경지가 되었고 단지 석조 수문과 기념비 등의 유물만 남아 있다고 한다. 현재 벽골제라고 불리는 곳의 제방은 포교마을에서 시작하여 남쪽 월승리 평지까지 약 3.3km 정도이고, 제방 높이는 5.6m이다. 벽골제의 형식은 흙댐이고, 관개면적(수혜면적)은 약 3천만 평으로 추정된다고 한다.

벽골제(일제강점기)

출처: 국사편찬위원회, 우리역사넷
http://contents.history.go.kr/front/km/view.do?levelId=km_027_0030_0030_0020

❈ 전체 면적은 어느 정도 오차를 감안하면 대략 비슷한 정도로 이해할 수 있겠어. 하지만 「동국지도」의 벽골제가 조선 시대에 기록된 벽골제라고 보기엔, 충청도와 전라도에 걸친 광대한 크기인데, 호남과 호북을 구분하는 기준이라고 보기엔 받아들이기가 어렵지 않을까? 치수 도량형 계산이 조선 시대 당시와 다른 이유일까?

벽골제에 대한 다른 사료를 찾아보자. 『삼국유사』에서도 기록을 찾아볼 수 있는데 벽골제 넓이가 14,070결이라고 한다. 1결이 3,000평이라고 할 때 4천2백2십1만 평에 해당되는 넓이다.

❈ 3천만 평이 아니라 4천2백만 평이네?

다음은 1930년(일제강점기)대 촬영한 벽골제 전경이다.

❈ 더 흥미로운 사실은 벽골제의 위치에 관한 것인데, 790년(원성왕 6년)에 신라가 전주(全州) 등 일곱 주(州)의 사람들을 징발하여 벽골제를 증축(增築)하였다는 기록[32]이야. 신라가 전주 지역에 있었던가? 한반도 전라북도 전주에?

신라 기록이란 것이 이해가 되지 않아서 백제 기록을 찾아보면 혼란만 더 가중된다. "강 연변을 따라 제방을 쌓았는데, 사성(蛇城)의 동쪽에서 숭산(崇山)의 북쪽까지 이르렀다"[33]고 하고 시기는 475년이다.

32 『삼국사기』 권 10, 신라본기 10, 원성왕 6년 봄 정월.
33 『『삼국사기』 권 25, 백제본기 3, 개로왕 21년 가을 9월.

❖ 숭산(崇山)이 어디인가? 대륙의 오악 중 한 곳이고, 허난성(河南省) 가운데에 있지 않은가?

물론, 숭산은 고유한 하나의 지명은 아니다. 지역에 따라 여러 곳에서 사용되기도 한다. 그런데 위 사료에 따르면 '백제이면서 숭산'이라고 했다. 백제의 위치를 기록한 사료를 보면 숭산의 위치도 확인되는 것이다.

『삼국사기』에서 백제 건국에 대해 다룬 「백제본기」 온조왕(溫祚王, 기원전?~28년, 재위: 기원전 18년~기원후 28년) 13년(기원전 6년)의 기록을 보자.

國家東有樂浪 北有靺鞨 侵軼疆境 少有寧日

"나라의 동쪽에 낙랑이 있고 북쪽에는 말갈이 있어 강역을 침략하므로 편안한 날이 적다"고 하였다. **낙랑과 말갈이라고 한다. 한반도 남쪽의 위치가 아닌 것은 확실하다.**

다른 기록을 보자.

조선 말기의 문신 이유원(李裕元, 1814년~1888년)의 글을 모아 엮은 책 『임하필기(林下筆記)』권 36이다. 이 책은 총 39권 33책인데 1871년(고종 8년)에 탈고하였다는 기록[34]이 남아 있다.

扶餘國本濊地 今中國奉天之開元縣句麗百濟之自起也

34 한국민족문화대백과사전(http://encykorea.aks.ac.kr/Contents/Index?contents_id=E0047730)

"부여는 원래 濊[예맥(濊貊): 옛 조선의 관할 경계 내에 있던 나라]의 땅인데, 현재 나라 안(中國은 특정 국가를 지칭하는 것이 아니라 '나라 안'이란 의미이다.) 봉천 개원현으로 고구려와 백제가 일어난 곳"이라고 했다. '(조선의) 나라 안에 봉천 개원현 지역'을 가리키고 있는데, 이는 대륙의 함주(咸州) 지역에 해당된다. 만약에 한반도의 함경도 함주라고 보면 함흥 지역인데 백제가 일어난 곳이라고 생각하기엔 힘들다. 상식적으로 대륙의 함주라야 타당하다.

이로 보나 저로 보나 백제의 위치는 한반도 남단이 아니라는 게 확실하지 않은가? 그러므로 숭산은 대륙에 있는 산이 되는 것이고, 벽골제 또한 한반도가 아닌 대륙에 있다고 생각하는 것은 자연스러운 일이다.

벽골제 하나만의 문제가 아니야. 더 중요한 건 우리가 배워 온 역사 기록들 중 많은 부분이 한반도 지형과 일치하지 않는다는 점이야.

벽골제의 위치를 생각하면서, 정조가 사도세자 묘를 화산으로 옮긴 사실과 서울 방어를 위해 지었다는 화성을 다시 떠올린다.

화성의 가장 높은 곳에 위치한 서장대(西將臺)에서 야간 훈련을 하는 모습을 그린 「야조도(夜操圖)」를 살펴보면, 과연 현재 한반도 수원의 화성과 같은 곳인지 의문이 없지 않은 것도 사실이기 때문이다. 규모와 위치부터 여러 의문이 생기는 까닭이다.

정조가 사도세자 묘소를 옮겼다는 화산이 어디에 있는지, 실제 사도세자 무덤이 객관적으로 확인되는지만 알아도 다소 의문은 풀리지 않을까?

3대 대첩 위치

'한산도, 노량, 명량이 왜군에 넘어가면 임금이 사는 서울이 위험하다'는 이순신대첩비 기록을 보면서도 의구심이 드는 게 사실이다. 3대 대첩의 위치를 표시한 그림을 보자. 표시된 곳을 보면, 과연 이곳들이 왜군에 넘어가면 서울 한양 땅이 위험한 것일까?

우리가 배운 대로만 생각하더라도 위 세 곳이 왜군에 넘어가면 서울이 위험하다는 말은 납득하기 어렵다. 저 세 곳이 매우 중요한 거점이고, 군사적으로도 요충지가 된다면 모르지만 지도상 위치로만 보면 서울과 거리도 멀고 또 지극히 좁은 해협이기 때문이다.

또한 일본이 왜군이라고 가정하자. 그리고 한반도를 쳐들어온 것이라면 굳이 한산도를 치러 가는 이유도 납득하기 어렵다. 부산에서 바로 한양으로 올라갈 수도 있었을 텐데 말이다.

이건 또 뭐야? 신라 시대의 수세식 화장실이라니?

필자가 조선사 탐구에 열을 올리고 있을 무렵이다. 모 매체를 통해 우리나라 역사 관련 유적과 유물이 소개되었는데, 신라 시대의 수세식 화장실이 발굴되었다는 것이었다. 당시 내용에 따르면 신라 시대 유적지에서 변기로 보이는 유물(한쪽에 구멍이 뚫린 돌)과 그 옆으로 이어진 약 7m 정도의 물 통로로 보이는 구조가 발굴되었다는 것이다.

그런데 유적지와 유물을 설명하는 사람의 이야기를 듣다보니 이상했다. "좁은 통로가 이어져 ㄱ(기역)자로 꺾이는 부분에 구멍 뚫린 돌이 있고, 통로는 경사진 아래쪽으로 향하여 물이 흐르는 곳과 연결된 것으로 보이니, 이곳은 수세식 화장실로 보인다"는 이야기였다.

수세식 화장실이라기보다는 크로아티아, 터키 등 흉노족들이 수로를 만들어 사용하던 물레방아 같아 보이는데?

변기가 아니라 곡식을 넣는 홈으로 보이고, 변기 물이 흐르는 곳이 아니라 곡식 찧는 방아가 움직이도록 물을 흐르게 한 곳으로 보였다. 게다가 수세식 변기라고 부르는 '구멍 뚫린 돌'을 양쪽에서 덮는, 커다란 덮개석으로 보이는 돌도 보였기 때문이다. 만약 변기라면 뭐 하러 커다란 돌을 두고 양쪽에서 덮개로 사용했을까?

경주의 신라 시대 유적지에 흉노족의 곡식 방아가 나왔다면 오히려 이상할 일은 아니다. 월성군(경주 옛 이름)에 스키타이 종족들이, 터키 및 크로아티아 등 아랍권 사람들이 거주했다는 가설과 일치하기 때문이니 말이다.

이성계와 전설의 왕국 타타리

이성계(李成桂)는 누구인가?

이번에는 '이성계'가 누구인지 이야기해 보자.

조선을 세운 사람? 고려 말에 위화도에서 군사들을 돌려 왕의 명령을 거역하고(이른바 쿠데타를 일으켜서) 새로운 나라 조선을 세운 사람? 조선의 왕들 이름을 외우는 데 가장 먼저 나오는 사람? 우리가 알고 있는 이성계는 누구일까? 우리가 알고 있는 내용들이 이성계의 전부일까? 생각해 보면 아는 게 별로 없는데, 우리는 왜 이성계에 대해 더 알려고 하지 않았던 것일까? 의문이다.

먼저 이성계에 대한 소위 '썰(공식적으로 인정받지 못한 주장들을 가리키는 속어)'을 살펴보려 한다. 즉, 국내 학계나 학회에서 흔히 재야 사학이라고 부르거나 위서라고 불리는 책자들에 기재된 내용들을 살펴보려고 한다. 지금까지 배우지 않은 내용들을 깊이 살펴보면 맞든 틀리든 어떤 결과는 나오지 않겠는가. 아무것도 모르기보다는 여러 내용을 살펴서 어떠한 결론을 맺어보자는 의미다. 살펴보기도 전에 틀렸다, 아니다, 무조건 배척할 것이 아니라 새로운 주장들을 꼼꼼히 살펴서 기존의 것과 비교하여 나름의 결론을 맺어보자는 이야기다. 결론이 어떻게 나오든 간에 공부의 깊이를 더해 줄 것은 확실하지 않은가.

자, 그럼 시작해보자.

이성계는 몽골 사람이다?

1335년 10월 27일 태어나 1408년 6월 18일 사망한 것으로 알려진 이성계의 고조할아버지는 이안사(李安社)이다. 이안사는 몽골 사람으로 원나라(몽골)에서 내려보낸 72명의 달로화적(達魯花赤: 다루가치darughachi)[35]의 한 사람이었다. 원나라의 쌍성총관부(雙城摠管府) 지역[고려의 화주(和州), 영흥 지역]에서 총독을 지냈다. 삼척검두안사직이라는 의미는 '3척 검을 휘두르는 무사 집안 이안사의 손자'라는 의미다.

이성계의 증조할아버지는 이행리(李行里), 할아버지는 이춘(李椿), 아버지는 이자춘(李子春)이다. 이자춘은 '삭방도(함경북도 지역) 만호 겸 병마사(朔方道萬戶兼兵馬使)'[36]를 지냈다. 이자춘이라는 이름은 한자식 표현이고 몽골어로는 '오노사불화(吾魯思不花)'라고 부른다.

35 원나라가 점령한 고려의 지역에 두었던 벼슬.(네이버국어사전, https://ko.dict.naver.com/seo.nhn?id=8772700)

36 삭방도를 다스리는 관리로 군사권을 포함한 통치권을 갖는다.

이안사부터 이행리, 이춘, 이자춘, 이성계 및 그의 후손들까지 염두에 두면 이성계의 집안은 쌍성[화주(和州)][37]을 거점으로 한 지역 권력자로서 5세대 이상을 군림해 온 가문이라고 부를 수 있다.

쌍성(화주)는 어디인가?

대륙의 화림[귀화성(歸化城): 호화호특(呼和浩特)] 지역으로 대륙에서 중앙부 내몽골 접경지역 부근에 해당된다. 이성계가 태어난 영흥도호부(永興都護府)는 산시성(陝西省, 섬서성) 유림(榆林, 위린: '황산' 포함)이고 북서부와 북부를 아우르는 지역으로 대륙의 중앙에 해당된다.

이성계에 대해선 조선 왕조에서 간행한 기록을 근거로 주장해야 하지 않나요?

물론이다. 근거가 없는 주장은 단지 픽션(소설)에 지나지 않을 것이다. 조선을 세운 첫 황제, 조선의 임금 이성계에 대한 근거로 국가 공인기록이라 할 수 있는 왕조실록을 살펴보도록 하겠다. 『세종실록』「지리지」'함흥부(咸興府)' 편을 보자.

> 정릉(定陵)은 이성계의 아버지 이자춘의 묘이고 귀주동에 있다. 의릉(義陵)은 이성계의 할아버지 이춘(李椿)[38]의 묘이며 운전사(雲田社)

37 신증동국여지승람 영흥대도호부: 영흥(永興)은 박평(博平), 쌍성(雙城), 화주(和州), 당문(唐文), 장령(長嶺), 화령(和寧), 역양(歷陽)이다.

38 몽골식 이름은 발안첩목아(孛顔帖木兒)이다.(한국민족문화대백과사전, http://encykorea.aks.ac.kr/Contents/Index?contents_id=E0015849)

에 있다. 이안사의 묘도 있는데 이 묘소들은 남쪽으로 함관령(咸關嶺)에 걸쳐 있고, 동쪽으로 장성이 지나가고 있으며 '달단' 땅이다.

❖ 그런데 조선사편수회에서 간행된 역사서에는 함흥(咸興)과 함주(咸州)에 이안사의 묘가 있다고 기록되었는데요?

이번에는 『태조실록』 지원(至元) 11년(1274년) 갑술 12월 기사를 보자.

이성계의 고조부모의 능인 덕릉, 안릉은 후일에 함흥부(咸興府)의 의흥부(義興部) 달단동(韃靼洞)에 옮겨 장사하였으니, 곧 덕릉(德陵)이다. 이성계가 태어나고 자란 영흥(永興)은 장성(長城)이 통과하므로 영흥부(永興府)의 북쪽에는 장성(長城)의 관문이 있다.

영흥과 함흥이 분명히 다른 지역인데, 조선사편수회는 '영흥(永興)'을 가리켜 함흥(咸興)이라고 기록한 것이다. 또한, 왕조실록에는 "평안도와 영안도는 사막과 가까운 지역이라서 인구도 별로 없고 인물도 없어서 쇠잔하다"는 기록도 있다. 여기서 '영안도'는 함경도를 가리킨다. 그런데 한반도의 함경도에는 사막이 있는가?

❖ 조선 왕릉은 모두 한반도에 있지 않나요?

과연 그럴까? 실은 역사 시간에 '그렇다'고 교육받고, '그냥 외우라'고 해서 그런 줄로 기억하고 있는 것은 아닐까? 냉정하게 생각해 보자. 우리가 배운 역사 지식의 대부분은 학교에서 가르쳐 주는 대로 외운 것들이다. 실제 역사 현장을 탐구하고 조사하거나 유물이나 사료를 직접 보고 깨달은 경험이 있는가? 거의 없을 것이다.

실제로 한반도에 조선 왕릉이 다 있다면 그리고 지금 한반도에 있는 왕릉이 모두 실제 조선 왕릉이라면 입증하면 될 일이라고 생각한다. 각 묘역마다 실제로 조선의 왕이 묻혔는지 증거를 대면 될 일이다. 단, 다만 왕릉을 입증할 때는 몇몇의 부장품이나 유물을 꺼내 보여주는 것만으로는 사실을 확인하는 증거가 될 수 없다는 것을 기억하자.

한반도에 있는 조선 왕릉이 진짜 조선의 왕릉임을 입증하는 데 있어, 여러 묘역을 모두 입증하기에 시간적으로, 물리적으로 쉽지 않다면 현실적인 제안도 할 수 있겠다. 다음의 두 가지라도 확인시켜 주는 것은 가능하지 않겠는가.

- 왕조실록에 기록된 '달단(韃靼)' 지역은 어디인가?
- 왕조실록에 기록된 '장성(長城)'은 어디에 존재하는 성인가?

하나 더 추가하자면, 왕조실록 『태종실록』 10년(1410년) 10월 기사에, "덕릉(德陵)과 안릉(安陵), 두 능을 함주(咸州) 달단(韃靼, Tartary)동(洞) 언덕에 옮겨 합장했다"고 기록했는데, 이것에 대해서도 설명이 필요하다.

달단이란 곳이 기록된 다른 사료는 없나요?

『고려사절요(高麗史節要)』에도 있다. 이 책은 문종 2년(1452년)에 고려 역사를 '연월일' 순으로 기록한 편년체(編年體) 역사서인데 김종서(金宗瑞) 등이 만들었다. 『고려사절요』 제34권 1389년의 기록을 보자.

고려에는 소 잡는 것을 금지하는 도감[39]이 있으나 이는 농사를 소중히 여기고 백성의 생계를 후하게 하기 위함인데, 달단(韃靼)과 수척(水尺)은 소를 잡는 것으로 농사를 대신하니 서북면이 더욱 심하여 주와 군의 각 마을[참(站)]마다 모두 소를 잡아서 손님을 먹여도 이를 금하지 않습니다.

『고려사절요』의 내용을 대륙으로 설명해 보자. 고려의 서북면(함경도)은 현재 대륙의 신장 위구르 자치구(新疆維吾爾自治區) 지역에 해당되고, 조선 초기의 함경도는 달단이 모여 사는 현재 대륙의 서북부 사막이 있던 그 북쪽을 가리키는 말이라고 한다면 어떤가?

이성계가 옛 조선의 땅에 세운 나라가 조선이고, 그 조선이 바로 달단이며, 달단의 한어(漢語)식 발음은 '따따'이고, 달단의 영어식 표기가 '타타리'이므로 청나라(병자호란)에 의해 세력이 급격하게 줄어들게 된 조선이 바로 '타타리'라고 생각할 수도 있지 않을까?

만약에 청나라가 조선을 공격하였다면 '조청 전쟁'이라고 할 것인데, 우리 역사에서는 '병자호란'이라 하여 '병자년에 오랑캐들이 일으킨 난리'라고 기록하였기 때문이다.

『고려사절요(高麗史節要)』 외에 원나라 역사서 『원사(元史)』의 기록도 살펴보자. 『원사(元史)』 권59 지재11 지리2 '함평부 편'에 대한 기록이다.

함평부: 옛 조선 지역이다. '기자'가 세운 지역. 한나라 때 낙랑군이다. 고구려가 점령했고 당나라 시대에는 안동도호부를 설치하였고, 발

39 금살도감(禁殺都監): 소나 말을 도축하는 것을 감시하는 관청.

해 대조영이 머물렀다. 이 지역에 백성을 이주시켜 살게 하였고, 함주 안동군이라고 불렸고, '함평'이라 부른다. 금나라에서도 함평부로 불렸고 병자호란 때 모두 폐쇄하였다. 원나라 초기에 '개원로'에 속하였는데 영진부 동남쪽이고, 남쪽에 토하가 있고, 산동 덕주로부터 흐르는 물은 동쪽으로 산동의 낙동현으로 흐른다.

위 내용을 살펴보면, 함평은 함주이고 여기서 흐르는 강이 동쪽 낙동현으로 흐른다고 하니 '황하(黃河)'임을 알 수 있다. 그렇다면 함주 지역은 산동의 서쪽에 존재한다는 의미이므로, **'조선 초기 이성계의 장안(한양)은 대륙의 서북부 장안성 일대가 아닌가'** 하는 의문을 갖게 되는 게 당연하지 않은가?

혹은, 시안(西安) 서쪽이거나 최소한 중앙아시아 지역이란 것인데 그렇다면 만리장성 서쪽이라는 것이니 이성계 고향인 '달단'은 한반도 위쪽 만주 지역이 아니란 이야기가 된다.

그렇다면 정확하게 어디일까? 동유럽 지역의 경계로 우랄알타이 산맥 인근의 러시아 권역인 우크라이나 지역이 유력하다.

고려와 조선이 같은 시대에 존재했다면, 고려는 무엇이고 조선은 무엇인가요?

옛 사료40에 근거해서 당시 상황을 그려보자면 이런 게 아닐까.

아시아 대륙에 타타리(달단)로 불리는 '옛 조선(ancient Tcha-ossien)'이 있었고 한반도에는 달단의 제후국인 Corea가 존재했다. 대륙의 동쪽 지역에 명조(明朝: 명나라)가 들어서면서 달단의 태조 이성계가 한반도 Corea의 국명을 조선으로 변경하겠다고 명조에 통보하고 이름을 조선으로 바꾸었다고 하면 설명이 되지 않을까.

이를테면, 한반도의 Corea(고려, 코리아)는 시대에 따라 이성계가 건국한 달단의 제후국이었거나 명나라의 여러 제후국들 가운데 한 곳이었던 것으로 설명이 될 수 있지 않을까.

그러한 근거들 가운데 하나로, 조선의 한양은 현재 한반도 서울의 위치가 아니다. 예수회 선교사 뒤 알드 신부의 『중국통사(中國通史)』(1735년) 제4권, '코리아 편'의 기록을 보면 "한성(漢城)은 조선(大朝鮮)의 수도로 북위 36도에 있다"고 하였다. 이상하지 않은가.

북위 36도 지역이라면 어디인가?

대륙의 산시성(陝西省, 섬서성) 및 산둥성(山東省, 산동성) 지역에 해당된다. 인접 지역으로는 허난성(河南省, 하남성), 간쑤성(甘肅省, 감숙성), 칭하이성(青海省, 청해성), 티베트 자치구, 신장 위구르 자치구 지역도 포함된다. 한반도에서는 금강 하구를 지나는데 전라북도 지역이며, 충청남도, 경상북도, 대구광역시, 경상북도를 포함하는 지역이다.

결론적으로, 북위 36도에는 현재 한반도의 서울이 없다.

서울의 좌표는 위도 37.541°, 경도 126.986°이다. 그런데 우연의 일치라고 보기엔 너무나 신기한 것이 섬서성의 시안[西安, 서안: 장안(長安)] 북위 36도 지역에 '한성(漢城)'이란 지명이 새겨진 비석이 남아 있다는 점이다.

또 한 가지, 『하멜 표류기』에 보면 "남한산성은 한성의 남쪽에 위치한 진령산맥이 있는 시안의 정남쪽 남산(목멱산, 종남산)에 있으며 그 높이가 해발 3,218m이다"라고 나온다. 지금 우리가 알고 있는 남한산성은 고작 해발 400m이다. 이상하지 않은가.

40 이 책의 후반부에 중화민국 및 프랑스와 미국의 사료 내용에 대해 설명하기로 한다.

❋ **그렇다면 병자호란 때 청나라가 넘은 조선의 국경선이 압록강이 아니라 황하였고, 한반도의 한성이 아닌 대륙의 한성(서안)을 공격한 것이고, 한반도의 남한산성이 아닌 대륙의 남한산성까지 그 세를 넓힌 것이라고 설명할 수 있지 않을까? 또한 한성이 한반도의 한성이 아니라 대륙의 한성이라면 임진왜란은 어떻게 설명할 수 있을까?**

이에 대해 『몽골비사(元朝秘史)』 134절 기록을 보자.

> 금나라 황제(알탄 칸)는 타타리가 복종하지 않자 칭기즈칸에게 지원 요청하여 칭키즈칸이 타타리를 정벌하였다.

위 기록에 나온 타타리가 곧 달단이고, 금나라의 요청으로 칭기즈칸이 쳐들어온 전쟁이 곧 병자호란에 해당될 것이다.

❋ **그런데 대륙을 휩쓸던 칭기즈칸이 작은 한반도 땅을 구태여 쳐들어왔다? 어쩐지 상식적으로 상상하기 어렵지 않은가?**

당시 타타리 지역은 오스만튀르크와 터키도 포함되는데, 공교롭게도 이곳을 차지했던 것은 '티무르 제국'이라고 기록되어 있을 뿐이다. 티무르 제국이 어떤 나라인지 명확하지 않고 어찌된 연유인지 나라의 연표도 없다. 도대체 의문투성이의 나라이다.

알려지기로는 티무르 제국은 중앙아시아의 트란스옥시아나(현재의 우즈베키스탄 중부)에서 시작된 몽골 제국의 하나로서 옛 몽골 제국의 서남부 지역까지 차지한 국가다. 그럼에도 불구하고 나라 이름 하나 없이 그저 통치자 이름으로 '티무르 제국'이었다고만 전해질 뿐이니 그 이유가 의문이다. 예를 들어, 태조 이성계가 나라를 세웠는데 조선이라는 나라 이름도 없이 그저 '이성계 제국'이라고만 전해진다는 것과 같으니 말이다.

세계사를 훑어봐도 동서고금 이런 경우는 흔치 않다. 이러한 의혹을 더욱 부채질하는 것이 있다. 우즈베키스탄 사마르칸트에서 티무르의 무덤으로 간주되는 곳을 조사했더니 티무르가 생존 당시에는 절름발이였다는 사실이 드러난 것이다. 이성계도 절름발이였다. 우연의 일치일까?

❖ 조선의 수도가 어디였는지에 대해서는 막연한 추측보다 확실한 기록들이 있지 않나요?

명나라 사신 동월(董越)이 지은 『조선부(朝鮮賦)』(1488년)[41]의 기록을 보자.

> 동국(東國)은 조가(朝家)의 바깥 울타리로, 서쪽은 압록강이 한계가 되고, 동쪽은 상돈(桑暾)에 닿았으며 천지(天池)는 거의 그 남쪽 문이 되고, 말갈(靺鞨)은 그 북쪽 문이 되었다"고 하였다. 그 나라는 동남쪽은 모두 바다에 닿아있고 서북쪽은 건주(建州)이고 정북쪽은 모린(毛憐: 여진)의 해서(海西)이다.

위에서, 기록상 지명은 나중 문제라 하더라도 '동남쪽은 모두 바다에 닿았다'는 대목은 깊이 생각해 볼 필요가 있다. 조선의 위치를

41 성종 19년(1488년) 명나라 사신 '동월(董越)'이 조선을 다녀와 집필한 책으로서 먼저 여행하고 나중에 회상하여 기록하는 형태의 4장 25단락으로 구성된 464구의 '조선부(朝鮮賦)'. 청(淸)나라에서 간행된 『사고전서(四庫全書)』에도 실렸으나 조선사편수회에서 1937년에 만든 『조선사료총간(朝鮮史料叢刊)』에는 1책으로만 다시 간행되었다.

한반도로 생각한다면 한반도의 동남쪽만 바다인가? 아니다. 그런데 대륙의 동쪽 지역라면 어떤가? 동남쪽만 바다에 닿아 있지 않은가?

어찌된 이유일까? 이에 대해 이번에는 명나라 역사서 『명사(明史)』를 보자. 명 홍무(弘武) 25년 기록이다.

> 고려(Corea) 국왕 '왕요(王瑤)'가 사람을 많이 죽여서 민심을 잃자, 모든 고려 사람들이 문하시랑 이씨인 우리 태조를 추대하여 국사를 임시로 맡기고, 그 나라의 지밀직사사(知密直司事) '조반(趙胖)'을 보내와서 명령을 달라고 하였다.
>
> 우리의 국호(國號: 나라 이름)를 고쳐 부르고자 하니, 상(上: 명나라 황제)이 말하기를, "동이(東夷)의 이름 중에는 오직 '조선'이 가장 좋고도 가장 오래된 것이다"하여 '조선'으로 고치게 되었다.

명나라 역사서라고 하는데, '우리 태조'가 나오고 '이씨' 성을 가진 임금을 추대한다고 적혀 있다. 필자로서는 태조 이성계의 달단이 코리아를 제후국으로 받아들이는 상황처럼 보인다. 그런데 어째서 명나라 역사서가 된 것일까? 이 당시에는 명나라가 태조 이성계의 나라였던가?

내용을 다시 보면, 고려(Corea)의 공양왕이 나랏일을 하며 사람을 많이 죽이자 민심이 동요하였고, 새로운 인물이 등장하여 새로운 나라 이름을 명나라로부터 받게 되었다는 내용이다. 우리가 알고 있는 지식으로는 그 내용이 도무지 앞뒤가 맞지 않는다.

42 이 책의 후반에서 중국 사료, 프랑스 사료, 미국 사료 등을 다루기로 한다.

❁ **하지만 명나라 역사서이니까 그 내용을 신뢰하긴 어렵지. 1398년인가에 명나라에서 맹가첩목아(猛哥帖木兒)에게 사신을 보내어 명나라를 섬기라고 한 사실이 있는데, 그때 맹가첩목아가 말하기를 조선을 섬기기를 20년이라고 하거든. 그러면서 명나라와 조선은 형제 관계인데 이미 조선을 섬기는 상태인 걸 알면서 명나라를 섬기라고 하니 거절한다고 했었지. 명나라로서는 조선보다 우월하다고 해야 하고 맹가첩목아처럼 조선의 제후국들**(조선의 지방정부였다면 명나라가 맹가첩목아에게 조공 관계를 요구하기가 불가능)**을 명나라로 포섭해야 되었다고 보거든.**

그런데 우리 역사에서 배운 내용에 따르면, 한반도에 존재한 고려(高麗)에 공양왕이 있고, 이성계 일파가 추대한 마지막 왕이었는데, 1392년(공양왕 4년) 이성계와 이방원, 정도전이 공양왕을 폐위하고 이성계가 왕위에 올랐다고 이야기한다.

그러나 3부에서 다시 얘기하겠지만, 16세기, 17세기에도 북경 지역을 위주로 하여 대륙의 동부에 조선이 엄연히 존재하였다는 사실을 서양의 고문헌 및 사료[42]들이 밝히고 있다. 이를 생각하면 한반도에서 공양왕을 끝으로 고려가 사라지고 조선이 건국되었다는 기존의 주장은 설득력을 갖기 어렵다.

어쩌면 대륙에 존재한 조선의 역사를 어떻게 하든 한반도 안으로 끌어들여야만 했던 모종의 세력들이 있고, 그들이 의도에 따른 왜곡이 아니었을까? 충분히 의심을 갖게 된다. 특히, 이 책에서 주제로 다루는 임진왜란과 한반도에 대해 지금까지의 역사와 일치하지 않는 사료들이 있으므로 그러한 의구심은 더욱 커질 수밖에 없다.

어쩌면…… 대륙에서 조선이 건립되고, 한반도에서는 조선의 제후국으로 고려국(高麗國: Corea)이 존재하던 시대로 생각해 본다면…… 오히려 이성계가 대륙 남쪽 지역에 제후국을 명조(옛 조선의 후손이라는 의미로 明朝 또는 줄여서 大明)라고 명칭을 정하자 한반도의 코리아가 조선으로 이름을 바꿔 부르게 된 것은 아닌지…… 그런 의문이 드는 것이다.

왕조실록과 여러 조선 왕조에서 간행된 사료들은 글자 그대로 조선의 이야기인데, 훗날 조선으로 개명한 코리아에서 대륙의 명조에 빗대어 한반도 지역을 지도화 하기 위하여 김정호(金正浩, 1804년~1866년)로 하여금 대동여지도를 만들게 한 것은 아닐까?

대동여지도의 김정호가 최초로 한반도를 그려낸 것이 아니라는 사실은 이미 여러 사료들에 의해 밝혀졌다. 그렇다면 과거에 외워야 했던 '한반도 최초의 8도 지도'라는, 기존 사실과 어긋난 이야기는 누가 왜 만들어 냈던 것일까?

김정호는 한반도를 그리면서 그 지도의 이름을 '대동여지도' 혹은 '청구도'라고 불렀을 뿐, 단 한 번도 '조선 지도'라고 이름 지은 적이 없다는 것도 의문이다. 대륙 동부의 각 지형과 형태를 그대로 본떠 한반도로 축소 이전한 형태가 연상되는 이유다. 이러한 일을 벌일 수 있는 힘과 그럴 필요가 있는 존재라면 과연 누굴까?

한반도의 역사를 조작하고 위조해서 그들의 입맛에 맞게 바꿔야만 했던 존재가 있었다면, 그들은 과연 누굴까?

8세기 무렵 무역 거래를 하며 바닷길을 오가던 많은 아랍(Arab)인들이 있지. 대륙과 한반도에도 다녀간 건 당연한 일이고. 그런데 아랍인들이 남긴 기록에는 신라의 도읍지(수

도) 서라벌(徐羅伐)**에 대해 대륙의 항주**(杭州, Hángzhōu)**와 양주**(扬州, Yángzhōu) **일대라는 내용이 있거든?**

한반도의 경주는 본래 지명이 '월성군'인데 일제강점기에 '경주'로 바뀐 것이다. 그리고 경주의 황남대총에서 발굴되는 토우(土偶: 흙으로 빚은 사람 형상의 인형)들의 형상을 보더라도 그 얼굴과 옷차림 또한 아랍인들의 그것과 상당히 유사하다.

'터번'을 머리에 두르고 페르시아 풍의 옷을 두른 토우의 형상도 확인할 수 있는데, 당나라 시대의 기록에 나오는 '호복(胡服)을 입은 소그드(Sogd: 粟特)[43] 사람'들과 유사하다는 게 학계의 이야기인 것으로 보면 한반도의 월성에 살던 사람들의 정체에 대해 의문을 갖게 되는 건 당연하다.

❈ **서라벌이 한반도의 경주 일대라는 주장은 이해하기 힘들어. 이름 자체가 월성군이었기도 하지만, 신라의 도읍지로서 서라벌과 경주는 설명이 안 되는 점들이 많거든. 가장 큰 문제는 신라의 고승으로 알려진 혜초**(慧超, 704년~787년)**가 남겼다는 『왕오천축국전**(往五天竺國傳)[44]**』이야. 이 책에서 혜초는 자기의 고향 신라에 대해 '대륙의 서안 서쪽 지역 돈황 일대'라고 말하면서 '계림'이라고 기록하고 있거든.**

43 중앙아시아에 거주하던 이란계 민족.

44 신라 성덕왕 때, 승려 혜초가 723년부터 727년까지 4년간 인도 5국(五國)과 중앙아시아, 아랍을 여행하고 행적을 기록한 여행기로 프랑스 국립도서관에 소장. 이 책은 프랑스 사람 폴 펠리오(Paul Pelliot, 1878년~1945년)가 1908년에 대륙의 간쑤성 둔황[敦煌, 주취안 지구(酒泉地區)에 속하는 현청소재지이며, 간쑤-신장(新疆) 사막 내에 있는 오아시스 도시)에 소재한 막고굴(모가오쿠:莫高窟, 석굴) 장경동을 지키던 왕위안루(왕원록)에게서 구매하였다.(인용참고: http://idp.bl.uk/)

오래전 지명(地名)에 대해서 현대에 살아가는 우리가 어디가 어디라고 명확하게 말하긴 물론 어렵다. 하지만, 지명 자체가 아니라 지명에 언급된 역사적 사실들에 대해 제3국의 사료들이 일치된 내용을 기록하고 있다면 이야기는 달라질 수 있다. 지명이 문제가 아니라 역사적 사실이 확인된다는 것이고 이는 결국 지명에 대해서도 그 사실이 확인될 수 있다는 것이다.

가령, 계림은 한자어로 구이린(桂林)이라고 부르는데, 광시(廣西, 광서) 좡족(壯族, 장족) 자치구(自治區)에 있다. 대륙의 지도에서 보면 광동성 옆이고 지형상 남쪽에 있다.

1958년 이전에는 광시성(廣西省, 광서성)이었다가 좡족 자치구가 된 계림에 대해 한 가지 흥미로운 이야기가 있다. '계림'은 춘추전국시대(春秋戰國時代, 기원전 770년~기원전 221년)[45]에 월(越)나라 사람들이 살았는데 진나라 시황제가 정복하여 계림군(郡)에 편입했다는 기록이다.

사료(『왕오천축국전』)대로라면 진(秦)나라가 '신라'라는 이야기잖아? 진시황제가 신라의 황제였거나 혹은 통일 신라의 황제일 수도 있다는 건가? 현재 중국에서 진시황제 무덤을 더 이상 발굴하지 않는 이유도 어쩌면 묘역을 발굴하면 할수록 신라 시대 생활 양식이 드러나기 때문 아닐까? 다행인 것은 『왕오천축국전』을 1908년에 프랑스에서 가져가서 따로 보관했다는 사실이야. 자칫 한반도로 와서 일제강점기에 일본 수중에 들어갔거나, 어느 누군가의, 다른 나라로 넘어갔더라면 온전한 형태를 지니지 못했을 수도 있었을 테니까.

그래서일까. 광시 좡족 자치구에는 '백제향'이라는 지역이 존재한다. 그곳의 사람들 사이에서 구전으로 전해지는 이야기가 있다. 황하에서 백제가 망하고 이곳으로 숨어들었다고 하는 내용이다. 과연 역사의 진실은 무엇일까?

러시아 모스크바 주립대학 교수이며 수학자인 아나톨리 포멘코(Анатоли Фоменко, Anatoly Fomenko, 1945년~)의 이야기가 기억나는 순간이다. 그는 『역사: 허구인가 과학인가(History: Fiction or Science)[46]』(전6권)라는 책에서 다음과 같이 주장하였다.

- 현재의 중국(중화민국)은 1911년 신해혁명 때 처음 생긴 나라일 뿐이고 조선은 1910년에 망했다.
- 부여(扶餘, 기원전 2세기~494년, 한민족의 고대 국가로 여겨지는 초기 국가)는 불가르족(7세기에서 13세기 사이에 볼가강 유역에 존재)으로서 부여의 지역은 불가리아(발칸반도 남동부에 있는 공화국) 지역이다.
- 대륙 시안(西安, 서안)의 성곽은 조선의 대원군이 새로 지은 경복궁이다.
- 조선이 중국이고 중국이 조선이다.
- 조선의 함경도는 우즈베키스탄(O'zbekiston)과 튀르크메니스탄(Türkmenistan) 국경에서 서쪽으로 흐르는 '아무다리야강(Amu Darya)' 주변이고, 조선의 중심지를 중국이라고 불렀다.

물론, 국내 학계에서나 주류 학파에서는 정설로 받아들이지 않고

45 춘추시대와 전국시대를 함께 일컫는 말로, 기원전 770년 주(周)왕조의 천도 후부터 기원전 221년 시황제(始皇帝)의 통일까지에 해당하는 시대를 가리킨다.

46 Anatoly T. Fomenko, Mithec, 제1권 2003년, 제2권 2005년.

있으며, 그저 개인의 주장으로 치부할 뿐이다. 하지만, 대학교수이고 러시아에서 인정받는 학자이기도 한 그가 무슨 이익을 얻겠다고 '조선의 역사'에 대해 거론하였을까 의문을 품어보는 것은 결코 비합리적인 것이 아니다.

역사적 사실이 잘못되었기 때문에 바로잡기 위하여 책으로까지 펴낸 것인지, 아니면 그가 사익을 위하여 역사를 왜곡하여 자신의 주장을 내세우려고 했던 것인지는 물론 명확하게 알 수는 없다.

돈보다는 명예가 더 중요한 대학교수라는 신분인데 왜곡된 역사를 말하려고 책까지 남겼을까? 그렇게 보기는 어렵지 않을까? 거짓된 역사는 언제 어디서든 사실로 밝혀질 텐데 말이야.

'믿고 싶으면 믿고, 말고 싶으면 말든가' 그런 이야기는 아닐 것이다. 유명세를 타기 위해 그냥 한번 써본 것도 아닐 것이다. 학자로서 대학교수까지 오른 상황에서 어떤 목적을 위해 섣불리 내뱉은, 아무 소용이 없는 주장은 분명 아닐 것이다. 과연 진실은 무엇일까?

아나톨리 포멘코 교수의 주장을 무작정 허구이고 사실이 아니라고만 말할 수는 없어. 일본 학계에서도 일부 교수는 『일본사기(日本書紀)』에 8세기경 신라의 문무왕이 삼국 통일을 했을 때 '왜노국(倭奴國)'이 이름을 고쳐 '일본'이 된 것이라고 기록된 것을 들어, 자신들의 뿌리가 대륙의 동남아시아 '왜(倭)'의 무리였다고 주장하거든. 사실, '왜노국'이라고 하면 '왜구의 노비 나라'라는 의미이니까 그들 입장에서는 그 이름이 싫었겠지.

朝鮮日報 西紀1986年8月17日 日曜日

日총독 "朝鮮人은 朝鮮史 모르게하라"

國史교과서 새로 써야한다

光復41주 특별기획 「우리歷史점검」 <3>

史書 강탈 소각…歷史 재편 작업

古代史 말살·「무능한 祖上」 조작

"열등의식 심어 半島人을 同化" 왜곡시책까지 지시

조선일보 기사. "조선인은 조선사 모르게 하라."

2018년 4월 6일. 미국의 도널드 트럼프 대통령은 대륙의 시진핑 주석과 회담을 마치고 기자들에게 이야기하기를 "한국은 오래전에 차이나(China)의 일부였다"고 말했다. 그리고 이 이야기는 시진핑에게서 들은 것이라고 덧붙였다.

이에 앞서 1986년 8월 17일 조선일보에 한 기사가 실렸다. 그것은 조선총독부의 일본인 총독이 지시하기를 "조선인은 조선 역사를 모르게 하라!"고 했다는 내용이었다. 조선총독부에서 조선인들로부터 역사책을 강제로 빼앗았고, 조선의 고대 역사를 말살하고 조상은 무능력한 사람들이었다고 왜곡하고 조작하였다는 내용이었다. 알면 알수록 역사는 점점 더 미궁 속으로 빠져든다.

티무르 제국과 이성계

이번에는 이성계와 동시대의 인물을 비교하여 보자. 조선이란 나라에만 국한해서 생각할 게 아니고, 이성계가 살았던 시기의 다른 인물에 대해 알아보면 이 또한 좋은 공부가 될 것이다.

1392년에 조선을 세운 이성계는 1335년 10월 27일생이야. 그리고 조선 왕위에 오른 것은 1392년 8월 5일이니까 57세의 나이에 된 거네. 그리고 재위 기간이 왕으로서 6년(1392년~1398년), **태상왕으로서 10년**(1398년~1408년)**이야. 73세를 일기로 1408년 6월 18일에 사망하였다고 하는데, 왜 사망하였는지에 대한 기록이 없네?**

이성계는 고려 말 무신이었고 조선을 세운 인물로 알려져 있다. 하지만 사망하게 된 이유는 밝혀지지 않았다. 임진왜란 때 이순신 장군도 왜구의 총탄에 운명을 달리했다는 기록이 있는데, 조선을 세운 임금의 사망 이유에 대한 기록이 없다는 게 의문이다.

어쩌면 적들의 무덤 도굴이나 앙갚음 등을 대비하기 위하여 사망 사실을 숨겼거나 무덤을 비공개로 할 수도 있을 것이다. 하지만 개국 초기의 불안정한 정국이 안정되고 왕권도 강화되었는데, 나라를 세운 임금의 사망 원인을 숨기고 묘소마저 숨긴다? 좀처럼 납득이 되지 않는다. 동서고금 나라의 시조가 사망했을 때 그 죽음을 어떤 임금보다 크게 받들고 모시는 게 상식 아닌가?

이성계의 묘가 어디에 있는지도 몰라. 나라를 세운 임금이 돌아가셨는데 어떻게 장례를 치르고, 어떻게 기리고 지냈는지 정확한 사료를 찾아보기 힘들다면 문제가 있는 게 아닐까?

다음은 주원장(朱元璋)에 대해 살펴보자.

명 태조(明太祖) 주원장은 홍무제(洪武帝)라고도 부른다. 1328년 10월 21일에 태어나 1398년 6월 24일 생을 마감하였는데, 왕으로 지낸 시기는 1368년부터 1398년까지로 알려져 있다. 41세에 왕이 되어 71세를 일기로 생을 마감했다.

주원장이 명나라를 세우고 태조가 되는 과정도 남다르다.

대륙의 원나라가 왕위를 둘러싸고 다툼이 벌어질 무렵, 세력이 약화되면서 주원장이 홍건적 무리에 합류하게 된다. 이때가 1351년으로 주원장은 남경(南京)을 무대로 하여 양자강(長江) 일대를 차지하게 되는데, 대륙의 동부 여러 지역을 함락시키고 사대부 출신의 사람들과 만나게 된다.

그리고 사대부들 세력의 일부가 주원장에게 합류하게 되는데 주원장은 그들로부터 한족 언어(漢語)와 역사를 배우고 유교를 배운다. 그리고 1356년 주원장이 남징으로 진출하고 양자강 일대의 땅을 차지하면서 지리적으로 유리한 지역을 확보하게 된다. 그리고 1388년에는 몽골을 만리장성 밖 북쪽으로 몰아내고 만주까지 진출하여 만주 남부를 명나라에 복속시켰는데, 조선과 류큐국(琉球國, 유구국), 안남(安南: 베트남 북부에서 중부 지역까지 일컫는다)국, 일본 등에서 사신을 보내와서 주종 관계를 만드는 데 이른다.

명 태조는 몽골을 만리장성 밖으로 몰아낸 것만으로 만족하진 않았어. 몽골의 수도 카라코룸까지 가서 몽골을 위협하였고, 중앙아시아 고비사막 일대를 비롯해서 돌궐(Türk, 튀르크) 지역 등 여러 지역을 차지하였다고 하거든.

대륙의 남부를 근거지로 한 명나라가 세력을 점차 북쪽으로 확장시킬 무렵, 대륙의 북부 중앙아시아 지역에서는 동·서양을 아우르던 칭기즈칸의 후계자라고 알려진 티무르(1336년~1405년)가 몽골 제국의 부활을 선언하던 시기였다.

그 당시 티무르가 명나라에 사신을 보냈는데, 명 태조는 그들이 조공을 받치러 온 것이라 여겼거든. 이에 티무르가 분노하여 명나라를 침공할 준비를 하게 되는데, 1405년에 티무르가 갑자기 세상을 떠나고 말았지. 그런데 티무르의 사망에 대한 것도 밝혀진 바가 없어. 티무르의 무덤이 어디에 있는지, 어떻게 관리되는지 아무런 기록이 없는 거야. 티무르와 태조 이성계의 사망에 대한 기록은 뭐가 이렇게 똑같아?

한편 명 태조는 난징(南京, 남경)과 양자강 일대를 비롯해서 영역을 만리장성 북쪽으로 확장하고 아래쪽으로도 더욱 확장하려고 하였는데, 대륙의 남쪽에서 왜구들이 자주 출몰하여 번번이 군대를 보내야 했다는 기록도 있다.

바로 그 부분인데, 명 태조가 일본에 사신을 보내서 일본으로 하여금 왜구들을 관리하라고 했거든. 근데 일본도 별다른 대책이 없어 딱히 무엇을 할 수 있는 상황이 아니었다 하잖아. 일본 입장에서는 왜구를 그냥 두고 봤다는 것이지. 명나라 왕의 지시를 일본에서 무시하다니 그것도 이상하고. 아무튼 명 태조도 말년에는 신하들을 의심하게 되면서 후임 왕을 세우는데 고민이 많았던 것은 이해할 수 있어.

1398년, 명 태조는 말년에 고독한 삶을 마무리하게 된다.

티무르는 어땠을까?

티무르 베그 구르카니(우즈베크어: Amir Temur ko'ragoniy ibn Amir Tarag'ay ibn Amir Burqul)'는 중앙아시아의 튀르크몽골인 군사 지도자이며 티무르 제국의 창시자이다. 본래 이름은 튀르크몽골어계 인명인 '테무르'인데, 페르시아어인 '티무르'로 더 많이 불린다. 왕위에 오른 시기(재위 기간)는 1370년부터 1405년까지이고, 칭기즈칸 가문의 사위라는 점을 부각시켜 권력을 잡았는데, 1370년대부터는 티무르 가문이 확대되면서 티무르 제국이 되었다.

티무르 제국은 1388년엔 토그타미슈를 상대로 승리하고 1392년부터 벌어진 이란과의 전쟁에서 승리하여 마침내 이란 전역을 차지하게 된다. 거기서 멈추지 않고 볼가강 유역까지 진출하였으며 1398

년에는 인도의 델리를 차지하였고, 1399년부터는 아제르바이잔, 그루지아, 시리아의 다마스커스를 점령하였고, 이라크로 진출하여 모술까지 차지했다.

1402년에는 오스만 제국을 상대로 승리하면서 중동 지역의 패자로 군림하였으며, 오스만 제국와 맘루크 제국까지 주종 관계를 만들면서 대제국을 이루게 된다.

❈ **그래서 이해가 안 되는 거야. 대륙 남쪽에선 명 태조가 활동하고, 북쪽 중앙아시아 지역에선 좌우를 가로지르며 티무르가 활개치던 시대인데, 원나라 시절에 무인 신분이었던 이성계가 새로운 나라를 세운다고 할 때 과연 티무르나 명 태조가 이성계를 가만히 두고 볼 수 있었을까?**

이성계와 티무르, 명 태조(주원장)가 세 사람이 태어나고 사망한 시기도 우연이라고 하기에는 의문이 드는 것도 사실이다.

❈ **이성계는 1335년생으로 1408년에 사망, 티무르는 1336년생으로 1405년에 사망, 주원장은 1328년생으로 1398년에 사망. 이성계의 사망 이유와 사망 시점은 알 수 없고, 티무르는 명나라를 치러 내려오다가 병으로 사망했다고 전해질 뿐이고, 주원장은 말년에 고독하게 병으로 사망했다는 게 전부야.**

전해지기로 티무르는 의도적으로 자신의 모습을 숨기고 드러내지 않았는데 대부분 복면을 쓰고 다녔고 초상화도 여러 개를 남겼고 무덤조차 비공개로 하였다고 한다.

공교롭게도 티무르와 이성계는 몽골계 다루가치 가문 사람으로 그 뿌리도 같다.

❖ '1388년에 명 태조가 몽골을 만리장성 밖 북쪽으로 몰아내고 만주 남부를 차지하게 되는데 조선이 조공을 보내왔다'는 명나라 기록을 생각해 봐. 우리는 조선이 1392년에 생겼고, 명나라는 1368년에 생겼다고 배웠잖아. **명나라의 역사 기록대로라면 1388년 이전에 이미 조선이 존재하였다는 건데,** 우리가 배운 역사로는 조선이 1392년에 명나라로부터 나라 이름을 허락받고 세워진 거라 했잖아. 앞뒤 이야기가 도무지 맞지 않잖아.

의문은 다시 임진왜란 시대로 돌아간다.

❖ 명 태조 기록을 보면 난징(南京)과 양자강 일대를 차지하였는데 대륙 남쪽의 왜구들이 빈번하게 침략해 와서 골치 아팠다고 했거든. 일본에 사신을 보내 왜구를 관리하라고 요구한 것도 의문이고. **임진왜란은 1592년인데 명 태조 기록대로라면 1388년 무렵에도 왜구들이 대륙으로 쳐들어와 노략질도 하고 침략을 일삼았다**는 거잖아. 그걸 일본으로 하여금 관리하라고 했다는 것인데, 그렇다면 대륙의 왜구들과 일본 사이에 깊은 연관이 있다는 거 아니겠어?

과연 현재의 일본이 왜구인 게 맞는 건가?

대륙의 하단부에서 벌어진 왜구들과 명나라 군사들과의 충돌을 한반도 동남쪽에 있는 일본에게 관리하라(?)고 했다는 기록은 의문을 더욱 증폭시킨다. 왜구가 일본이고, 일본이 임진왜란을 일으켰다고 배운 필자로서는 명나라 기록을 보면서 헷갈릴 뿐이다. 오키나와에서 명나라에 조공을 보내왔다는 것도 이상하다. 지도(곤여만국전도)상으로는 대륙 남쪽의 대만이 류큐국(流球國, 유구국)으로 표기되어 있지 않은가?

조선이 한반도가 아닌 대륙 동남쪽에 존재했고, 명나라와 대륙의 조선이 이웃나라였다면 대륙 아래에서 왜구가 쳐들어올 때 조선과 합세하여 왜구를 물리쳤다는 이야기가 충분히 가능하다. 물론, 여기서 왜구는 일본이 아니라 대륙 남쪽에 존재하는 여러 섬들에서 살아가는 민족이며 필리핀, 인도네시아 등 풀과 나무로 살아가는 원주민들을 가리킨다.

또한 조선이 대륙 동남쪽에 존재했다면, 명나라 왕(주원장)이 대륙 동부에 와서 사대부를 만나 유교를 배우고 언어를 배웠다는 것, 역사를 배웠다는 기록도 이치에 맞게 된다.

대륙에 명나라와 조선(달단: Tartary)이 있었고, 대륙 아래에 왜구들이 있었다고 해도 의문이 사라지진 않아. 임진왜란 때 왜구들은 조총을 갖고 공격했다는데, 풀과 나무에서 살아가던 원주민들이 어떻게 조총을 가졌을까?

어쩌면 이 질문에 대한 대답은 16세기 초에서 17세기에 이르는 기간, 또는 16세기 이후부터 20세기에 이르기까지의 서양 역사를 통해 해결될지 모른다.

47 대항해 시대(大航海時代): 대발견 시대(大發見時代)라고도 함. 15세기 후반~18세기 중반, 유럽 국가들이 세계를 돌아다니며 항로를 개척하고 탐험과 무역을 하던 시기를 가리킨다.

✥ **대륙 남부에는 어떤 지역들이 있었지? 홍콩? 마카오? 인도네시아? 필리핀?**

이른바 새로운 항로 개척이라는 명분 아래 16세기에 이르러 아시아에 진출한 국가로는 포르투갈과 에스파냐(스페인)가 있다. 마카오(澳門: 오먼)는 1577년부터 1999년까지 포르투갈의 식민지였다. 에스파냐는 1521년 필리핀에 진출하였고, 1565년에는 필리핀 세부섬을 식민 통치하기 시작했다. 그리고 1581년에는 필리핀의 마닐라까지 식민 통치를 넓혔다. 17세기에는 네덜란드, 영국, 프랑스가 뒤를 이었다. 임진왜란은 1592년이다. 시기적으로도 포르투갈과 에스파냐(스페인)가 마카오와 필리핀에 진출한 이후의 일이다. 포르투갈과 에스파냐의 입장에서 생각해 보자. 마카오와 필리핀을 점령했다면? 그 다음에는 어느 지역으로 눈을 돌리게 될까?

✥ **임진왜란이 어쩌면 아시아 대륙에서의 상업 주도권을 놓고 경쟁하던 포르투갈과 스페인이 필리핀과 인도네시아 원주민들을 앞세워 세력을 모아서 대륙에 쳐들어갔던 것을 말하는 것은 아닐까? 필리핀이나 마카오뿐 아니라 인근 섬들 원주민들을 모아서 그들에게 조총을 쥐어준 것이지. 동남아시아인들을 용병으로 삼아서 대륙으로 쳐들어간 게 임진왜란이었던 거 아닐까? 그 당시에 왜구와 연계되던 일본이 조총을 전달받아 한반도를 공격하러 침략한 것이라면?**

서구 열강의 대항해 시대47도 명나라와 조선 그리고 임진왜란의 전후 사정을 이해하는 데 도움이 되었다. 유럽 국가들이 좁은 땅에서 벗어나서 무역을 늘리고 영토를 넓히는 기회가 되었던 대항해 시대.

서양인들이 동남아시아와 대륙 곳곳에 진출하기 시작하던 무렵이다. 그들에겐 총과 무기가 있었고 동남아시아 사람들 다수는 풀과 나뭇잎으로 살아가던 시대 아니었던가?

그런데 대륙의 대부분을 차지하고 지역 국가들을 제후국으로 둔 조선과 그 옆에 명나라가 있다면? 서양 국가들로서는 그들에게 필요한 만큼의 군사들을 본국에서 데리고 올 수가 없다. 차라리 동남아시아 사람들을 용병으로 활용해서 명나라와 조선을 공격하는 게 더 낫지 않을까?

서양 국가들의 지원 아래 왜구들이 대륙을 치고 올라간 게 임진왜란이라면? 동시에 한반도에서는 일본군들이 치고 올라온 것이고? 그렇다면 임진왜란은 한반도에서 벌어진 일본과 조선의 전쟁이 아닐 수도 있어. 서양 국가들이 대륙에서 우위를 갖기 위하여 의도적으로 일으킨, 한반도와 대륙에서 동시에 벌어진 전쟁일 가능성도 충분히 고려해 봐야 하지 않을까?

중앙아시아 대륙의 진실을 꺼내다

2016년 기준 한반도에서 살아가는 외국인의 수는 176만 명, 전체 인구의 3.4%를 차지한다. 게다가 해마다 해외 여성 또는 남성과 결혼하는 사례가 늘고 있고, 해외 동포 및 외국인들이 귀화하는 사례도 늘고 있다. 이미 우리나라는 다문화사회로 진입했다 해도 과언이 아니다.

최근 조사에 따르면 다문화가정의 자녀들이 전체 학생들의 10% 이상을 차지하고 있다고 한다. 그뿐 아니다.

지난 2018년 평창동계올림픽에선 한국 팀의 경우 총 15개 종목에서 145명의 선수가 출전하였는데 그 가운데 외국인이 귀화하여 국가대표로 출정한 경우가 전체의 13%를 차지할 정도였다. 바이애슬론에 3명 등, 국가대표 선수단에 포함된 귀화 외국인 인원수는 19명이었다.

귀화 외국인이 국가대표로 참여하는 것처럼 앞으로 시간이 흐르면 흐를수록 다문화가정 아이들이 더 많아지고 한국 국적을 취득하는 외국인들이 늘면서 우리 사회도 다인종 국가가 될 것이 분명해 보인다.

19세기에 만주나 러시아로 강제 이주한 조선 사람들이 많았어. 그 당시엔 이주하기도 어려웠고 국적을 바꾸는 귀화 또한 힘든 일이었는데. 어떻게 된 일이었을까?

1860년대와 1870년대 무렵에는 조선의 많은 농민들이 러시아 연해주로 이동하였다. 그래서 러시아 블라디보스토크 일대 등에는 조선인 마을이 생기기도 하였다. 그런데 당시엔 자유로운 의사로 이주한 게 아니었다. 이른바 강제 이주였다.

기록상 드러나는 바는 19세기 무렵의 일들이다. 당시 러시아는 아이훈 조약, 베이징 조약에 의해서 극동 지역으로 진출했고 조선과 국경을 마주하게 되었는데, 당시 동쪽으로 진출하여 극동 지역을 개발해야 했던 러시아로서는 조선으로부터 넘어오는 이주 행렬을 굳이 막지 않았다. 시간이 흐를수록 인원이 많아져서 1869년에는 수천 명에 이를 정도였다. 러시아 정부로서는 농기구와 가축 등을 제공하며 조선 농민들의 이주를 받아들이기도 하였다.

러시아로서도 극동 지역이 전략적으로 중요한 곳이었어. 태평양 지역으로 러시아의 세력을 확장시키려면 연해주 지역을 개발해야 했는데, 1905년에는 40만 명에 이를 정도였거든. 당시 러시아는 연해주로 이주한 조선 농민들에게 러시아 국적을 주고 살도록 허용했는데 그 이유는 조선이랑 충돌을 피하기 위함이었지.

조선인 특유의 근면함과 성실함으로 연해주 지역에 살던 조선 농민들은 땅을 개간하고 농지로 사용하면서 부자가 되었다. 연해주를 담당하던 러시아 관리조차 연해주에서 살아가는 조선인들의 근면 성실함을 보고 감탄하던 바였다.

❈ 그런데 러시아로서는 연해주 지역의 조선인들을 시베리아로 보내야 했지. 시베리아를 연해주처럼 개간하고 발달시키려고 했던 걸까?

1937년이었다. 소련 스탈린의 지시로 연해주 지역의 조선 농민들은 시베리아로 강제 이주를 당했다. 드넓은 땅이지만 개발되지 않고 황량한 상태였던 중앙아시아 지역에서 이들 조선 농민들은 스스로 땅을 개간하고 농작물을 경작하며 살아남아야 하는 상황이었다. 강제 이주 초창기, 시베리아의 척박한 환경에서 많은 조선 농민들이 생명을 잃기도 하였지만 끝내 조선 농민들은 살아남았고 다시 한 번 번영을 이루었다.

❈ 지금도 당시 조선인들의 후손을 현지 러시아인들은 고려인(한반도의 코리아가 아닌, 달단 이전에 대륙에 존재하던 고려를 가리킴)**이라고 부르는데, 중앙아시아 카자흐스탄에선 잔칫날에 고려인의 잡채가 빠지면 제대로 음식을 차린 게 아니라고 할 정도라고…….**

필자가 헤이룽장(黑龍江, 흑룡강) 출신 사람에게 들은 이야기에 따르면, 헤이룽장 지역에는 러시아와 화하족[華夏族: 현재의 한족(漢族)]과 경계를 이루고 살아가는 조선인 마을이 있는데 옛날부터 화하족 사람들이 조선인 마을 사람들을 가르켜 '카오리팡(高麗棒, 고려봉)'이라고 불렀다고 한다. 한반도에 존재한 Corea(코리아)와 구분을 다르게 해서 대륙의 중앙아시아 지역에 살던 조선 농민들의 후손을 카오리(kaoLi, 고려)라고 불렀다는 것이다. 그래서 그 이유를 들어보니 이런 얘기를 들려준다.

> "그 지역이 치안도 약하고 툭하면 러시아 사람이랑 한족이랑 조선 사람이랑 싸움이 벌어졌거든. 근처 강에서 우리가 물고기를 잡아서 집에 가는 길이면 한족 사람들이 나타나 싸움을 걸어 물고기를 빼앗아 가는 경우도 많았어. 그런 싸움이 낮이건 밤이건 가릴 것 없었거든. 그런데 하루는 조선 사람들이 몽둥이를 들고 여럿이 함께 싸우기 시작한 거야. 러시아 사람은 물론이고 한족 사람들이 시비를 걸면 조선 사람들은 모두 몰려가서 싸우곤 했지. 그때부터 한족 사람들이 조선 사람들 건들면 한족 사람이 몽둥이로 맞는다고 해서 두려워하는 의미로 카오리팡이라고 불렀어."

헤이룽장(黑龍江) 그 척박한 곳에서 한족(漢族)과 러시아 사람과 경계를 이루며 살아가더라도 경쟁에서 이겨 권리를 유지했다는 이야기였다.

옛날부터 그 지역에 고려인들이 살았고 '고려인들의 몽둥이'라는 의미로 '카오리팡'이라고 불렀다고 한다. 아주 오래전부터 헤이룽장 및 러시아 연해주 인근 지역을 지배하던 고려인들의 이야기가 현대에도 이어지는 셈이다.

48 "고조선 후예가 찾았다, 흉노제국 금속 마차"(한겨레, 노형석 기자, 2017년 12월 12일자).

49 병마용갱(兵馬俑坑): 산시성 시안시 린퉁구에 있는 진시황릉과 1km가량 떨어진 곳에 있는 유적지로 흙으로 만든 병사들과 말의 모형이 있는 갱도.

50 한(漢, 기원전 206년~기원후 220년): 대륙 역사에서 진나라 이후 유방(劉邦)이 건국한 통일 왕조. 220년 이후엔 3국으로 나뉘었다. 이를 기점으로 전한 시대, 후한 시대로 구분한다.

51 전한 시대의 제7대 황제(재위 기원전 141년~87년), 기원전 156년 7월 30일 태어나서 기원전 87년 3월 29일에 사망하였다.

❋ 중앙아시아 지역에 옛 조선이 존재하였으니까, 어쩌면 중앙아시아를 거쳐 한반도 경주로 내려온 사람들도 옛 조선의 후손들이라고 부를 수 있을 테고, 그들이 곧 흉노족이니 스키타이족으로 불렸던 사람들이니까 그 지역에서 흉노족 유물이 나오게 된 건 이상할 일이 아니지.

2017년 12월의 일이다. 기원전 1~2세기 흉노(匈奴)족 초창기 역사 유물이 몽골 지역에서 발굴되었다는 소식[48]이 국내에 전해졌다.

구체적으로는 몽골 수도 울란바토르에서 남쪽으로 150km 떨어진 치헤르틴 유적에서 바퀴 4개가 달린 흉노족의 마차를 발굴한 것이다.

지금까지 이 지역에선 대륙의 한나라 시대 유물들이 주로 나왔는데, 우리 학자들이 흉노족의 대형 마차까지 발굴하는 데 성공한 것이었다.

❋ 한나라를 제압하고 영토를 차지한 게 흉노족이었으니까. 그런데 마차 바퀴와 본체 모양이 대륙의 진시황제 병마용갱[49]에서 발굴된 마차와 비슷한 거야. 진시황제 무덤에서 나온 마차와 비슷하다는 건 어쩌면 중앙아시아 지역까지도 진시황제 세력이 진출했을 수 있다는 가정을 할 수 있게 되는데……. 문제는 진시황제 무덤에서 발굴되는 유물들 양식이 신라의 것과 상당히 유사하거든. 그렇다면 대륙에 조선이 있었고 그 이전의 역사로 거슬러 올라가면 대륙에 신라가 존재했다는 가정도 전혀 불가능한 논리는 아니게 되는 것이지. 게다가 '사기(史記)'에는 한나라[50] 무제(武帝)[51]가 옛 조선이 흉노(匈奴)족과 연결된 걸 알고 그걸 끊으려고 옛 조선을 공격했었다는 기록도 있거든.

흉노족은 4세기에서 5세기까지 대륙의 중앙아시아 지역에 존재한 유목민이다. 대륙의 몽골고원에서 시작하여 시베리아, 만주, 내몽골 자치구(內蒙古自治區), 간쑤성(甘肅省, 감숙성), 신장위구르 자치구(新疆維吾爾自治區)까지 세력을 확산하였다. 흉노족과 훈(Huns)족을 같은 민족이라고 말하거나 몽골족(蒙古族)이라는 의견도 있으나 학계에서는 튀르크족을 같은 민족으로 보는 견해가 우세하다.

무엇보다도 훈족에 대해선 '훈족은 이렇다' 할 수 있는 사료가 전하는 게 없어. 그리고 몽골족(蒙古族)은 몽골과 러시아 및 대륙의 내몽골 자치구에 거주하는 민족을 말하는데 흉노족 지역과 일치하는 지역이 대부분인 점이 특색일 뿐, 민족 간 일치하는 점은 아직 연구가 더 필요한 부분이야. 왜냐하면 흉노족은 당시 한나라와 대립 관계였으나 조공을 하기도 하고 혼인 관계를 맺어 세력을 확산하기도 하였기 때문에 몽골족과도 일정 부분 유사한 면을 찾을 수 있어서 그래.

튀르크족은 중앙아시아와 시베리아 및 발칸 반도에 살아가는 사람들이고 튀르크 언어를 모국어로 사용하는 민족을 말하는데 황인종과 백인종이 섞인 게 특징이다.

그래서 우리 역사에서 고려(kaoLi)와 코리아(Corea)를 구분할 필요도 있을 것 같아. 한족들이 카오리팡이라고 부른 고려는 대륙에 살아가던 사람들이고 한반도에 살던 코리아와는 다른 사람들이거든. 서양의 기록을 보더라도 대륙에는 'KaoLi'라고 기록하였고 한반도 지역엔 'Corea'라고 하였으니까.

대륙에서 몽골족이 원나라를 세우고 고려와 맞서 승리하면서 고려의 세력이 축소되었고 고려의 남은 세력들 가운데 이성계가 대륙의 동쪽에서 조선을 세운 것이라면? 그렇다면 한반도 지역의 코리아는 원나라가 세력을 확장하고 이성계의 조선이 세워지던 당시에도 한반도에 살았던 사람들로서 고려의 제후국이었다가 이어서 조선의 제후국이 된 것으로 생각할 수 있다. 이를 바탕으로 여러 사료의 기록을 참고하면 명나라와 조선은 같은 나라이고 한반도에 있던 코리아가 일제강점기를 거치면서 조선이라고 불리게 된 것으로 생각할 수 있지 않을까.

가령, 명나라의 명칭이 기록된 지도를 보면 '명조(明朝)'라고 되어 있고, 이순신장군대첩비에 새겨진 기록을 보더라도 현재 우리나라 사료에선 해석을 달아놓진 않았지만, 분명히 비석 원문에는 '명조선(明朝鮮)'이라고 쓰인 기록이 있거든. 명나라와 조선은 다른 나라가 아니라 즉, 제후국이거나 연맹국일 수도 있을 것이고, 코리아 입장에서 시기적으로 부르기에 따라 '대명(大明)' 또는 '명조(明朝)'라고 불린 것일 수도 있겠지.

사료에 의하면, 한반도의 코리아가 조선으로 불리게 된 것은 일제강점기 조선총독부에 의해서였다. 19세기 사료를 보더라도 대한제국의 위치는 대륙의 동부 지역에 존재하는 것으로 기록되어 있으므로 시대상으로 대한제국과 코리아 역시 동시에 존재하였던 것으로 봐야 할 것이다.

✤ 원나라가 고려를 멸망시켰다고 해서 고려가 한 순간에 완전히 사라진 게 아니거든. 고려 사람들은 계속 존재한 거니까. 다만, 고려 사람들이 기존 주거지에서 밀려나 지역을 이동한 경우가 되겠지. 원나라 역사서 『元史』 제22권의 기록을 보면, 1307년 6월에 25대 고려왕 '거'를 심양왕으로 정하였다는 내용이 있거든. 고려가 원나라에 망해서 사라진 게 아니라 원나라에 패하고 대륙의 변방으로 밀려난 건데 거기서 원나라에 반격하려고 세를 꾸미다가 이성계가 고려를 없애고 조선을 세웠다고 보는 거야.

광개토대왕릉비 비문에는 고구려와 백제의 전쟁이라고 하지 않고 고구려와 왜(倭)의 전쟁으로 기록되어 있는데, 사료들을 보면 대륙의 남쪽 섬들(필리핀, 인도네시아 등)을 '왜국(倭國)'이라 하였고, 그 당시에 일본 열도를 '왜노국(倭奴國)'이라 하였다.

그리고 대륙의 중앙아시아와 만주의 동쪽 지역을 차지했던 백제가 고구려에게 패하고 아래쪽으로 밀려나고 다시 대륙의 신라에게 패하여 더 동남쪽으로 밀려나 마침내 한반도까지 밀려나면서 '왜노국'의 세력에 들어간 것인데, 왜(倭)가 백제의 사람들을 높여 '왜노국'의 왕으로 추대한 것으로 보인다는 이야기다.

『고려사절요』[52] '숙종명효대왕(肅宗明孝大王)' 조(條)의 기록을 보자.

> 秋八月, 詔曰, 朕, 自御神器, 居常小心, **北交大遼, 南事大宋, 又有女眞, 倔强干東**(추팔월 조왈 짐 자어신기 거상소심 북교대요 남사대송 우유여진 굴강간동)

해석하면 다음과 같다.

"가을 8월(음력), 조서에 이르기를, 짐(숙종)이 왕이 되어 항상 주의를 기울인 것은 북쪽으로 요와 가까이 하고, 남쪽으로 송과 맞섰는데, 다시 여진이 동쪽에서 일어났으니."

무슨 말인가.

우리 역사의 사료들에서 한자로 된 기록은 현재 우리가 사용하는 한자식으로 해석하면 뜻이 맞지 않아. 한족(漢族)의 한자로, 이를테면 북경어 한자로 해석해야 되는데, '小心'이란 주의를 기울인다는 의미이고, '交'는 소통하고 가깝게 통한다는 의미거든. 그리고 '事'는 군사적 용어로 쓰이면 '맞선다'는 것이고 단순히 '事' 글자만으로 쓰여도 '번거로운 업무'라는 의미가 있거든.

그렇다면 고려의 숙종은 1058년 7월에 태어났고 왕위에 오른 것은 1095년부터 1105년까지이므로, 이 시기에 고려의 영토는 대륙에 존재하는 것이 분명하게 된다.

대륙 남쪽으로는 송나라와 국경을 접해 있고, 대륙 동쪽으로는 여진이 금나라를 세웠으며, 대륙의 북쪽으로는 거란의 요나라가 있는 상황이지. 거기서 요나라와 금나라 위에 중앙아시아 몽골 지역에 몽골이 있었으니까 나중에 몽골이 원나라가 되면서 요나라와 금나라를 이기고 대륙의 북경을 중

52 고려사절요(高麗史節要): 조선 문종(文宗, 1414년~1452년, 재위 1450년~1452년) 때 간행된 책으로 고려의 역사를 연도별로 기록하여 1452년에 완성되었다.

심으로 존재하던 고려까지 내려오게 된 거야. 그러니 한반도의 코리아는 여기서 말하는 고려가 아니야.

다시 한 번 정리하면 이렇다.

- 고려의 북쪽에 요나라가 있었다.
- 고려의 남쪽에 송나라가 있었다.
- 고려의 동쪽에 금나라(여진)가 있었다.

즉, **고려의 영토는 대륙의 중원 지방을 중심으로 그 북쪽으로 요와 경계를 이루고, 남쪽(장강 서남쪽 지방)으로 송과 접경을 이루고, 중원의 동북쪽으로 동여진(東女眞)과 접경하고 있었다는** 얘기다.

그리고 1123년 송나라 시대의 역사서 『고려도경』[53]에서도 고려의 위치를 찾아볼 수 있는데, 북쪽으로는 옛 거란 지역, 동쪽으로는 금나라와 국경을 마주하고 있고, 송나라 도읍의 동북쪽에 위치하고 있다고 하였다.

또한, 바닷길로는 하북성, 복건성 등에서 왕래가 가능하다고 하였다.

53 『고려도경(高麗圖經)』: 송나라 서긍(徐兢, 1091년~1153년)이 1123년에 고려를 방문하여 보고 들은 것을 기록한 보고서.

조선총독부 "조선인은 조선 역사를 모르게 하라!"

❖ 우리나라 서울의 광화문은 조선의 것인가요?

16세기 선교 활동을 위해 아시아에 파견된 서양인 선교사들이 기록한 조선('달단' 이전에 사용하던 명칭으로)에 대한 이야기를 보면 한반도부터 시작해서 티베트까지 펼쳐진다. 그 모든 땅이 조선의 영토인데, 한반도에는 코리아(Corea) 또는 코라이(KoLai)로, 이후에는 중앙아시아 지역을 위주로 대륙의 대부분을 타타리(Tartary)로 기록하고 있다. 코라이 및 코리아 등 한반도부터 티베트 지역까지 대륙의 광대한 영역을 차지한 제국을 '조선(Chaossien)'이라고 기록하다가 이성계부터는 '달단(Tartary: 타타리)'으로 기록해 오고 있는 것이다.

❋ **우리나라 서울의 광화문을 보자. 경복궁은 조선의 황궁으로서 규모나 옛 사료에 남은 내용들과 비교했을 때 전체적으로 그 모습이 일치하는가? 경복궁에 사람이 살았던 흔적이 보이는가?**

광화문 광장 앞에 서 보았다.

2018년 봄. 뉴스에서 광화문 광장이 넓어지면서 이곳에 역사도 되살린다고 한다. 경복궁의 광화문 앞거리를 부르던 '육조거리'의 역사를 되살린다고 한다. 과연 무슨 역사를 되살리려고 하는 것일까? 노비문서 관리청의 표석을 근거로 장예원을 복원하려는 것일까? 일제강점기에 파손된 동십자각, 서십자각까지 복원한다는 이야기도 들린다.

조선의 최고 관부였던 의정부 터를 발굴하는 것도 한창이란다. 조선을 다스리던 조선의 행정 관청들이 밀집하여 육조거리라고 불렸던 지역, 조선 초기 정종 2년(1400년)에 이곳에 설치된 의정부는 1907년에 폐지되기까지 조선의 최고 정치행정 기구였는데 의정부조차 지금에서야 복원에 나서 터를 발굴하는 모양새다.

그런데 광화문 광장을 새롭게 조성하는 계획에 따라 의정부 터 발굴과 복원이 더 미뤄지게 되었다니 필자로서는 아이러니한 생각이 들 뿐이다. 과연 그곳에서 의정부 터가 실제 발굴이 되고, 제대로 복원될 것인지에 대한 의문이다.

다음 사진들을 보자. 먼저 서울역사박물관의 1900년대 초 광화문 사진을 보기 바란다.

1900년 초 광화문 앞
출처: 서울역사박물관

다음은 필자가 2018년 여름에 촬영한 광화문 앞 사진을 보자.

2018년 여름 광화문 앞(필자가 찍은 사진)

두 사진이 크게 달라 보이진 않는다. 문제는 그 다음이다. 조금 더 광화문 앞으로 다가가 보자.

1927년 옮겨진 광화문
출처: 서울역사박물관

광화문의 위치와 광화문의 뒤쪽에 보이는 산봉우리의 모습을 보자. 2018년의 광화문 앞 사진과 비교해도 좋다. 사진 설명을 보면 1927년에 옮겨진 광화문이라고 되어 있다. 시차를 두고 광화문이 이곳에서 저곳으로 그 위치가 옮겨진 것은 분명해 보인다. 지금의 광화문이 과연 조선의 광화문이 맞긴 맞는 것일까?

광화문은 그렇다 치고 어디에 있는가?

이번엔 일제강점기 때 경복궁 앞에 조선총독부 건물을 지을 당시의 모습을 살펴보자.

경복궁앞 조선총독부
출처: 서울역사박물관

조선총독부를 한창 건설 중인 모습으로 뒤편에는 경복궁의 여러 부속 건물들이 보인다. 그런데 어쩐지 건물들이 옛것이 아닌 듯하다. 새로 지었거나 지은 지 얼마 안 되는 건물로 보인다. 다만, 뒤편 건물들이 겹겹이 모여 있는 상태인 걸 알 수 있다. 조선총독부를 짓고 있는 공사 현장 뒤쪽으로 보이는 건물들의 개수가 적지 않다.

경복궁 도식과 비교해 보더라도 얼추 비슷한 거 같다.

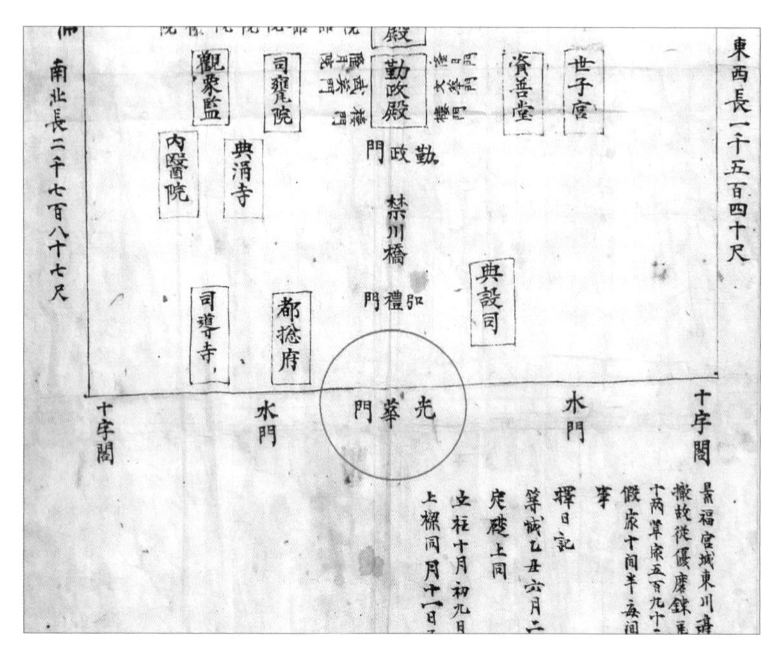

경복궁 도식
출처: 서울역사박물관

다만, 경복궁 도식에 쓰인 '광화문'의 한자는 '光華門'인데, 현재의 광화문의 현판은 '光化門'이라는 점이 다르다. '華'라는 글자가 한족을 상징하는 이미지가 있어서 '化'로 바꿔 쓴 것이 아닐까? 의미적으로 느낌을 붙여보자면 華는 '빛이 많은 문'이란 것이고 化는 '빛이 되는 문'이란 느낌이 있다는 점도 차이가 있다.

두 글자의 차이는 무엇인가?

코리아가 명나라의 속국이었을 때에 지어진 궁을 가리키는 게 아닐까? 중화(中華)란 의미에서 '화' 글자를 광화문에 표기하면서 말이다. 어쩌면 그 반대일 수도 있다. 뒤 알드 신부의 책에서 기록되었듯이 코리아가 한때는 차이나 땅(한반도와 가까운 대륙 동부 인근으로 생각되지만)을 지배한 적도 있다고 하였으니 말이다.

이번에는 1920년대 광화문통 사진을 보자.

1920년대 광화문통 전경. 가운데 조선총독부 건물이 보인다.
출처: 서울역사박물관

조선총독부 뒤로 그 많던 건물은 모두 어디로 간 걸까?
이번엔 조금 다른 각도에서 촬영한 사진을 보자.

조선총독부 옆 북촌
출처: 서울역사박물관

뭔가 이상한 것이 없는가? 확대한 사진을 보자.

조선총독부 옆 북촌 확대
출처: 서울역사박물관

조선총독부 앞 광화문이 어디론가 사라졌다. 앞서 광화문이 옮겨진 사진을 봤는데 1926년 이후로 조선총독부가 세워지면서 광화문이 옮겨진 것으로 볼 수 있겠다. 그런데 그게 문제가 아니다. 조선총독부 뒤의 그 많던 부속 건물도 개수가 줄어든 것 같고, 무엇보다도 조선총독부와 뒷산과의 거리다. 조선총독부 건물과 뒤쪽 산 사이의 거리가 지나치게 짧다. 당연히 그 사이에 건물들이 많이 있을 수가 없다.

도대체 뭐가 어떻게 돌아가는 것일까?

사진을 촬영하는 시각의 차이가 있을 수 있으므로 다른 사진들을 보자.

광화문통에서 바라본 조선총독부 정면
출처: 서울역사박물관

조선총독부 정면 사진을 보면 조선총독부 앞에 광화문이 없는 것은 분명하다. 그렇다면 조선총독부 뒤쪽의 경복궁 부속 건물들은 어디로 간 걸까? 혹시 사진을 촬영할 때 시각의 차이에 따라 제대로 안 보인 것인지 다른 사진을 살펴봤다.

1930년 『일본지리풍속대계』에 실린 조선총독부 사진
출처: 서울역사박물관

1930년 『일본지리풍속대계』 잡지에 게재된 조선총독부 사진이다. 광화문도 없고, 뒤편 산봉우리와 사이 거리도 길어 보이지 않았다. 한마디로, 조선총독부와 산봉우리 사이에 경복궁 부속 건물들이 없는 것처럼 보인다.

다시 확대한 사진을 보자.

조선총독부 사진 확대

출처: 서울역사박물관

마찬가지다. 산봉우리 바로 앞에 조선총독부가 있고, 산과 조선총독부 건물 사이엔 다른 건물들이 보이지 않는다. 사진을 촬영한 시각 때문에 안 보이는 거라고 하더라도 건물들이 있어봐야 몇 개 없을 것 같다.

1915년 조선물산공진회장 지도
출처: 서울역사박물관

경복궁의 많은 건물이 사라진 이유로 '조선물산공진회(朝鮮物産共進會)'를 열면서 당시 조선총독부가 경복궁의 여러 건물을 허물었다는 기록을 찾아볼 수 있다. 정확히 이야기하자면, '조선물산공진회'란 일제가 조선을 통치한 지 5주년을 기념하여 경복궁에서 연 일종의 박람회를 말하는데, 1915년 9월 11일부터 10월 31일까지 진행된 행사를 준비하면서 경복궁의 여러 건물을 허물었다고 전해진다.

❉ **건물이 사라졌다고 해도 관련 기록은 남아 있어야 하잖아? 그것마저 없다는 게 의문이야. 우리나라에 있는 자료 말고 다른 나라 사람이 기록한 자료라면 더 정확할 것 같아. 조선에 왔던 사람들이 남긴 자료를 보면 최소한 대략적인 조선 시대의 건물 양식이라도 알 수 있을 거 아닌가?**

광화문 육조거리 주변 모습을 담은 사진들을 보면 집이나 건물들도 별로 없고 덩그러니 광화문 하나만 보이는 게 전부라고 할 수 있을 정도다. 그나마 눈에 띄는 건 초가집들이다. 1920년대 후반 자료에 그나마 근대식 건물들을 찾아볼 수 있는데, 이상하지 않은가. 일본보다도 앞서 전동차가 다녔다는 서울 아닌가. 게다가 조선 임금의 궁궐 앞인데, 그야말로 최대 번화가여야 할 곳이 너무 황량한 느낌이다.

다음 사진들을 보자.

1900년도 프랑스의 르 몽드 일러스트레(LE MONDE ILLUSTRE) 신문에 소개된 우리나라의 모습이다. 사람들이 많이 다니는 도로에 커다란 문이 있고, 그 아래엔 서울의 주택가 풍경이라며 초가집들이 모인 모습이다. 구체적으로는 1904년 1월 30일자다.

그런데 문의 모습이 어딘가 색다르게 느껴지지 않는가? 우리가 보던 남대문이나 동대문 등의 그런 문(門)과 비교하여 보더라도 분명 시각적으로 차이가 있다.

LE MONDE ILLUSTRÉ 71

LA CORÉE ET LE CONFLIT RUSSO-JAPONAIS

CORÉE — Porte de Séoul au Nord-Est

Vue générale de la ville de Séoul, capitale de la Corée

1904년 1월 30일자 르 몽드 일러스트레

출처: 서울역사박물관

르 몽드 일러스트레가 담은 문의 모습은 그보다 더 크고 웅장한 모습이다. 문을 쌓아올린 돌들도 훨씬 정교하고 짜임새 있는 모습이다. 르 몽드 일러스트레가 서울에 와서 보고 남긴 저 문은 어디에 있는 것일까?

LE MONDE ILLUSTRÉ

LA CORÉE ET LE CONFLIT RUSSO-JAPONAIS

CORÉE — Porte de Séoul au Nord-Est

르 몽드 일러스트레 확대 사진

출처: 서울역사박물관

기사 제목을 보니, "La Coree et le conflit Russo-Japonais"이다. 코리아 땅에서 벌어진 러시아와 일본의 충돌에 관한 내용이다. 러일 전쟁 무렵의 일이다.

1904년 무렵 코리아의 서울 모습과 중심가에 세워진 문의 모양을 알 수 있는 자료잖아.

그런데 르 몽드 일러스트레 신문에 실린 문의 모양은 지금의 우리나라에서 찾기는 쉬운 일이 아니다. 그렇다면 1907년도 남대문 모습을 보자.

섬이 된 남대문

Namdaemun (Gate) isolated like an island

1907년 고종이 강제로 퇴위된 후 바로 '성벽처리위원회'가 구성되었다. 성벽 훼철 결과, 남대문은 성문만 남고 좌우 성벽이 잘려나갔는데, 성문이 남겨진 이유는 임진왜란 당시 일본군의 선봉이었던 가토 기요마사가 지나갔던 문이라는 의견이 제기되었기 때문이라고 한다. 남대문은 결국 하나의 관광물로 전락된 것이다.

1907년의 남대문

출처: 서울역사박물관

르 몽드 일러스트레에 실린 모양과 동일하다고 말할 수 있을까? 언뜻 보더라도 그 모양이 서로 다르다. 그렇다면 현존하는 문들의 모양은 도대체 무엇일까? 과연 우리나라 고유의, 그러니까 오래전부터 전해지는 본 모습 그대로의 문이 맞기는 맞는 것인지 의문이다.

❁ **광화문 현판의 한자가 華에서 化로 바뀐 것도 그렇고, 1904년 우리나라 문의 모습이 현재의 모습과 차이가 크다는 점도 의문이야.**

15세기 명나라 문 양식

출처: https://upload.wikimedia.org/wikipedia/commons/4/48/Noel_2005_P%C3%A9kin_tombeaux_Ming_voie_des_%C3%A2mes.jpg

이번에는 명나라 시대 문의 모양을 보자. 르 몽드 일러스트레 신문에서 소개한 우리나라의 문 모양과 거의 흡사하지 않은가?

조선의 서소문과 동소문(혜화문)의 모양을 보자. 사진을 촬영한 시기와 누가 찍었는지에 대한 기록은 찾아볼 수 없었지만 그 모양이 어딘가 명나라의 그것과 비슷하다.

❁ **서로 유사한 모양의 문이 명나라 북경에서, 우리나라 서울에서 발견된다는 건 두 나라가 같은 나라이거나 최소한 한쪽이 다른 한쪽의 제후국이란 의미가 될 거야. 제후국이란 이야기도 어차피 같은 나라라는 의미이지만.**

훼철되기 전 서소문 모습
Seosomun (Gate) before removal

훼철되기 전 동소문 모습
Dongsomun (Gate) before removal

서소문과 동소문
출처: 서울역사박물관 소장

명나라와 코리아가 같은 나라다?

제후국이다? 속국이다?

15세기 명나라 북경의 문과 한반도의 문이 흡사하고, 프랑스에도 동일한 문이 우리나라의 상징으로 소개되었다는 것은 작지 않은 의미를 지닌다. 더구나 명나라의 문을 소개하는 자료들에서 '明朝'라고 기록한 것을 봐서는 우리나라의 역사에 '조선'을 연상하게 되니 말이다.

다만, 이 책에선 조선의 위치만을 풀어볼 뿐이므로, 다른 점들에 대해서는 추가적인 연구와 논의가 필요할 것으로 보인다.

❈ **주류 사학과 비주류 사학이란 게 있어. 주류 사학은 학계에서 널리 활동하는 학회들이 중심인 것이고, 비주류 또는 재야 사학이라고 부르는 분야는 학자가 아닌 일반인이거나 주류 학회에서 인정받지 못하는 경우를 가리키거든. 신빙성이 높은 유물과 유적 혹은 주장들일지라도 주류 학회에서 인정받지 못하면 그냥 사라지고 마는 일들도 벌어지는 것 같아.**

이른바 이 책에서도 언급하고 있는 '대륙 조선설' 등을 가리킨다. 과연 우리는 한반도 안에서만 살아왔고, 외세의 침략에 당하기만 했으며, 이 좁은 땅을 가지고 많은 나라가 흥망성쇄를 겪어온 것일까?

과연 이 나라 사람들은 예로부터 신라는 당나라의 도움을 받고, 고려 시대엔 원나라에 복종하고, 조선은 명나라에 복종하고, 청나라에 망하고, 임진왜란이 터지자 선조 임금은 백성을 버리고 먼저 도망가고, 이순신 장군이 왜구를 물리치는 동안 선조 임금은 이순신 장군을 지원하기는커녕 오히려 음모를 씌우기나 하고, 그러다가 일제강점기를 겪으며 일제에 식민 지배를 당하게 된 것일까?

이 나라는 역사적으로 항상 주변 국가들에게 지배를 받고 복종해왔기에 일제의 식민 지배조차 어쩌면 당연한 것으로 받아들여야만 하는 걸까? 과연 그 모든 역사가 제대로 된 사실의 기록일까? 진짜 사실의 역사일까?

❈ **고조선(옛 조선)을 신화라고 강요하다 결국 거짓인 게 드러난 것처럼, 그동안 우리가 배우지 못해서 몰랐던 역사들도 언젠가는 제대로 알려질 거야. 그때가 되면 그동안 거짓된 역사를 진실처럼 가르쳤던 사람들은 큰 치욕을 당하고 당사**

자들은 대대손손 손가락질을 당하게 될 수도 있을 것이야.

하지만 현재까지도 우리나라 역사를 이야기할 때 주류 학회의 주장들과 다른 이야기를 하면 재야 사학이자 거짓 사학으로 치부될 뿐이다. 거짓 학문이라 부르고 일부는 "말도 안 되는 소리"라며 화를 내기도 한다. "뭐하는 짓거리냐"며 주장을 하려면 근거를 대라고 하고, 근거를 대면 부정확하거나 해석상의 차이일 뿐이라고 말하기도 한다.

어차피 학회의 주류는 그들이고 나머지는 주류에 들어오길 원하는 사람들로 보는 것일까? 혹시 주류인 그들만의 사회가 훼손되는 것을 원하지 않아서는 아닐까? 참으로 알 수 없는 일이다.

❈ **의문을 갖는다는 것은 공부를 하는데 납득이 안 된다는 의미이고, 그러한 의문점을 물으면 이해가 되도록 설명을 해주는 것이 학자 된 도리가 아닌가. 의문을 풀어줘야 할 사람들이 오히려 질문하는 사람에게 화를 내고, 짜증을 내고, 면박을 주는 상황들이 벌어지고 있으니 그게 더 이상한 것 아닌가?**

흔히 "배워서 남 주자. 배운 대로 행동하자"고 이야기하지만, 실제로 배운 사람들과 어울려 보면 그렇지 않은 경우가 많다. 그들만의 리그에 빠져 제3의 주장이나 타인의 이야기를 제대로 들으려 하지 않는 경우가 많다는 말이다.

자기 생각대로 살아가는 게 인생이라지만, 배움은 다른 것 아닌가. 단지 누가 먼저 배우고 나중 배우느냐의 차이일 뿐인데 먼저 배웠다고 힘을 갖는 것은 배움의 자세가 아니고, 혼자만 알고 있다고 해서

남에게 마음대로 자기 힘을 쓴다는 것 또한 배움의 자세가 아니기 때문이다. 배움은 나누는 것이지 일부 친한 사람들끼리만 공유하고 인정하는 게 아니라는 이야기다.

❈ 의문을 갖는 사람도 근거가 있고, 반박을 하는 사람도 근거가 있어.

아무것도 모르면 질문을 할 수가 없다. 배우면서 이해가 안 되는 부분을 물어보는 것이기 때문이다. 그런데 누가 물어보는데, '그딴 건 물어보지도 말라!'고 할 수는 없는 것 아닌가?

"물어보려면 제대로 근거를 갖고 와서 물어보라"고 한다. 제대로 몰라서 물어보려는데 제대로 된 근거를 갖고 오라니? 어째 앞뒤가 맞지 않는다. 물어보고 싶은 사람과 대답하기 싫은 사람 사이의 알력 다툼 같은 느낌이 드는 이유다.

❈ 일제강점기 35년 동안 우리나라 역사에 대해 제대로 원하는 만큼 충분히 공부하지 못한 까닭이 아닐까? 안 배우는 게 창피한 것이지, 못 배운 건 창피한 게 아닌데. 먼저 배운 사람이 나중 배우는 사람에게 친절하게 이해하기 쉽도록 배움을 나눠주는 게 좋은 일이고.

우리나라 역사를 이야기하면서 의문을 갖게 되는 것들이 있다. 그런데 그 출발점을 살펴보면 대부분 일제강점기 때 시작되었다는 것을 알게 된다.

물론 일제강점기라는 시대적 특수 상황에 따라 지레짐작으로 선입견을 갖고 우리나라 역사가 그때부터 뒤틀리고 거짓으로 왜곡되고 일제 입맛대로만 전달되었을 것이라고 보는 사람들도 없지는 않을 것이다. 그들은 일제강점기 시대의 역사를 가리켜 '식민 사관'이라고 부르고 왜곡된 내용이라고 말하며 우리 역사에 대해 조금이라도 자존심 상하는 내용이 나오면 가장 먼저 일제강점기 시대에 왜곡된 것이 있는지 없는지부터 따지는 경향도 물론 있을 수 있다. 진실이 무엇인지 파헤치는 게 아니라 어디서부터 왜곡되었는지에 더 큰 노력을 쏟는다.

그러다 보니, 일제강점기에 사학을 배운 사람들로선 내심 반발도 생기기 마련이다. 일본에 유학을 가서 배우고, 한국에서도 배웠는데 다른 사람들이 무조건 "일제강점기 때 배운 역사는 모두 왜곡된 식민 사학이야!"라고만 손가락질한다면 그들이 아는 걸 사람들에게 제대로 알려주려고 하다가도 욱 하는 반발심부터 생기기 마련이다. 배운 사람들로서는 자존심이 상하고 상대방이 무례하다고 여겨지기 때문이다.

그래서 일제강점기 시대를 기준으로 동시대에 역사를 공부한 사람들끼리 뭉치게 되고, 우리나라에서 주류 학회를 구성하게 되며 '배운 사람들끼리 어울리는' 문화가 만들어지는 것도 가능한 일일 것이다.

배운 사람들 입장에선 일제강점기 역사가 왜곡되었다고 주장하는 사람들을 보면 "근거를 갖고 주장을 하라"고 하게 되는 이유일 것이다. 오랫동안 역사를 공부해 오며 유물과 유적을 연구하고 학회 활동을 하고, 다양한 세미나에 참석하고 충분한 연구를 통해 결과를 도출해 낸 것인데, 왜곡 사학을 주장하는 사람들은 대부분의 경우 인터넷에서 떠도는 불확실한 주장들을 근거로 내세우는 일이 많은 것도 사실이다. 그러니 근거를 갖고 주장하라고 할 수 있는 것이다. 그들은 논리적으로 누구에게도 지지 않고, 배운 사람으로서의 자부심도 강하다. 그들은 또한 설령 모르는 것이 있더라도 제대로 근거를 찾는 방법을 알고 있으며, 효과적으로 반박하는 방법도 알고 있다. 이 모든 것들이 그들에겐 익숙하다.

반면에 재야 사학 또는 개인적인 취미로 공부하는 사람들은 충분한 근거를 확보하여 주장을 펼치는 일이 상대적으로 쉽지 않은 게 현실이다. 어느 날 인터넷을 보니까, 어느 날 신문을 봤더니, '이건 아닌 것 같은데?' 하는 생각이 들어서 그 이유를 찾게 되지만, 제대로 물어볼 사람이 없다. 그러니 인터넷 검색에 의존하게 되고, 정확하지 않은 정보를 사실인 양 받아들일 수도 있다.

그렇게 서로 맞서다 보면 이 싸움은 끝나지 않아. 매번 되풀이되고 반복될 뿐이지. 문제는 우리끼리 싸우면 안 된다는 것이거든. 우리나라 자료들만 갖고 이게 맞다, 저게 맞다 논쟁하다 보면 결국엔 주류 학회 사람들의 주장이 받아들여지기 마련이야. 왜냐하면 서로 옳다고 주장하다가 결국엔 어디로 가겠어? 역사 관련 단체나 기관으로 갈 텐데, 거기 가면 누가 판단해주겠어? 그들도 주류 학회 사람들인데.

재야 사학과 주류 학회의 다툼이 매번 주류 학회의 승리로 될 수밖에 없다는 의미다. 시간이 흐를수록 재야 사학은 재야 사학대로, 주류 학회는 주류 학회대로 서로 결속하게 되고, 서로 반대쪽 사람들을 험담하고 오류를 지적하면서 진실은 점점 더 오리무중에 빠질 뿐이다.

이런 상황을 해결하려면 결국 사료의 객관성이 앞서야 한다.

우리나라 사료나 일본 사료, 대륙의 사료만 갖고 논쟁을 벌이면 해결되지 않는 일이다. 프랑스 사료, 미국 사료, 영국 사료들까지 모아서 객관적으로 논쟁하는 것이 진실에 다가서는 유일한 길이다. 한반도와 대륙과 일본 열도 안에서 벌어진 역사는 각자 자기들 입맛대로 수정되고 오역되고 왜곡될 가능성이 크기 때문이다.

당사국이 아닌 해외에 멀리 있는 유물이나 유적지, 사료를 놓고 검증을 한다면, 제3의 시선으로 객관적으로 문제를 바라볼 수 있는 장점이 있다. 제3의 사료를 가지고 논리를 세우다 보면, 우리가 지금까지 사실이라고 믿었던 일들에 대해서도 새로운 해석이 내려질 수도 있기 마련이다.

물론, 반드시 근거가 있어야만 제대로 된 주장이라고 확정할 수는 없는 거야. 가령, 갈릴레이도 태양을 중심으로 지구가 돈다고 주장하다가 결국엔 다른 사람들에게 굴복하고 사실이 아닌데도 지구가 중심이라고 말을 바꿨거든.

주장하는데 근거가 있어야만 사실이라고 100% 옳다고 말할 수는 없다. 주장을 하는데 근거가 없다고 해서 그건 사실이 아니라고 확정할 수 없다는 의미다.

가령, 길을 걷다가 지갑을 주웠는데 그 안에 1천 원이 들어 있었다고 하자. 경찰서에 전달하여 주인을 찾아달라고 했는데 나중에 주인이란 사람이 오더니 "이 지갑엔 2천 원이 들어 있었는데 왜 1천 원만 있냐? 당신이 나머지 1천 원을 가져간 거 아니냐?"고 따지면 뭐라고 할 것인가?

길에서 주운 지갑인데 1천 원밖에 없었다고 아무리 주장해도 근거가 없다. 오히려 지갑 주인의 이야기가 더 신빙성 있게 받아들여진다. 지갑의 주인이니까 지갑 속에 돈이 얼마나 들어 있었는지 잘 알 것이고, 반대로 지갑을 주웠다면 돈에 욕심이 나는 게 본능이니까 혹시 돈을 빼냈을 수도 있다고 보기 때문이다.

당신이라면 당신이 도둑이 아니라는 사실을 주장하면서 어떤 근거를 댈 것인가? 이처럼 주장과 근거는 무조건 필요충분조건이 아니다.

❀ **지갑 주인의 이야기가 맞다고 하였는데, 나중에 CCTV를 통해서 지갑 주인이 2천 원에서 1천 원을 미리 빼서 쓰는 장면이 나온다고 해봐. 지갑을 주워준 사람이 뒤늦게 누명을 벗게 되기도 하거든.**

역사에서도 유물이 발굴되고 안 되고의 차이로 인해서 A의 주장이 나중에 B의 주장으로 바뀌기도 하는 경우가 없진 않다. 구석기나 신석기 시대처럼 선사 시대 유물이 발견되었느냐 안 되었느냐의 차이에 따라 선사 시대 영역이 축소되거나 확대되는 일이 생기기 때문이다.

A는 D지역까지 구석기 시대 문화가 존재한 걸로 추론하였지만 남들은 C지역까지만 구석기 시대였다고 주장하는 경우, A로서는 주장할 근거가 없어서 말을 해선 안 되는 게 아니라 스스로 아는 바를 주장해서라도 선사 시대의 연구 범위가 D지역까지 펼쳐지도록 만들어야 하는 게 학술적으로나 역사적으로도 더 가치 있는 일이다.

❀ **그러니까 무조건적으로 재야 사학이니 주류 학회니 하며 서로 상대방 이야기가 옳지 않다고만 하면 안 되는 거야.**

무엇보다 우리가 말하고 생각하고 기억하는 모든 것들을 반드시 메모하거나 종이에 써서 남기는 게 아니기 때문이기도 하다. 100% 사실인데 물리적인 근거가 없거나 사라진 경우도 있다는 의미다.

❖ 조선은 대륙에 있었어요!

예를 들면 대륙 조선에 관한 이야기다.

조선은 대륙에 있었고, 영토는 카스피해 연안을 포함하고 우크라이나와 불가리아도 포함하여 중앙아시아 대륙을 거쳐 대륙의 동쪽 연해주까지, 광대한 지역을 차지했었다고 이야기한다. 명나라는 조선이고 당나라는 신라이며, 진나라의 시황제는 신라 사람으로 진시황제 무덤에서 나온 병마용들을 연구해 보면 신라 시대 문화인 걸 알게 된다 등등.

필자는 다만 '조선이 대륙에 있었다'는 명제 하나만을 이야기할 뿐이다. 그리고 추가적인 이야기들을 더 포함해서 여러 가지 사료와 논리적인 주장을 통해 하나씩 증거를 댄다. 사실 이야기를 하다 보면, 조선이 대륙에 있었으므로 그 외에 A는, B는, C는 식으로 할 이야기가 무수히 많은 것도 사실이다. 하지만 단 하나의 명제를 놓고 근거를 모아서 논리를 펼치고자 한 이유는 그것이 대명제이기 때문이다.

❖ '우리나라 역사에서 어디가 어떻게 오류이고, 저것은 저렇게 오류이다'라고 주장하기보다는 조선이 대륙에 존재했다는 사실 하나만 신빙성 있는 근거로 주장해서 확인된다면 다른 것들은 저절로 따라오기 때문이지.

그런데 이에 대한 반박 논리도 만만치 않다. 대체적으로 재야 사학에서 주장하는 이야기들(그러니까 주류 학회에서 가짜라고, 근거가 없거나 빈약하다고 반박하는)을 살펴보면 아래와 같다.

① 고구려, 백제, 신라, 삼한, 가야, 고려는 대륙에 있었다.

② 왜(倭)는 대륙의 남쪽에 있다가 열도로 옮겨서 일본이 되었다.

③ 이성계는 여진(금나라) 또는 원나라(몽골) 사람이다.

④ 한민족은 메소포타미아 역사를 세운 수메르족이다.

⑤ 우리나라는 대륙 전체와 서역, 몽골, 바이칼호 주변과 동남아시아도 포함된다.

⑥ 우리나라 사료 속 지명과 대륙의 역사서 속 지명이 일치한다.

⑦ 간혹 역사상 오류는 일제의 왜곡 때문이고, 근거는 사료를 불태워서 없어졌다.

물론 이에 대해 주류 학회[54]에서는 하나하나 근거를 들어가며 반박한다. 민족주의 사학은 민족의 자긍심과 자부심을 높여주긴 하지만 왜곡된 역사를 생산하게 되며 그 또한 식민 사학과 다를 바 없다는 주장도 있다.

그 예로, 8세기 초 발해의 대야발(大野勃, 대조영의 동생)이 편찬했다는 역사서 『단기고사(檀奇古史)』, 1675년에 북애자(北崖子)가 집필했다는 역사 이야기책 『규원사화(揆園史話)』, 고려 시대인 1363년(공민왕 12년) 10월 3일에 이암(李嵒)이 엮었다는 단군조선 연대기 『단군세기(檀君世紀)』를 비롯하여 『환단고기(桓檀古記)』[55]같은 서적들은 1920년대 후반에야 나온 가짜 역사라고 주장한다.

특히 『환단고기』 같은 경우, 일본 극우 사학자들의 '만주, 몽골, 대륙에서 서역까지 고대 일본의 발자취가 확인된다'는 허무맹랑한 억

54 필자 주: 본문 내용을 설명하는 데 편의상 주류 학회, 재야 사학으로 구분하였을 뿐, 어떠한 가치를 부여한 것이 아님을 밝힌다.

55 환단고기(桓檀古記): '계연수(桂延壽, ~1920년)'가 『삼성기』 상·하권, 『단군세기』, 『북부여기』, 『태백일사』의 5가지 책을 엮어 풀이를 붙여 1911년에 지었다는 책.

지 주장에 대하여 오히려 근거를 제공할 수도 있다는 우려를 덧붙이기도 한다.

재야 사학과 주류 학회, 쌍방의 주장을 들으면서 한 가지 풀리지 않는 의문에 양측 모두에게 답답하긴 매한가지다.

어떤 주장이건 아쉬운 점이 없는 것은 아냐. 우리나라 사학계에서 요나라 역사에 대해 연구하는 학자를 찾기 어렵다는 점도 그렇고, 요나라 위치를 모르는데 고려의 위치가 한반도였다고 하는 주장은 납득하기 어렵거든. 금나라는…….

고려 예종 12년(1117년)의 일이다. 만주에 금나라(1115년~1234년)를 세운 여진족의 아골타가 예종에게 국서를 보내오면서 자신의 조상은 신라인이라고 말했다는 『고려사』의 내용이 자꾸만 필자의 머릿속을 헤집는다.

윤봉길의
한인애국단 선서문

일제강점기(日帝强佔期)? 아직 풀리지 않는 의문들이 있다.

일본은 한반도를 지배한 것인가? 조선을 지배한 것인가?

대한제국과 일본 제국? 만주국은 무엇인가?

1900년대 초, 한반도와 세계열강들의 정세는 어떠하였는가?

일제강점기 독립운동을 거행한 윤봉길 의사를 통해 조선의 실상을 알아보자. 먼저 '일제강점기'는 1910년 8월 29일부터 1945년 8월 15일까지 35년간을 가리킨다. 우리나라 역사에서 한반도가 일본의 식민 통치 아래 놓였던 시기를 가리키는데, 이 시기 한반도의 정치 체제를 거칠게 얘기하면 일본의 조선총독부에 의한 독재 체제라고 할 수 있다. 일본 왕이 한반도에 설치한 조선총독부 조선총독에게 지시를 내리고 조선총독은 조선총독부를 통해 한반도를 통치하는 방식이라 하겠다.

❁ **정치도 없고 외교도 없고 군사도 없는 시기였어. 한마디로 당시 우리나라의 주권이 없어진 시기였지. 아참, 우리가 일제강점기라고 부르는 표현은 표준국어대사전에 기록된 것인데 2007년 9월 20일에 국회 결의에 의해서 '대일항쟁기'라고 공식 용어가 정해지기도 했지.**

그런데 일본이 한반도를 강제 점거하고 우리나라의 대일항쟁기가 시작되기까지의 과정을 살펴볼 필요가 있다. 우리가 기억하는 바대로 단순히 일본이 한반도를 강제 점거하여 35년간 식민 통치가 이뤄졌다고만 기억할 게 아니다.

과연 일본 혼자 한반도 점령을 계획한 것인지, 아니면 제2, 제3의 국가들의 묵인과 합의는 없었는지에 대해 세밀하게 살펴볼 가치가 있다는 의미다.

❁ **일본은 1894년 청일 전쟁과 1905년 러일 전쟁에서 승리하면서 한반도에 대한 침략을 노골적으로 실행에 옮겼는데, 이후 영일 동맹을 맺고 가쓰라-태프트 밀약 등 국가들 간 조약을 체결하면서 한반도 지배 계획을 점점 더 구체적으로 실행하게 되거든.**

청일 전쟁(淸日戰爭)은 청나라와 일본 제국이 조선에 대한 지배권을 놓고 1894년 7월 25일부터 1895년 4월까지 벌인 전쟁을 가리키는데, 베이징과 심양, 대만 지역을 포함하여 한반도 땅(아산만 지역 등)에서 전투[56]가 벌어졌다.

56 Map of battles during the first Chinese-Japanese war(1894~1895)
https://commons.wikimedia.org/wiki/File:First_Sino-Japanese_War.svg

러일 전쟁(露日戰争)은 1904년 2월 8일에 시작되어 1905년 가을까지 이어진 전쟁으로 러시아 제국과 일본 제국이 한반도 지역의 주도권을 놓고 벌인 충돌이었다. 러일 전쟁의 충돌이 이뤄진 지역은 만주 남부 지역 및 요동반도와 한반도 근해였다.

그리고 영일 동맹(英日同盟)은 1902년 1월 30일, 당시 남쪽으로 내려오던 러시아를 막기 위해 영국과 일본이 체결한 군사 동맹을 가리킨다. 그 내용으로는 일본은 영국으로부터 대륙과 조선(코리아)에서의 이익을 인정받고, 영국은 일본으로부터 대륙에서의 이익을 인정받는 것이었다. 또한 영국이나 일본이 다른 나라와 전쟁을 할 때는 상대방은 중립을 지키되 만약 영국이나 일본이 2개 이상의 나라와 전쟁을 할 때는 서로 돕는다는 등의 내용이었다.

영국이나 일본은 대륙과 조선(코리아) 지역을 각자 나눠먹자고 합의한 것이고, 상대방이 다른 나라들과 전쟁을 벌이면 서로 돕자고 약속한 거야. 이뿐만이 아니지.

흔히, 가쓰라-태프트 밀약(桂·タフト密約)이라고 부르는 게 있다. 밀약을 맺은 시기는 러일 전쟁 직후인 무렵으로 1905년 7월 29일이다.

당시 미국과 일본은 '미국의 필리핀에 대한 지배권'과 '일본의 대한제국에 대한 지배권'을 서로 인정해주는 내용으로 각서(memorandum)를 만들게 되는데, 미국과 일본이 서로 비밀로 함에 따라 1924년이 되어서야 세상에 알려진 것이다.

가쓰라-태프트 밀약은 일본이 미국의 필리핀 식민 지배를 인정하고, 미국은 일본의 대한제국(코리아) 침략과 통치를 인정하는 내용이었지.

이쯤 되면 16세기에도 서구 열강들의 침략으로 각축장이 되었던 아시아 대륙의 상황이 이어져 19세기 아시아와 서구 열강 세력들 간의 치열한 영토 확보 전쟁의 실상이 어느 정도였는지 짐작이 가고도 남는다.

국력이 약한 나라가 강한 나라에게 지배당하고, 나라 간 세력을 합쳐서 다른 나라를 무너뜨리는 전쟁이 빈번하게 벌어지던 시기였다. 세계정세가 어떻게 변할지, 한 치 앞을 모를 정도로 전쟁과 합의가 치열하게 반복되던 시기였다.

구체적으로는, 당시 세계 최고의 해상력을 갖춘 영국이 인도, 홍콩, 남아프리카를 차지하려 하였고, 프랑스는 베트남, 알제리, 모로코, 모로코령 라퓨타를 차지하려고 하였으며, 러시아는 폴란드와 시베리아를 노리고 있었고, 독일은 뉴기니를 손에 넣으려고 하던 시기였다.

이 시기에 미국은 남북전쟁을 끝내고 미국 대륙의 서부 지역을 개척하기 위해 노력할 때이기도 하였는데 미국을 포함한 서구 열강 세력들은 그들의 시야에 청나라와 일본까지 포함시키면서 새로운 식민지 확보에 열을 올리고 있었다.

하지만 스페인과 포르투갈은 이미 동남아시아 지역에 진출한 상태였거든. 한마디로 아시아 지역에서 조선(달단)만 남은 상황이었어. 당해낼 재간이 있었을까? 이 시기의 일본은 영국과 손잡고 미국하고도 대화에 나서면서 발 빠르게 움직여서 세계정세에 동참하였는데 조선(달단)이 이러한 흐름을 간과하였다? 그건 아니지.

'조선이 세계정세를 모르고 쇄국정책으로 속절없이 무너지고 말았다'는 논리는 어쩐지 허점이 너무 많아 보였다. 왜냐하면 국가 간 교류와 무역을 활발히 하면서 세력을 넓히던 나라가 조선(달단)이었기 때문이다. 역사는 오히려 우리가 알던 것과 반대일 수 있었다.

한반도(코리아) 지역뿐이라면 청일 전쟁이나 러일 전쟁, 영일 동맹, 미일 밀약 같은 일들이 필요하지 않을 거야. 러시아나 일본의 문제일 뿐이거나 청나라의 간섭 정도가 있었을 건데, 어쩐지 그 당시 분위기가 이상하거든.

조선(달단)을 차지하기 위해 영일 동맹을 맺고 서로 조선(달단)과 대륙에서의 지배권을 인정하기로 했는데 청나라의 상황에 대한 이야기가 없다. 그렇다면 영국과 일본이 대륙에서 지배권을 나누기로 한 국가는 청나라가 아닐 수 있다는 의미다.

미일 밀약도 의문이다. 미국이 필리핀을 지배하고 일본이 한반도를 지배한다고 했는데, 일찍이 인도네시아, 마카오 등 대륙 남부에 진출한 스페인과 포르투갈에 관련된 이야기가 없다. 스페인과 포르투갈의 반발에 대한 이야기가 없다는 것은 어떤 의미일까? 그렇다면 미일 밀약에서 일본과 미국이 논의한 지역은 한반도와 필리핀 지역에만 해당된 게 아닐 수 있다는 것 아닌가. 미국이 일본과 손잡고 차지하려는 지역이라면 어디일까? 스페인과 포르투갈이 버티고 있는 필리핀에만 눈독을 들인 것으로 보기 힘들다. 과연 어디일까?

러시아와 일본이 충돌한 경우도 마찬가지이다. 대륙으로 남하하려는 러시아, 그걸 막으려는 일본. 두 나라가 만난 곳이 만주다. 그런데 청나라 이야기가 없다. 일본이 만주국을 세웠다는 기록이 존재하는데 청나라의 반발에 대한 이렇다 할 이야기가 없다. 그렇다면 만주국이라고 세워진 그 땅은 애초에 누구의 것이었을까?

❈ **미국과 일본, 영국과 러시아, 거기에 청나라까지. 어쩌면 그들의 공통 목표를 향해서 서로 먼저 더 많이 먹겠다고 다툰 것이 아닐까? 미국과 일본과 영국과 러시아와 청나라가 서로 더 먼저, 더 많이 차지하려고 혈안이 되었던 곳, 때에 따라선 서로 동맹도 맺고 각서도 교환하여 자기편을 만들면서까지 차지하려고 한 곳이 따로 있다면 그게 어디일까?**

대륙 조선(달단)이라면 말이 된다. 거대한 대륙에서 대부분의 땅을 영토로 차지하고 있던 조선(달단)을 공격하고 땅을 빼앗으려는 상황이라면 이해가 된다.

❈ **이 가운데 일본은 강대국들과 경쟁에서 승산이 없다는 걸 알고 차라리 한반도 (코리아) 지역을 원했던 것이 아닐까? 영국과 동맹을 맺고 미국과 각서를 쓰면서 대륙(달단)은 미국이나 영국이 가지라고 하고 일본은 한반도(코리아) 땅을 달라고 한 것이라면? 그리고 약삭빠른 일본이 '달단(조선)' 명칭을 한반도에 끌어 넣어 옛 조선의 역사를 한반도 안에서만 벌어진 일이라고 만들어주겠다고 한다면? 미국이나 영국이나 청나라 입장에선 하나도 아쉬울 것 없는 협상이지.**

기록에 의하면, 대한제국 이전에 '대조선국'이란 명칭을 사용한 사실이 있다. 1876년에 '대조선국주상지보(大朝鮮國主上之寶)'를 제작하여 외교 문서에 사용했다는 기록[57]이다.

57 『고종실록』 13권, 고종 13년 12월 17일 계묘 2번째 기사: 1876년 조선 개국(開國) 485년 "부산항 조계 조약을 체결하다(釜山口租界條約成)"

뿐만 아니라, 조선은 대한제국 사용 이전에도 영국, 독일, 이탈리아 등의 나라들과 조약을 맺으면서도 모두 '대조선국'의 호칭이 담긴 국새를 사용하였다는 게 사실이다. '대조선국'이라는 나라가 서구 열강들과 조약을 체결하거나 상호 교류를 하던 시기라는 점을 기억하기 바란다.

❖ 조선이 쇄국 정책으로 망하게 되었다는 주장하고는 다른 것 아닌가?

과연 이 시기에 조선이 대륙에 존재하였는지, 서구 열강 세력들이 대륙 조선의 영토를 나눠 갖기 위하여 세력을 모으고 동맹을 맺었던 것인지를 판단하려면 먼저 청나라에 대해 살펴볼 필요가 있다.

청나라가 대륙의 어느 곳에 존재하였고, 언제 망하고 어떻게 이어졌는지 알 수 있다면 청나라와 이웃한 조선의 위치도 드러날 것으로 생각되기 때문이다.

❖ 만주족이 1635년 10월 13일에 세운 것이 청나라인데, 한족의 대륙 영토뿐 아니라 몽골, 위구르, 티베트를 정복하여 제국을 이루게 되지. 하지만 서구 열강 세력들에 의해 청나라의 국력이 약해지고 1912년에 선통제[58]가 퇴위하고, 1924년에 공식적으로 황실이 해체되면서 역사에서 사라진 거 아닌가?

그런데 청나라의 유지 기간을 1635년부터 1924년까지로 보는 건 무리가 있다. 1911년 10월 10일 신해혁명을 기점으로 청나라의 세력

58 아이신기오로푸이(爱新觉罗溥仪, 1906년 2월 7일 ~ 1967년 10월 17일) 청나라의 마지막 12대 황제.

이 약해지고, 신해혁명의 쑨원(孫文, 1866년~1925년)이 중화민국을 수립하였기 때문이다. 1911년부터 1924년까지 청나라와 중화민국의 공존 시기로 봐도 무방할 것으로 생각되는 이유다.

대조선국과 청나라 사이의 관계는 어땠을까?

1890년부터 1900년대 무렵에도 대조선국(대한제국)이 있고, 청나라가 존재했다는 건 확실해 보인다. 또한, 대조선국이 청나라에 종속된 나라가 아니라는 것도 확인할 수 있다. 그렇다면 한반도에는 대조선국이, 대륙에는 청나라가 존재한 것일까?

대조선국이 이미 영국을 비롯하여 독일, 이탈리아 등의 국가들과 조약을 체결하였다는 기록이 있는데, 1905년 일본이 조선의 외교권을 강탈한 상태에서 청나라와 간도 지역에 대해 영토를 확정하는 협약을 체결했다는 게 과연 말이 되나?

일단, 대조선국(대한제국)이 한반도 안에만 존재한 나라였다면 일본이 간도 지역을 두고 굳이 러시아와 협상을 벌일 이유도 없었다. 오히려 대한제국이 간도 지역을 지배하고 있었기에 일본이 대한제국의 외교권을 침탈한 후에 러시아와 협상을 벌이려고 한 것으로 보인다. 그렇다면 대한제국이 한반도 안에 존재하였다는 주장은 설득력이 떨어질 수밖에 없다.

그리고 대조선국과 조약을 맺은 영국이나 이탈리아, 독일 등은 일본의 행위를 그저 눈감고 보고만 있던 걸까? 필자의 상식으로는 받아들이기 어렵다.

독자들 생각은 어떤가?

대륙엔 과연 청나라만 존재한 것인가? 아니면 조선(달단)과 양분하고 있던 것인가?

❇ **한걸음 더 나아가서, 일제강점기 독립운동에 관한 이야기 중, 윤봉길(尹奉吉) 의사의 '한인애국단 선서문'을 보면 이상한 점이 있어.**

독립운동가 윤봉길(1908년 6월 21일~1932년 12월 19일)은 1932년 4월 29일 아침 11시 50분경, 상하이 홍커우공원에서 일제를 향한 도시락 폭탄을 던져 항거[59]하고 순국하였다. 윤봉길 의사는 고려 시대의 명장이었던 윤관(尹瓘, ?~1111년)의 후손으로 1932년(대한민국 14년) 4월 26일 '한인애국단'에 입단하면서 선서를 하였는데 그 내용은 아래와 같다.

> 선서문(宣誓文)
>
> 나는 적성(赤誠)으로서 조국(祖國)의 독립(獨立)과 자유(自由)를
>
> 회복(回復)하기 위(爲)하야 한인애국단(韓人愛國團)의
>
> 일원(一員)이 되야 중국(中國)을 침략(侵略)하는 적(敵)의
>
> 장교(將校)를 도륙(屠戮)하기로 맹서(盟誓)하나이다
>
> 대한민국(大韓民國) 14년(十四年) 4월(四月) 26일(二十六日)
>
> 선서인(宣誓人) 윤봉길(尹奉吉)
>
> 한인애국단(韓人愛國團) 앞

여기서 눈여겨볼 부분은 "중국(中國)을 침략(侵略)하는 적(敵)"이라는 내용이다.

당시 우리나라의 명칭은 대한제국이었지만 일제의 의해 '조선'으

59 상하이 주둔군 총사령관 시라카와 요시노리, 일본 거류민단장 가와바타 사다지 사망, 총영사 무라이 및 제3함대 사령관 노무라 기치사부로 중장, 제9사단장 우에다 겐키치 중장, 주중국 공사 시게미쓰 마모루 등은 중상을 당했다.

로 불리던 시기였으며, 1932년 무렵은 김구가 만든 '한인애국단'을 주축으로 하여 '대한민국임시정부(大韓民國臨時政府, 1919년~1948년)'로 불리던 시기이기도 하였다.

❖ 어느 곳에도 중국이라고 불린 기록은 찾아볼 수 없는데?

윤봉길 의사가 일제에 항거하는 독립운동 거사를 치르려고 하면서 우리나라를 '중국'이라고 부른 이유는 무엇일까?

한반도의 대한제국을 가리켜 '중국'이라고 부른 것일까? 아닐 것이다. 엄연히 대한제국이라는 명칭이 있는데 '중국'이라고 부를 이유는 없다. 그렇다면 그 이유는 무엇일까?

참고로 알아보자면, 우리가 China를 가리켜 중국이라고 부르게 된 시기는 1986년 아시안게임 및 1988년 올림픽을 치르던 시기부터다. 그 이전에는 '중화인민공화국(中華人民共和國)'의 약자로 '중공(中共)'이라고 불렀고, 대만(臺灣, Taiwan)을 가리켜 '중국(中國)'이라고 불렀다. 이에 비해, 일본에서는 1972년 중화인민공화국과 국교를 정상화하면서 '중국'을 중화인민공화국을 일컫는 말로 사용하고 있다.

❖ 윤봉길 의사가 얘기하는 '중국'이란 단어는 우리나라를 가리키는 말이 분명하잖아.

과연 윤봉길 의사가 살던 시기, 한반도에서 상하이로 이주한 윤봉길 의사는 독립운동 거사를 앞두고 우리나라를 이르기를 '중국'이라고 하였던 이유가 무엇일까? 그리고 당시 한인애국단과 관련된 사람들이나 상하이임시정부 관련 사람들이 '중국'이라는 우리나라 이름을 정정하거나 수정하지 않은 이유는 무엇일까?

❖ 윤봉길 의사의 한인애국단 선서문이 작성된 게 1932년 4월 26일인데, 13년 전인 1919년 3월 1일(3 · 1운동)에는 기미독립선언서가 낭독되었거든. 근데 좀 이해가 안 되는 부분이 있어.

3 · 1독립선언서를 살펴보자.

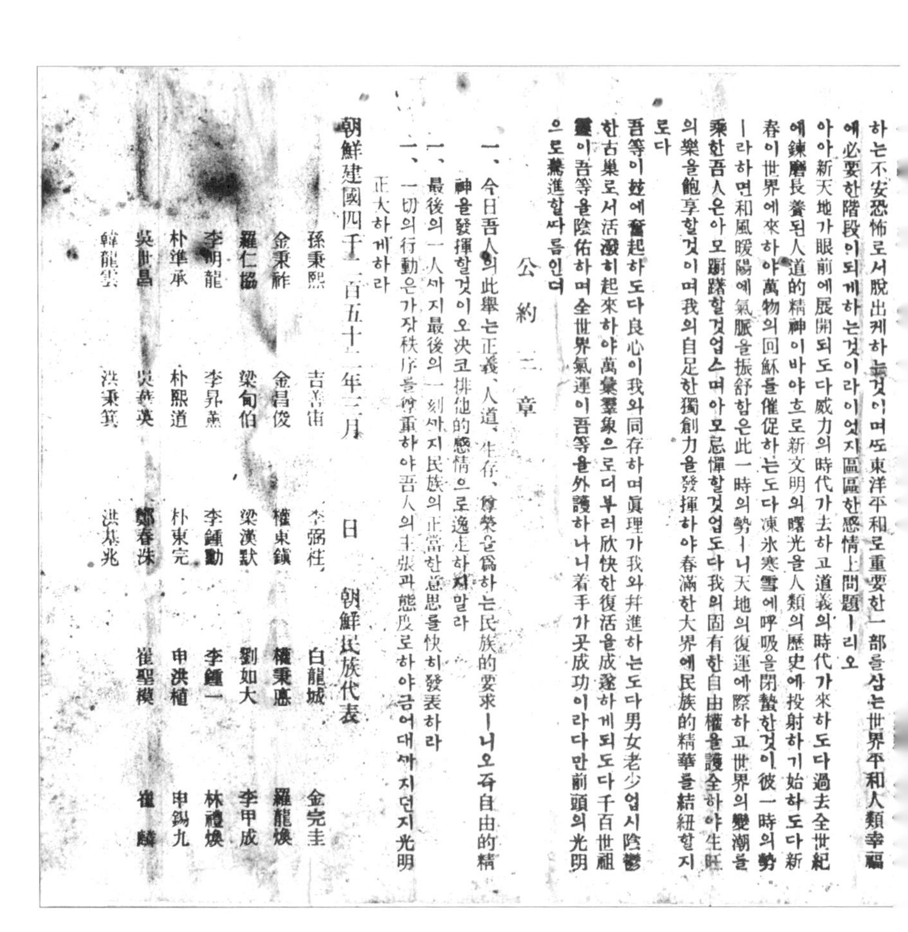

하는不安恐怖로서脫出케하는것이며또東洋平和로重要한一部를삼는世界平和人類幸福에必要한階段이되게하는것이라이엇지區區한感情上問題ㅣ리오

아아新天地가眼前에展開되도다威力의時代가去하고道義의時代가來하도다過去全世紀에鍊磨長養된人道的精神이바야흐로新文明의曙光을人類의歷史에投射하기始하도다新春이世界에來하야萬物의回蘇를催促하는도다凍氷寒雪에呼吸을閉蟄한것이彼一時의勢ㅣ라하면和風暖陽에氣脈을振舒함은此一時의勢ㅣ니天地의復運에際하고世界의變潮를乘한吾人은아모躊躇할것업스며아모忌憚할것업도다我의固有한自由權을護全하야生旺의樂을飽享할것이며我의自足한獨創力을發揮하야春滿한大界에民族的精華를結紐할지로다

吾等이玆에奮起하도다良心이我와同存하며眞理가我와幷進하는도다男女老少업시陰鬱한古巢로서活潑히起來하야萬彙羣象으로더부러欣快한復活을成遂하게되도다千百世祖靈이吾等을陰佑하며全世界氣運이吾等을外護하나니着手가곳成功이라다만前頭의光明으로驀進할따름인뎌

公約三章

一、今日吾人의此擧는正義、人道、生存、尊榮을爲하는民族的要求ㅣ니오즉自由的精神을發揮할것이오決코排他的感情으로逸走하지말라

一、最後의一人까지最後의一刻까지民族의正當한意思를快히發表하라

一、一切의行動은가장秩序를尊重하야吾人의主張과態度로하야금어대까지던지光明正大하게하라

朝鮮建國四千二百五十二年三月　日　朝鮮民族代表

孫秉熙　吉善宙　李弼柱　白龍城　金完圭
金秉祚　金昌俊　權東鎭　權秉悳　羅龍煥
羅仁協　梁甸伯　梁漢默　劉如大　李甲成
李明龍　李昇薰　李鍾勳　李鍾一　林禮煥
朴準承　朴熙道　朴東完　申洪植　申錫九
吳世昌　吳華英　鄭春洙　崔聖模　崔麟
韓龍雲　洪秉箕　洪基兆

己未獨立宣言書(기미독립선언서)

宣言書(선언서)

吾等은 玆에 我 朝鮮의 獨立國임과 朝鮮人의 自主民임을 宣言하노라. 此로써 世界萬邦에 告하야 人類平等의 大義를 克明하며, 此로써 子孫萬代에 誥하야 民族自存의 正權을 永有케 하노라.

宣言書

吾等은玆에我朝鮮의獨立國임과朝鮮人의自主民임을宣言하노라此로써世界萬邦에告하
야人類平等의大義를克明하며此로써子孫萬代에誥하야民族自存의正權을永有케하노라
半萬年歷史의權威를仗하야此를宣言함이며二千萬民衆의誠忠을合하야此를佈明함이며
民族의恒久如一한自由發展을爲하야此를主張함이며人類的良心의發露에基因한世界改
造의大機運에順應幷進하기爲하야此를提起함이니是ㅣ天의明命이며時代의大勢ㅣ며全
人類共存同生權의正當한發動이라天下何物이던지此를沮止抑制치못할지니라
舊時代의遺物인侵略主義强權主義의犧牲을作하야有史以來累千年에처음으로異民族箝
制의痛苦를嘗한지今에十年을過한지라我生存權의剝喪됨이무릇幾何ㅣ며心靈上發展의
障礙됨이무릇幾何ㅣ며民族的尊榮의毁損됨이무릇幾何ㅣ며新銳와獨創으로써世界文化
大潮流에寄與補裨할機緣을遺失함이무릇幾何ㅣ뇨
噫라舊來의抑鬱을宣暢하려하면時下의苦痛을擺脫하려하면將來의脅威를芟除하려하면
民族的良心과國家的廉義의壓縮銷殘을興奮伸張하려하면各個人格의正當한發達을遂하
려하면可憐한子弟에게苦恥的財産을遺與치안이하려하면子子孫孫의永久完全한慶福을
導迎하려하면最大急務가民族的獨立을確實케함이니二千萬各個가人마다方寸의刃을懷
하고人類通性과時代良心이正義의軍과人道의干戈로써護援하는今日吾人은進하야取하
매何强을挫치못하랴退하야作하매何志를展치못하랴
丙子修好條規以來時時種種의金石盟約을食하얏다하야日本의無信을罪하려안이하노라
學者는講壇에서政治家는實際에서我祖宗世業을植民地視하고我文化民族을土昧人遇하
야한갓征服者의快를貪할뿐이오我의久遠한社會基礎와卓犖한民族心理를無視한다하야
日本의少義함을責하려안이하노라自己를策勵하기에急한吾人은他의怨尤를暇치못하노
라現在를綢繆하기에急한吾人은宿昔의懲辨을暇치못하노라今日吾人의所任은다만自己
의建設이有할뿐이오決코他의破壞에在치안이하도다嚴肅한良心의命令으로써自家의新
運命을開拓함이오決코舊怨과一時的感情으로써他를嫉逐排斥함이안이로다舊思想舊勢
力에羈縻된日本爲政家의功名的犧牲이된不自然又不合理한錯誤狀態를改善匡正하야自
然又合理한正經大原으로歸還케함이로다當初에民族的要求로서出치안이한兩國併合의
結果가畢竟姑息的威壓과差別的不平과統計數字上虛飾의下에서利害相反한兩民族間에
永遠히和同할수업는怨溝를去益深造하는今來實績을觀하라勇明果敢으로써舊誤를廓正
하고眞正한理解와同情에基本한友好的新局面을打開[illegible]

3·1독립선언서

출처: 서울역사박물관 소장

半萬年 歷史의 權威를 仗하야 此를 宣言함이며, 二千萬 民衆의 誠忠을 合하야 此를 佈明함이며, 民族의 恒久如一한 自由發展을 爲하야 此를 主張함이며, 人類的 良心의 發露에 基因한 世界改造의 大機運에 順應幷進하기 爲하야 此를 提起함이니, 是ㅣ天의 明命이며, 時代의 大勢ㅣ며, 全人類 共存同生權의 正當한 發動이라, 天下何物이던지 此를 沮止抑制치 못할지니라.

舊時代의 遺物인 侵略主義, 强權主義의 犧牲을 作하야 有史以來 累千年에 처음으로 異民族 箝制의 痛苦를 嘗한 지今에 十年을 過한지라. 我 生存權의 剝喪됨이 무릇 幾何ㅣ며, 心靈上 發展의 障礙됨이 무릇 幾何ㅣ며, 民族的 尊榮의 毁損됨이 무릇 幾何ㅣ며, 新銳와 獨創으로써 世界文化의 大潮流에 寄與補裨할 機緣을 遺失함이 무릇 幾何ㅣ뇨.

噫라, 舊來의 抑鬱을 宣暢하려 하면, 時下의 苦痛을 擺脫하려 하면, 將來의 脅威를 芟除하려 하면, 民族的 良心과 國家的 廉義의 壓縮銷殘을 興奮伸張하려 하면, 各個 人格의 正當한 發達을 遂하려 하면, 可憐한 子弟에게 苦恥的 財産을 遺與치 안이하려 하면, 子子孫孫의 永久完全한 慶福을 導迎하려 하면, 最大急務가 民族的 獨立을 確實케 함이니, 二千萬 各個가 人마다 方寸의 刃을 懷하고, 人類通性과 時代良心이 正義의 軍과 人道의 干戈로써 護援하는 今日, 吾人은 進하야 取하매 何强을 挫치 못하랴. 退하야 作하매 何志를 展치 못하랴.

丙子修好條規[60] 以來 時時種種의 金石盟約을 食하얏다 하야 日本의

60 丙子修好條規(병자수호조규)는 강화도 조약(江華島條約)이라고 부르는데, 1876년 2월 27일(고종 13년 음력 2월 3일) 한반도에서 대한제국과 일본 제국 사이에 체결된 조약이다.

無信을 罪하려 안이 하노라. 學者는 講壇에서, 政治家는 實際에서, 我 祖宗世業을 植民地視하고, 我 文化民族을 土昧人遇하야, 한갓 征服者의 快를 貪할 뿐이오, 我의 久遠한 社會基礎와 卓犖한 民族心理를 無視한다 하야 日本의 少義함을 責하려 안이 하노라.

自己를 策勵하기에 急한 吾人은 他의 怨尤를 暇치 못하노라. 現在를 綢繆하기에 急한 吾人은 宿昔의 懲辨을 暇치 못하노라. 今日 吾人의 所任은 다만 自己의 建設이 有할 뿐이오, 決코 他의 破壞에 在치 안이하도다.

嚴肅한 良心의 命令으로써 自家의 新運命을 開拓함이오, 決코 舊怨과 一時的 感情으로써 他를 嫉逐排斥함이 안이로다. 舊思想, 舊勢力에 羈縻된 日本 爲政家의 功名的 犧牲이 된 不自然, 又 不合理한 錯誤狀態를 改善匡正하야, 自然, 又 合理한 正經大原으로 歸還케 함이로다.

當初에 民族的 要求로서 出치 안이 한 兩國併合의 結果가, 畢竟 姑息的 威壓과 差別的 不平과 統計數字上 虛飾의 下에서 利害相反한 兩民族間에 永遠히 和同할 수 업는 怨溝를 去益深造하는 今來實績을 觀하라. 勇明果敢으로써 舊誤를 廓正하고, 眞正한 理解와 同情에 基本한 友好的 新局面을 打開함이 彼此間 遠禍召福하는 捷徑임을 明知할 것 안인가.

또, 二千萬 含憤蓄怨의 民을 威力으로써 拘束함은 다만 東洋의 永久한 平和를 保障 所以가 아닐 뿐 안이라, 此로 因하야 東洋安危의 主軸인 四億萬 支那人의 日本에 對한 危懼와 猜疑를 갈스록 濃厚케 하야, 그 結果로 東洋 全局이 共倒同亡의 悲運을 招致할 것이 明하니, 今

日 吾人의 朝鮮獨立은 朝鮮人으로 하야금 正當한 生榮을 遂케 하는 同時에, 日本으로 하야금 邪路로서 出하야 東洋支持者인 重責을 全케 하는 것이며, 支那로 하야금 夢寐에도 免하지 못하는 不安, 恐怖로서 脫出케 하는 것이며, 또 東洋平和로 重要한 一部를 삼는 世界平和, 人類幸福에 必要한 階段이 되게 하는 것이라. 이 엇지 區區한 感情上 問題ㅣ리오.

아아, 新天地가 眼前에 展開되도다. 威力의 時代가 去하고 道義의 時代가 來하도다. 過去 全世紀에 鍊磨長養된 人道的 精神이 바야흐로 新文明의 曙光을 人類의 歷史에 投射하기 始하도다. 新春이 世界에 來하야 萬物의 回穌를 催促하는도다. 凍氷寒雪에 呼吸을 閉蟄한 것이 彼一時의 勢ㅣ라 하면 和風暖陽에 氣脈을 振舒함은 此一時의 勢ㅣ니, 天地의 復運에 際하고 世界의 變潮를 乘한 吾人은 아모 躕躇할 것 업스며, 아모 忌憚할 것 업도다. 我의 固有한 自由權을 護全하야 生旺의 樂을 飽享할 것이며, 我의 自足한 獨創力을 發揮하야 春滿한 大界에 民族的 精華를 結紐할지로다.

吾等이 玆에 奮起하도다. 良心이 我와 同存하며 眞理가 我와 幷進하는도다. 男女老少 업시 陰鬱한 古巢로서 活潑히 起來하야 萬彙羣象으로 더부러 欣快한 復活을 成遂하게 되도다. 千百世 祖靈이 吾等을 陰佑하며 全世界 氣運이 吾等을 外護하나니, 着手가 곳 成功이라. 다만, 前頭의 光明으로 驀進할 싸름인뎌.

公約三章(공약 3장)

一. 今日 吾人의 此擧는 正義, 人道, 生存, 尊榮을 爲하는 民族的 要

求ㅣ니, 오즉 自由的 精神을 發揮할 것이오, 決코 排他的 感情으로 逸走하지 말라.

一. 最後의 一人까지, 最後의 一刻까지 民族의 正當한 意思를 快히 發表하라.

一. 一切의 行動은 가장 秩序를 尊重하야, 吾人의 主張과 態度로 하야금 어대까지던지 光明正大하게 하라.

朝鮮建國 4252년 3월 1일

그런데 3·1독립선언서라고도 불리는 위의 기미독립선언서를 보면, 가장 첫 줄에 "吾等은 玆에 我 朝鮮의 獨立國임과 朝鮮人의 自主民임을 宣言하노라"라는 구절이 나온다. 이 의미는 "우리는 이에 조선의 독립국임과 조선인의 자주민임을 선언하노라"인데, 여기서 보면 '조선의 독립국'이라는 부분과 '조선인의 자주민'이라는 구절이 이상하다.

만약에 우리가 조선 사람이고 우리나라가 조선이라면 위 구절은 "吾等은 朝鮮國임과 朝鮮人임을 宣言하노라"라고 해야 될 것 아닌가? "우리는 조선국이고 조선인임을 선언한다"라고 해야 될 것 아니냐는 뜻이다.

위에 적힌 내용대로라면, 우리의 정체성이 바뀌어야 한다. 즉, 우리가 '조선국의 제후국'이었고, 우리가 '조선 사람으로 속했던 사람들'이라고 한다면 위 구절이 이해될 수 있는 것이다.

이와 관련해서 '『태조실록』 1395년 12월 14일자' 내용에서 설명하고 있는, 봉건제도에서 비롯된 '국(國)'과 '가(家)'의 의미를 살펴볼 필요가 있다. 실록에 따르면 황제가 제후에게 땅을 주고 통치하라고 한 곳이 '國'이 되고, 제후가 '대부'에게 다시 땅을 주고 통치하라고 한 곳이 '家'라는 사실이다. 그렇다면 기미독립선언문에서 '우리는 조선의 독립국'이라는 말은 '조선의 제후국이었다'는 의미가 되는 것이다.

한반도의 코리아(Corea)라는 국가로서 대륙 조선국의 제후국이었고, 우리는 코리아의 국민으로 조선 사람으로 간주되는 상태였다면, 독립 선언을 하면서 "朝鮮의 獨立國(독립된 제후국)임과 朝鮮人의 自主民(독립된 제후국의 국민)임을 宣言하노라"라고 해도 이해가 된다는 뜻이다.

그리고 다음 구절.

> 吾人의 所任은 다만 自己의 建設이 有할 뿐이오, 決코 他의 破壞에 在치 안이하도다.

위 구절 "오인(吾人, 우리)의 소임은 다만 자기의 건설이 유할(건설을 하고자 할) 뿐이오, 결코 타의 파괴에 재(在)치(있지) 아니하도다"의 의미를 살펴보면 "우리의 임무는 스스로의 건설에 있을 뿐이고 결코 다른 사람을 파괴하고자 하는 것이 아니다"는 것이다.

이게 무슨 말 같지도 않은 말인가? 과연 한반도를 강제 침탈한 일제에 맞서는, 목숨 걸고 저항하려는 사람들의 태도로 보이는가? 오히려 항복하고 순응할 테니 잘 봐달라는 내용으로 보이지 않는가? 기미독립선언문이란 제목 자체가 부끄러워지는 느낌도 받게 된다.

다음 구절을 보자.

> 二千萬 含憤蓄怨의 民

위 내용은. "(일제에 대해) 분하고 원통함 마음을 품은 이천만 명의 백성"을 가리키는데, 한반도 코리아의 인구에 해당될 것이다.

> 支那로 하야금 夢寐에도 免하지 못하는 不安, 恐怖로서 脫出케 하는 것이며

"支那(지나)로 하여금 꿈에도 면하지 못하는 불안, 공포로부터 탈출케 하는 것이며" 이 구절에서는 CHINA를 가리켜 중국이 아닌 '지나'라고 부르고 있다. 따라서 1919년에도 '중국'이란 명칭의 나라는 대륙의 CHINA가 아니었음을 알 수 있다.

Roč. II. Čís. 64. (331) Novonikolajevsk, v úterý 18 března 1919 Cena 20 kop.

ČESKOSLOVENSKÝ DENNÍK

V Koreji.

Vladivostok 7.-4. V hlavním městě Koreje, Seule, japonská policie našla tajnou typografii, kde se tiskly revoluční časopisy. Všichni sazeči byli postaveni před polní soud. Reuter sděluje z Tokia, že japonské úřady, jak vidno, rozhodly se potlačit korejské hnutí terorem. Na př. surově arestováno 2000 korejských dělníků, z nichž více než tisíc postaveno před soud.

Nepokoje na Koreji.

Vladivostok 6. března. Reuter sděluje ...

Japonsko a korejské hnutí.

체코슬로바키아 덴니크 331호(1919년 3월 18일자)

그렇다면 윤봉길 의사의 한인애국단 선서문에 드러난 '중국'은 어디인가?

1919년에도 CHINA를 가리켜 '지나'라고 불렀다는 사실에서 1932년 윤봉길 의사가 가리킨 '중국'이란 나라는 '조선(달단)' 외엔 없다는 걸 알게 된다. 1932년 4월 26일에도 조선(달단)의 후손들이 대륙에 존재하였고 일본을 상대로 독립운동을 펼치고 있었던 것은 아닐까?

1932년에도 조선(달단)이 '중국'으로 불렸다면 한반도의 국가는 무엇으로 불렸을까?

1919년 3·1운동에 대해 체코슬로바키아 덴니크 신문(1919년 3월 18일자)에서 보도한 뉴스를 보자.

한반도의 3·1운동을 보도하면서 거대한 시위가 일어났다고 알리고 있는데 뉴스에 보도된 나라 명칭은 체코어로 '코리아(Koreje)'이다. 코리아의 소유격 표현으로 '코리아의'라는 단어는 'Koreji'이다. 그러므로 1919년에도 서양 사람들에게 이 땅 한반도는 여전히 '코리아'였다는 사실이 확인된다. '조선(달단)'이 아니었다.

조선은 줄곧 유교 국가였다고 배웠는데, 3·1독립선언문을 작성한 민족 대표자들을 보면 기독교, 천주교, 불교 인사들이었어. 유교 대표자들 즉, 유림들이 나서지 않았다는 점도 이상하지 않아? 조선의 유교 대표자들이 나서지 않은 게 아니라, 한반도 코리아였기 때문에 유교 대표자들이 없었던 건 아닐까? 대륙 조선(달단=중국)의 독립 선언이 아닌 한반도에서 일어난 코리아의 독립 선언이라면 말이야?

2부

조선왕조실록의 미스터리

조선왕조실록이란 말은 없다?

우리에게 익숙한 명칭으로 '조선왕조실록(朝鮮王朝實錄)'이 있다. 태조 이성계가 조선을 세운 1392년부터 제25대 철종 임금의 1863년까지 472년의 조선 왕조 역사를 알 수 있는 방대한 기록이라고 배웠다.

반드시 왕의 사후에야 편찬되었다고 전해지는 '조선왕조실록'은 우리나라 국보 제151호(1973년 12월 31일 지정)인데, 내용을 기록한 사관의 평가도 넣을 수 있어서 세계적으로 그 객관성과 공정성 그리고 익명성을 인정받음으로써 1997년 10월 1일 유네스코 세계기록유산으로 등록되기도 하였다. 다만, 현재 조선왕조실록에는 일제강점기 시대에 포함되는 고종과 순종에 대한 실록을 포함하지 않는다. 일제의 관점이 포함되었다고 보기 때문이다.

현재 전해지는 조선왕조실록의 분량을 보면 책으로는 총 2,124책(정족산사고본 1181책, 태백산사고본 848책, 오대산사고본 74책, 기타 산엽본 21책)에 이르고, 권으로는 총 1,894권이며, 글자 수는 49,646,667자에 이른다.

❖ **고종과 순종의 왕조실록을 조선왕조실록에 포함하지 않았던 이유는 일제의 관점이 포함될 수밖에 없다는 것을 국가에서 공식적으로 인정한 것이야. 왕조실록이 그럴 정도인데 하물며 다른 역사책들이야 오죽했을까? 고종과 순종의 실록을 조선왕조실록에서 제외한다는 것 자체만으로도 일제강점기 때 출간된 모든 역사서들은 제대로 인정받을 수 없다는 것을 말해주는 것이 아닐까?**

태조부터 철종까지 왕조실록에 포함된다는 것은 아마도 그때까지의 내용만큼은 사실로 인정할 수 있다는 의미일 것이다. 그렇다면 태조부터 철종까지 기록된 내용을 살펴서 조선의 정확한 위치가 파악된다면 그것 또한 사실로 인정받는 것과 같을 것이다. 우리나라 역사학회에서도 인정하는 조선왕조실록 그 내용 그대로 말이다.

그런데 여기서 한 가지 짚고 넘어가야 할 게 있다.

우리가 흔히 '조선왕조실록'이라고 부르지만, 실상은 '조선왕조실록'이란 명칭 자체는 없다는 것이다. 태조 이성계부터 제25대 철종 임금의 1863년까지 472년의 왕의 역사를 기록한 것인데, 그 어느 시대 문서를 보더라도 '조선왕조실록'이라는 명칭 자체는 없다는 것이다. 나라 이름이 '달단'으로 불리거나 '한조선' 등으로 불리기도 했다.

그렇다면 조선왕조실록이란 이름은 일제강점기 이후부터 부르게 되었다고 봐야하지 않을까? 조선왕조실록으로 명명하면 한반도의 '코리아'가 '조선'으로 불리던 시기에 태조 이성계부터 472년간의 역사를 모두 집어넣을 수 있기 때문이다.

다만, 이 책에서는 각주 및 출처 기재 등에 한하여 조선왕조실록이란 명칭을 편의상 차용하기로 한다.

『태조실록』 1395년 12월 14일

《태조강헌대왕실록(太祖康獻大王實錄)》

『태조실록』 8권, 태조 4년(1395년) 12월 14일 계묘년 2번째 기사(태백산사고본, 2책 8권 15장 B면)[61]를 보자.

> 東北一道, 本肇基之地也, 畏威懷德久矣. 野人酋長遠至, 移闌豆漫皆來服事, 常佩弓劍, 入衛潛邸, 昵侍左右, 東征西伐, 靡不從焉. 如女眞則斡朶里豆漫夾溫猛哥帖木兒, 火兒阿豆漫古論阿哈出, 托溫豆漫高卜兒閼, 哈闌都達魯花赤奚灘訶郎哈, 參散猛安古論豆闌帖木兒, 移闌豆漫猛安甫亦莫兀兒住, 海洋猛安括兒牙火失帖木兒, 阿都哥猛安奧屯完者, 實眼春猛安奚灘塔斯, 甲州猛安雲剛括, 洪肯猛安括兒牙兀難, 海通猛安朱胡貴洞, 禿魯兀猛安夾溫不花, 斡合猛安奚灘薛列, 兀兒忽里猛安夾溫赤兀里, 阿沙猛安朱胡引答忽, 紉出闊失猛安朱胡完者, 吾籠所猛安暖禿古魯、奚灘

61 국사편찬위원회 조선왕조실록 (http://sillok.history.go.kr/id/kaa_10412014_002)

高麗時從南民以實之自義州至陽德徑築長城以固封疆然
不安其居數爲畔亂至於用兵以討之義州土豪張氏不遵朝
命南方之地倭寇肆暴東西數千里去海數百里屠燒城郭暴
骨原野絶無人烟安邊以北多爲女眞所占國家政令不能及
睿宗遣將深入克捷有功建置城邑然尋復失之覊縻而已
上受命以後聲敎遠被西北之民安生樂業田野日闢生齒日
繁義州張思吉願隷　上麾下得與開國功臣之列自後張氏
無復反側自義州至閭延沿江千里建邑置守以鴨綠江爲界
島倭革面來朝復通商賈南道之民安心奠居戶口益增雞鳴
狗吠相聞濱海之地斗絶之島墾田無遺不知兵革日用飮食
而已東北一道本肇基之地也畏威懷德久矣野人酋長遠至
移闌豆漫皆來服事常佩弓劒入衛　潛邸昵侍左右東征西
伐靡不從焉如女眞則斡朶里豆漫夾溫猛哥帖木兒火兒阿
豆漫古論阿哈出托溫豆漫高卜兒閼哈闌都達魯花赤奚灘
訶郞哈參散猛安古論豆闌帖木兒移闌豆漫猛安甫亦莫兀

『태조실록』 1395년 12월 14일

출처: 국사편찬위원회 조선왕조실록

http://sillok.history.go.kr/popup/viewer.do?id=kaa_10412014

孛牙, 土門猛安古論孛里, 阿木剌 唐括奚灘古玉奴. (兀郞哈)〔兀良哈〕則土門 括兒牙八兒速, 嫌眞兀狄哈則古州 括兒牙乞木那, 答比那, 可兒答哥, 南突兀狄哈則速平江 南突阿剌哈伯顔, 闊兒看兀狄哈則眼春 括兒牙禿成改等是也.

동북 지역의 한 도(道)는 (조선의) 왕업(王業)이 처음 일어난 곳으로 **야인(野人)의 추장(酋長)들이 왕의 위엄을 두려워하고 왕의 은덕을 기려온 지 오래이므로, 먼 곳으로부터 오고, 이란두만(移闌豆漫: 이름)도 모두 와서 태조(이성계)를 섬기었으되**, 항상 활과 칼을 차고 잠저(潛邸)에 들어와 (태조의) 좌우에서 가까이 모시었고, **(태조께서) 동쪽을 정복하고(東征), 서쪽을 정벌(西伐)할 때에도 따라다녔다.** 여진(女眞) 사람으로 알타리두만(斡朶里豆漫: 직책) 협온맹가첩목아(夾溫猛哥帖木兒: 이름) 화아아두만(火兒阿豆漫: 직책) 고론아합출(古論阿哈出: 이름) 탁온두만(托溫豆漫: 직책) 고복아알(高卜兒閼: 이름) 합란도 다루가치[62](哈蘭都 達魯花赤: 직책) 해탄가랑합(奚灘訶郞哈: 이름) 삼산맹안(參散猛安: 직책) 고론두란첩목아(古論豆闌帖木兒: 사람이름) 등이 그들이다.

위 기록 내용을 보면, 야인(野人: 들판에서 살아가는 민족 즉, 유목민)들의 추장이 오래전부터 태조 이성계의 위엄에 복종하고 은혜를 받아왔기 때문에 태조 이성계를 섬기고 동서를 정벌할 때 동행했다고 한다.

그런데 그들이 여진(女眞) 사람이라 했으니 만주(滿洲) 동부에 살던 퉁구스 계통의 민족[63]을 가리키는 것이고, 잠저(潛邸)라는 곳은 임금이 왕에 오르기 전에 머물던 곳으로 별궁(別宮)[64]이라고도 불린다.

❁ **이 내용에서 '왕업을 일으킨 동북 지역의 한 도'는 어디일까? 이성계가 동쪽을 정복하고 서쪽을 정벌할 때 따라다녔다는 부분이 조금 이상하지 않아? 한반도의 고려에서 한반도의 조선으로 바뀐 거라면 삼면이 바다인 반도에서 어디를 점령하고 정벌했다는 것인지 애매하거든. 서쪽으로 바다 건너서 정벌하러 간다고 하면 당시엔 명나라라고 할 것이고, 동쪽으로 간다고 하면 일본 정도일 것인데, 한반도 내로 한정하면 태조실록 내용이 맞지를 않거든.**

여기서 주목할 부분이 '합란도(哈蘭都)'다. 이곳은 원나라가 다루가치를 임명하여 군사 업무를 담당하게 하던 곳이기도 한데, 함주(咸州) 이북의 합란(哈蘭)을 가리킨다. 그렇다면 함주(咸州)는 어디에 있는 지역일까?

우리 역사에서는 함경남도 함흥(咸興)을 가리키는 조선 시대 이름이라고 말하는데, 이에 대해선 앞서 이미 알아본 바 있지만 다시 한 번 살펴보자.

다음은 『세종실록』 155권, 지리지 함흥부지리지 함길도 함흥부(咸興府) 편[65]이다.

定陵, 葬桓祖淵武聖桓大王; 和陵, 葬懿惠王后; 【在府東七里許信平部 歸州洞, 二陵同塋. 定陵在後, 和陵在前, 乙山乙坐辛向. 立碑亭, 各置陵

62 원(元)나라의 행정 · 군사를 담당하던 관직.
63 한국민족문화대백과사전(http://encykorea.aks.ac.kr/Contents/Index?contents_id=E0036518)
64 한국민족문화대백과사전(http://encykorea.aks.ac.kr/Contents/Index?contents_id=E0048193)
65 국사편찬위원회, 조선왕조실록(http://sillok.history.go.kr/id/kda_40011001)

直權務一人.】 義陵, 葬度祖恭毅聖度大王; 【在府東十四里禮安部 雲天洞, 乾戌山壬坐丙向. 立表石, 置權務二人.】 純陵, 葬敬順王后; 【在府東三十三里禮安部 大仇只洞, 坎山壬坐丙向. 立表石, 置權務二人.】 德陵, 葬穆祖仁文聖穆大王; 安陵, 葬孝恭王后. 【在府北三十里義興部 韃靼洞, 二陵同塋, 德陵在右, 安陵在左, 坎山癸坐丁向, 立表石, 各置權務一人. 右六陵 各置守護軍五戶, 給田人各二結.】

정릉(定陵)은 환조연무성환대왕(桓祖淵武聖桓大王)을 장사지냈고, 화릉(和陵)은 의혜왕후(懿惠王后)를 장사지냈으며, 【부의 동쪽 7리쯤 되는 신평부(信平部) 귀주동(歸州洞)에 있다. 두 능이 같은 영역(塋域)에 있는데, 정릉이 뒤에 있고, 화릉이 앞에 있다. 을산(乙山)에 을좌신향(乙坐辛向)이다. 비각[碑亭]을 세우고, 각기 능지기[陵直]와 권무(權務) 1인씩을 두었다.】 의릉(義陵)은 도조공의성도대왕(度祖恭毅聖度大王)을 장사지냈고, 【부(府)의 동쪽 14리 되는 예안부(禮安部) 운천동(雲天洞)의 건술산(乾戌山)에 있는데, 임좌병향(壬坐丙向)이다. 표석(表石)을 세우고, 권무(權務) 2인을 두었다.】 순릉(純陵)은 경순왕후(敬順王后)를 장사지냈다. 【부의 동쪽 33리 되는 예안부 대구지동(大仇只洞)의 감산(坎山)에 있는데, 임좌병향(壬坐丙向)이다. 표석을 세우고, 권무 2인을 두었다.】 덕릉(德陵)은 목조인문성목대왕(穆祖仁文聖穆大王)을 장사지냈고, 안릉(安陵)은 효공왕후(孝恭王后)를 장사지냈다. 【부의 북쪽 30리 되는 의흥부(義興部) 달단동(韃靼洞)에 있다. 두 능이 같은 영역(塋域)에 있는데, 덕릉이 오른쪽에 있고, 안릉이 왼쪽에 있으며, 감산(坎山)에 계좌정향(癸坐丁向)이다. 표석(表石)을 세우고, 각기 권무 1인을 두었다. 위의 6능에 각기 수호군 5호(戶)를 두고, 전지(田地) 2결씩을 주었다.】

위 내용의 핵심은 "정릉(定陵)은 이성계의 아버지 이자춘의 묘이고 귀주동에 있다. 의릉(義陵)은 이성계의 할아버지 이춘(李椿)[66]의 묘이며 운전사(雲田社)에 있다. 이안사의 묘도 있는데 이 묘소들은 남쪽으로 함관령(咸關嶺)에 걸쳐 있고, 동쪽으로 장성이 지나가고 있으며 '달단' 땅이라는 사실"에 있다. 그런데 조선사편수회에서 간행된 역사서에는 함흥(咸興)과 함주(咸州)에 이안사의 묘가 있다고 기록하였으니 어느 기록을 신뢰해야 할까?

『태조실록』 1권, 총서 6번째 기록에는 "목조가 죽자 공주에서 장사지내고 후에 함흥부로 옮겨 덕릉이라 하다"라고 기록(태백산사고본 1책 1권 2장 A면, 국편영인본 1책 1면)[67]하였다.

> 至元十一年甲戌十二月薨, 葬于孔州【卽慶興府.】城南五里, 後遷葬于咸興府之義興部 韃靼洞, 卽德陵.

> 지원(至元) 11년(1274) 갑술 12월에 훙(薨)하니, 공주(孔州)【곧 경흥부(慶興府)이다.】성(城) 남쪽 5리(里)에 장사하였다. 후일에 함흥부(咸興府)의 의흥부(義興部) 달단동(韃靼洞)에 옮겨 장사하였으니, 곧 덕릉(德陵)이다.

이번엔 『세종실록』 155권, 지리지(地理志) 함길도(咸吉道) 영흥대도호부(永興大都護府) 예원도지리지(預原郡地理志)에서 예원군(預原郡) 관련 기록(태백산사고본 59책 155권 7장 A면)[68]을 보자.

66 몽골식 이름은 발안첩목아(孛顔帖木兒)이다.
한국민족문화대백과사전(http://encykorea.aks.ac.kr/Contents/Index?contents_id=E0015 849)

67 국사편찬위원회, 조선왕조실록(http://sillok.history.go.kr/id/kaa_000006, http://encykorea.aks.ac.kr/Contents/Index?contents_id=E0048193)

68 국사편찬위원회, 조선왕조실록(http://sillok.history.go.kr/id/wda_40011002_003)

古長城基在郡南德化峴及廣城峴.【諺傳萬里長城接于道麟浦水中列木柵, 其遺根尙存, 浦東長城連木柵跨山十里許, 至于海涯. 城南有古倉基三處, 諺傳古元興､宣德鎭守禦時, 南道糧餉漕轉處.】驛二, 酒泉,【本屬豫州.】巨川.【本屬元興】烽火一處, 元定峴.【北準定平 城山, 南準永興古寧仁.】

옛 장성(長城) 터가 군의 남쪽 덕화현(德化縣)과 광성현(廣城峴)에 있다.【속설에 전하기를, "만리장성(萬里長城)은 도린포(道麟浦)에 닿아서 수중(水中)에 목책(木柵)을 벌여 세웠다." 하는데, 그 유근(遺根)이 아직도 남아 있다. **도린포 동쪽으로 장성(長城)이 목책과 연하여, 산을 타고 10리쯤 내려가서 바닷가에 이른다.** 성(城) 남쪽에 옛 창고 터가 3곳이 있는데, 속설에 전하기를, "옛날 원흥진(元興鎭)·선덕진(宣德鎭)을 수어(守禦)할 때, 남도(南道)의 군량[糧餉]을 조전(漕轉)하던 곳이다." 한다.】역이 2이니, 주천(酒泉)【본래 예주(豫州)에 속하였다.】거천(巨川)이요,【본래 원흥(元興)에 속하였다.】봉화가 1곳이니, 원정현(元定峴)이다.【북쪽으로 정평(定平) 성산(城山)에 응하고, 남쪽으로 영흥(永興)의 옛 영인(寧仁)에 응한다.】

위 기록에 따르면, **만리장성이 예원군 도련포 동쪽으로 내려가서 바다와 닿는다고 하였다.** 바닷속에는 나무로 받침(책)을 쌓고 그 위에 만리장성을 세웠다는 사실도 기록되어 있다. 위 내용은 또 어찌된 일일까?

만리장성이 한반도까지 이어져서 동해로 연결되었다는 건가? 조선이 한반도에 있다고 하면 이해할 수가 없는 기록이잖아.

公裴孫許元亡來姓十五全高尹李石金弘盧安吳朴林位韓崔亡村落姓二金全宣
德鎭入姓二韓金登州亡入姓五十二李全道口金化慶州林東州一本作通州兔山朴蔚州李江陽京山
崔稷山永同弘崔永同曹沙川平康高甫州吳遂安黃州公河陰劉永州金鳳化寧州安峽豐角押海裴彩雲鄉鄭
冶爐韓楊岩楊州谷州孫安峽沈禮山全谷州姜晋州趙橫川孟長楊皮洪川盧金城張楊
口魏伊川崔尹朴文州盧李現德吳朴崔金宜州桑全登州弘鐵関劉隘守吳康永
豐朴雲林許汶山金泝川崔張靜戍尹定州金元興高寧仁吉玄瑞谷續姓一安長鬐
墾田三千六百八十二結水田七分之一少土宜五穀桑麻土貢豹皮狸皮狐皮紅花芝草
黃蠟藥材麝香牧丹皮安息香人參土産黃毛大口魚年魚古道魚黃魚松魚行魚全鮑
生鮑紅蛤細毛牛毛塩盆十四陶器所一在郡西廣城嶺下瓮洞里下品古長城基
在郡南德化峴及廣城峴諺傳萬里長城接于道鱗浦水中列木柵其遺根尚存浦東山長城連木柵跨山十里許至于海涯城南有古倉基三處諺
傳古元興宣德鎭守禦時南道粮餉漕轉處驛二酒泉本屬豫州巨川本屬元興烽火一處元定峴北准定平城山南准
永興古寧仁
安邊都護府使一人兼永興道左翼兵馬 本高句麗淺城郡一云比列忽郡新羅眞興王
十七年丙子梁大平元年為比列州置軍主景德王改朔定郡至高麗改為登州成宗乙未

『세종실록』 155권 지리지 함길도 영흥 대도호부 예원군

출처: 국사편찬위원회 조선왕조실록

http://sillok.history.go.kr/popup/viewer.do?id=kda_40011002_003&type=view&reSearchWords=&reSearchWords_ime=#

다시 보자. 『세종실록』 155권, 지리지(地理志) 함길도(咸吉道) 영흥대도호부(永興大都護府) 편이고, 태백산사고본 59책 155권 4장 B면[69]이다.

牧場一, 末應島. 【在府東九十里, 放國馬一百二匹.】 要害, 馬餘嶺, 【在府西.】 長城關門. 【在府北】

목장(牧場)이 1이니, 말응도(末應島)이다. 【부의 동쪽 90리에 있는데, 국마(國馬) 1백 2필을 방목(放牧)한다.】 요해(要害)는 마여령(馬餘嶺) 【부의 서쪽에 있다. 】 장성 관문(長城關門)이다. 【부의 북쪽에 있다.】

위 기록에 따르면, 영흥대도호부(영흥)를 설명하면서 영흥대도호부의 북쪽에 '만리장성의 관문'이 있다고 기록했다. 그런데 조선사편수회는 '영흥(永興)'을 가리켜 함흥(咸興)이라고 했다. 그곳 '함흥'에 만리장성이 지나가는가? 관문이 있는가?

과연 함주는 어디인가?

생각해 보자. 예를 들어, 청나라 역사책 『만주원류고(滿洲源流考)』에서도 만리장성은 명나라와 몽골의 경계였고 그 동쪽 끝이 바다로 이어지는 장성이다. 이러한 기록에 의하면 함주는 어디인가? 함주를 알면 합란도를 알 수 있다. 그렇다면 합란도는 어디인가? 그리고 합란도의 다루가치가 태조 이성계에게 오려면 어느 길을 이용해서 와야 하는가?

69 국사편찬위원회 조선왕조실록(http://sillok.history.go.kr/id/wda_40011002)

餘嶺(在府西) 長城關門(在府北) 烽火二處 古寧仁(北准預原元定峴南准鎭戍) 鎭戍(西南准高原熊望山南准龍津榆岾) 海
島三 大都島(在府東古避亂處有土城基去陸六里) 茅島(在府東大都島南十里去陸三里) 熊島(在府東大都島東十五里去陸十五
里春秋令所在官行祭右三島各有農戶一二) 所領郡三 高原 文川 預原
高原郡 知郡事一人 兼永興道右翼兵馬 古稱德寧鎭 高麗光宗二十四年癸酉(宋開寶六
年) 始築城 顯宗時改稱高州防禦使 恭愍王丙申 爲知高州事 本朝 太宗癸巳 例改
今名 屬鎭一 隘守 古稱梨柄 高麗成宗二年癸未(宋太宗太平興國八年) 始築城 本隸文州 恭愍
王九年庚子(元至正二十年) 來屬 今仍稱鎭 司 椵山(在郡西郡人以爲鎭山) 熊望山(在郡南) 德之川(其源有二一出
平安道陽德境串餘嶺一出永興府竹田嶺到照章灘合流過郡治西南入海是捕年魚處漁利爲一道之冠) 四境 東距龍津蛤灘二十六里
西距平安道陽德縣七十七里 南距文川箭灘二十六里 北距永興質城門三里許 戶
六百三十五 口一千一百七十八 軍丁 翼屬軍一百七十六 船軍八十一 守城軍十
本郡土姓四 韓(洪武三十一年戊寅戶口云登州來) 金李曹 亡姓二十二 孫崔朴高芳尹洪康張白沈劉
姜吳梁耿宋元智許林石 亡來姓十六 金安康玄高宋林成孫禹洪耿韓梁龍崔 隘守
鎭亡姓二 吳夜 亡次姓九 金許庾任赫車房韓禹 亡村落姓六 韓房康李金庾 續姓一
韓 墾田五千九百八十一結(水田只三百結) 土宜 五穀 桑麻 梨 林檎 土貢 狸皮 狐皮 紅花

세종실록 155권 지리지 만리장성 영흥

출처: 국사편찬위원회 조선왕조실록
http://sillok.history.go.kr/popup/viewer.do?id=wda_40011002&type=view&reSearchWords=&reSearchWords_ime=#

지금까지의 이야기를 염두에 두고 다시 한 번 「곤여만국전도(坤輿萬國全圖)」[70]를 보자.

대륙에서 만리장성(지도에서 붉은색 줄 친 부분) 북쪽으로 중앙아시아 및 동쪽과 서쪽을 아우르는 광대한 영토를 지닌 국가가 있다. 그 이름이 '달단(韃靼)'으로 표기되어 있다. 맹가첩목아[71] 관련 사료가 전해지는 여진족의 위치를 보자. 한반도 위쪽으로 동북쪽 방향에 '여진(女眞, 지도에는 女直으로 표기)'이 있다. 여진족 영토는 코리아(조선)와 명나라와 달단까지 3개국과 마주하고 있다.

지도상에서 '명나라(大明)'는 대륙에서 만리장성 아래쪽으로 동남지역에 해당되고, 동북쪽 끝부분 일부가 여진과 국경을 마주하고 있는 게 보인다.

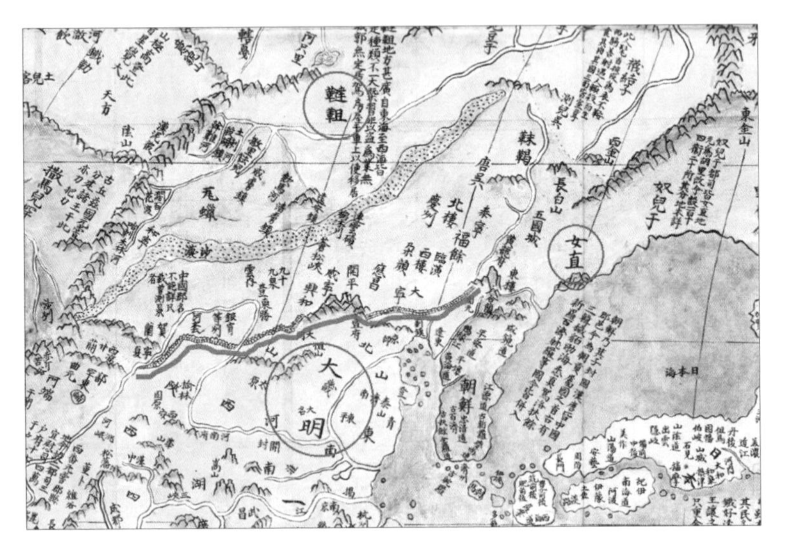

곤여만국전도 중 달단

출처: 일본 도호쿠 대학도서관 '카노컬렉션'
Image Database of the Kano Collection_ Tohoku University Library

시기적으로는 1400년대에서 200여 년이 지난 17세기에 만들어진 지도이지만 조선 시대 왕조실록의 기록과도 일치한다는 걸 알게 된다. 명나라가 사신을 보내어 맹가첩목아에게 조선 대신 명나라를 섬기라고 말했다는 『태조실록』의 기록과도 연관하면 조선과 명나라가 형제 관계였다는 사실, 조선이 1385년에도 존재했다는 사실 등이 모두 확인되어 기록과도 일치하는 걸 알 수 있다.

다만, 한반도 지역을 보자.

조선이라고 표시되어 있는데 태조 이성계의 '달단'과 구분을 해야 하는 지역이다. 1392년 무렵, 고려의 왕이 정치를 못하고 백성들이 고통에 빠지자 고려 백성들이 이氏 성을 가진 가문에게 통치를 맡긴 것이라는 기록을 보면, 결국엔 태조 이성계가 진출하여 고려의 국왕까지 교체하고 달단의 제후국으로 삼았다는 사실을 알 수 있다. 그리고 당시에 형제 관계 정도로 가까웠던 명나라에게는 코리아의 국호를 '고려'와 '조선' 중에서 '조선'으로 변경했다고 통지했다[72]는 기록과도 다르지 않다는 걸 알 수 있다.

고려가 망하고 1392년에 한반도에서 조선이 건국된 게 아니라, 1380년대에 이미 조선이 만리장성 북쪽에 건국되어 존재하였는데 태조 이성계가 자신의 이름을 단으로 정하고, 나라 이름을 '달단'으로 부른 것이다.

한반도의 코리아는 왕요 시대에 이진진이 총리였는데 이후에도 이

70 곤여만국전도(坤輿萬國全圖) : 17세기 Matteo Ricci(마테오 리치)
Image Database of the Kano Collection_ Tohoku University Library

71 맹가첩목아(먼터무: 孟特穆, 1370년~1433년): 청나라 태조 누르하치의 6대조.

72 명나라 입장 등을 담은 일부 사서에서는 국호 변경을 허락하였다고 하나, 당시 명나라와 외국 사이 기록을 보면 명나라는 모든 교류를 명나라 입장에서 조공을 받는다는 식으로 기록하였다. 당시 코리아의 국호 변경에 대해 태조 이성계의 통지가 명나라 입장에서 거만하게 느껴졌다는 관련 기록 등을 참고한다면 코리아의 국호 변경은 명나라의 승인이 아닌, 태조 이성계의 결정이었다고 보인다.

씨 가문이 통치를 하게 되면서 국호를 '조선'으로 바꾸었다는 사실(뒤 알드, 『중국통사』)도 확인이 되는 것이다.

그렇다면 우리가 '조선왕조실록'이라고 부르는 게 올바른 것인지 의문을 갖게 된다. 태조 이성계부터 '조선왕조실록'이라고 정하고 책으로 기록한 게 아니기 때문이다. 단지, 태조 이성계부터 각 권마다 첫줄에 "○○大王實錄"이라고 쓴 것이고, 책 순서를 "卷之○○"라고 표기한 것이며, 연월일 순서대로 내용을 쓴 것73이 전부이다.

그렇다면 우리가 '조선왕조실록'이라고 부르는 건 올바르지 않지. '실록'이라고만 부르면 돼. 그런데 '조선왕조실록'이라고 하면 한반도의 코리아가 조선으로 이름을 바꾼 거랑 겹치게 되고, 태조 이성계의 역사가 한반도 역사로 들어오게 되어버리는 거야. 조선이 아닌데 조선이라고 전제하고 들어가게 되는? 역사가 혼동되는 무서운 일이 생기는 거야. 그렇다면 처음부터 조선왕조실록이란 것 자체가 없었던 거야?

그렇다. '조선왕조실록'이란 명칭은 없다. 오로지 '실록'만이 존재할 뿐이다.

그러므로 태조 이성계 실록부터 '조선왕조실록'이라고 부르는 것 자체를 그만둬야 한다. 자칫하다간 한반도 코리아의 조선 시대와 겹치게 되고 대륙을 지배하던 태조 이성계부터의 역사가 한반도 안에 갇히게 된다. 그러므로 이 책에선 태조 이성계부터 시작된 나라 이름을 '달단'이라고 부를 것이다.

앞 지도에서 대륙의 만리장성 서쪽에 위치한 '달단' 영토를 보자.

참고로 일본에서 이 지도를 만들 때 표기하기를 '중국군명 불능상척(中國郡名不能詳尺)'이라고 하여 '나라 안의 군 명칭은 자세한 축척이 불가능하다'고 하였다.

만리장성 위쪽으로 기재되었으므로 달단의 영토에 대한 것임을 알 수 있고, 나라 안의 군 명칭들은 자세한 축척이 불가능하여 위치를 기재하였다는 것인데, 여기서 반드시 기억해야 할 것은 '중국'이란 단어가 나라 이름이 아니라 '나라 안'을 의미한다는 점이다.

그렇다면 우선 '중국'이란 의미를 생각해볼 때, 윤봉길 의사가 쓴 '중국'이란 단어의 의미, 세종대왕의 훈민정음에 나오는 '중국'이란 단어의 의미도 이해되지 않는가? 나라 이름이 아닌 '나라 안'이라는

곤여만국전도 중 '중국군명 불능상척' 부분
출처: 일본 도호쿠 대학도서관 소장 '카노컬렉션'

73 국사편찬위원회, 조선왕조실록(http://sillok.history.go.kr/intro/intro.do)

의미에 지나지 않을 뿐이다.

그 이유로, 당시의 제후국들이 '國'이란 글자를 사용하였으므로 모든 제후국들의 가장 중심이 되는 곳이 바로 '中國'으로 표기된 것이라고도 보는 이유다.

다음은 한반도 남쪽의 지명들을 보자.

한반도에서 서쪽부터 동쪽으로 '고부여', '고백제', '충청도', '강원도', '고신라', '경상도'로 구분되어 있는 걸 확인할 수 있어. 그렇다면 17세기의 한반도에는 8도가 아니었고, 시대적으로 필요에 따라 나라 이름을 정하기도 하고 지명을 다르게 정했던 것은 아닐까?

참고로, 코리아의 이름이 '조선'으로 정해지는 상황에 대해 『태조실록』에 관련 기록이 있으므로 살펴보자.74

『태조실록』 3권, 태조 2년(1394년) 2월 15일 경인 1번째 기사(태백

곤여만국전도 중 '한반도 남쪽' 부분
출처: 일본 도호쿠 대학도서관 '카노컬렉션'

산사고본 1책 3권 3장 B면 기록)[75]이다.

庚寅/ 奏聞使韓尙質來傳禮部咨, 上向帝闕, 行謝恩禮. 其咨曰:

本部右侍郞張智等, 於洪武二十五年閏十二月初九日, 欽奉聖旨: "東夷之號, 惟朝鮮之稱美, 且其來遠, 可以本其名而祖之. 體天牧民, 永昌後嗣." 欽此, 本部今將聖旨事意, 備云前去.

上感悅, 賜韓尙質田五十結, 下敎境內:

王若曰, 予以涼德, 荷天休命, 肇有邦國. 向遣中樞院使趙琳, 奏聞于帝, 報曰: "國更何號, 星馳來報." 卽令僉書中樞院事韓尙質請更國號, 洪武二十六年二月十五日, 韓尙質賫禮部咨文以來. 本部右侍郞張智等於洪武二十五年閏十二月初九日, 欽奉聖旨: "東夷之號, 惟朝鮮之稱美, 且其來遠, 可以本其名而祖之. 體天牧民, 永昌後嗣." 玆予不穀, 豈敢自慶! 實是宗社生靈無疆之福也. 誠宜播告中外, 與之更始. 可自今除高麗國名, 遵用朝鮮之號.

독자들의 이해를 돕기 위하여 왕조실록 원문 구절과 해석을 일일이 비교하기로 하겠다.

庚寅/ 奏聞使 韓尙質 來 傳 禮部 咨, 上向帝闕, 行謝恩禮. 其咨曰

74 이 책에서는 『태조실록』 원문에 없는 단어는 상상하여 붙이지 않고, 『태조실록』에 기재된 단어만을 근거하여 해석했음을 미리 밝혀둔다. 다만, 독자들의 비교 이해를 위한 학술적 목적을 위하여 국사편찬위원회에서 제공하는 우리말 해석을 첨부하였다.

75 국사편찬위원회 조선왕조실록(http://sillok.history.go.kr/id/kaa_10202015_001)

恬審漕運便否程途險易又 命義安伯和及南誾審城郭形
勢○乙酉三司左僕射領書雲觀事權仲和進新都 宗廟社
稷宮殿朝市形勢之圖 命書雲觀及風水學人李陽達裴尚
忠等審視面勢判內侍府事金師幸以繩量地○丙戌以金湊
爲藝文春秋館大學士韓尚質僉書中樞院事都興李茂開城
尹柳亮中樞院副使南在中樞院學士安景恭司憲府大司憲
兼都評議使司使朴信司憲侍史○駕登新都中心高阜 周
覽形勢問 王師自超以不能知對○戊子 上發雞龍山留金
湊及同知中樞朴永忠前密直崔七夕監營新都○己丑 還
至清州○庚寅奏聞使韓尚質來傳禮部咨 上向 帝闕行
謝 恩禮其咨曰本部右侍郎張智等於洪武二十五年閏十
二月初九日欽奉 聖旨東夷之號惟朝鮮之稱美且其來遠
可以本其名而祖之體天牧民永昌後嗣欽此本部今將 聖
旨事意備云前去 上感悅賜韓尚質田五十結 下教境內
王若曰予以凉德荷天休命肇有邦國向遣中樞院使趙琳

『태조실록』 3권, 조선국호 기록

奏聞于 帝勅曰國更何號星馳來報即令僉書中樞院事韓
尙質請更國號洪武二十六年二月十五日韓尙質賫禮部咨
文以來本部右侍郎張智等於洪武二十五年閏十二月初九
日欽奉 聖旨東夷之號惟朝鮮之稱美且其來遠可以本其
名而祖之體天牧民永昌後嗣玆予不穀豈敢自慶實是 宗
社生靈無疆之福也誠宜播告中外與之更始可自今除高麗
國名遵用朝鮮之號 屬玆初服宜示寬恩其在洪武二十六年
二月十五日昧爽以前二罪以下已發覺未發覺已結正未結
正咸宥除之敢以宥旨前事相告言者以其罪罪之於戲創業
垂統既得更國之稱發政施仁當布勤民之治○門下左侍中
趙浚等遣左諫議大夫李湜奉箋陳賀箋曰聖人啓統奄臨箕
子之舊封 帝命用休申錫朝鮮之美號光榮 宗社喜溢臣
民恭惟 殿下邁舜文明齊湯勇智順謳歌之所屬膺曆數之
攸歸推廣臨下之仁益勤事大之禮一札十行之詔先正其名
億載萬年之基自今伊始臣等阻陪天仗雖未詣駿奔之班嘉

太祖大王實錄卷第三 四

『태조실록』 3권, 조선국호 기록

출처: 국사편찬위원회 조선왕조실록
http://sillok.history.go.kr/popup/viewer.do?id=kaa_10202015_001&type=view&reSearchWords=&reSearchWords_ime=#

경인/ 주문사(奏聞使: 직책) 한상질(韓尙質)이 와서 예부(禮部: 정부조직 6부의 한 곳)의 자(咨: 의논)를 전달하면서, 임금이 계신 제궐(황궁)을 향하여 은혜에 감사하는 예(禮)를 행하였다. 그 자(咨)에 이르기를

本部 右侍郎 張智 等, 於洪武二十五年閏十二月初九日, 欽奉聖旨

본부(本部: 우리 부서를 부르는 말)의 우시랑(右侍郎: 직책) 장지(張智) 등이 홍무(洪武) 25년 윤 12월 초 9일에, 임금의 뜻을 공경하여 받들었는데,

"東夷之號, 惟朝鮮之稱美, 且其來遠,

동이(東夷)를 부르는 호칭은, 생각컨대 '조선'이 부르기에 아름답고, 오래되었으니,

可以本其名而祖之. 體天牧民, 永昌後嗣.

그 명칭을 따라 선조를 본받는 게 좋다. 하늘의 명에 따라 백성을 다스려서, 후대에 이어 오래 번성하라.

欽此, 本部今將聖旨事意, 備云前去.

이에 공경하여, 본부(本部)는 지금부터 임금의 뜻의 의의를 갖추어 앞서도록 하라.

上感悅, 賜韓尙質田五十結, 下教境內

임금이 감격해 기뻐하여, 한상질에게 밭 50결을 주라며 경내(境內)에서 명령하였다.

王若曰, 予以涼德, 荷天休命, 肇有邦國.

왕은 이르노라. 내가 덕이 적은 사람으로서 하늘을 공경하여 명령을 받아 방국을 다스리게 되었다.

그런데 여기서 눈여겨볼 단어가 '방국(邦國)'인데, '방국'은 단순히 나라를 가리키는 게 아니라는 점이다. **'방국'이란 제후가 황제로부터 땅을 받아 세운 나라(제후국)를 일컫는 말이다. 황제가 제후에게 주는 땅을 '봉토'라고 부르고, 봉토를 받아 세운 나라를 '방국'이라고 부른다.**[76]

대륙에서 시행된 '방국' 제도란 봉건(封建) 제도와 맥락을 같이한다. 가령, '황제'가 '제후'를 임명하여 땅을 하사하고, '제후'는 '대부'를 임명하여 땅을 하사함으로써 '황제〉제후〉대부'의 서열로 통치하는 제도인데, 황제가 제후들에게 하사하는 땅이란 의미로 등장한 단어가 '국(國)'이고, 제후들이 방국을 나눠서 대부들에게 하사한 땅이란 의미로 등장한 게 '가(家)'라는 단어가 된다.[77]

그러므로 윗글은 황제로부터 땅을 받아 제후국의 왕이 되었다는 의미가 된다. 그런데 이상하지 않은가? 태조 이성계가 황제를 섬기는 제후국의 왕이라니? 맹가첩목아가 명나라 사신을 무시하면서까지 조선을 섬기겠다는 맹세를 다룬 『태조실록』 기록과 일치하지 않는다.

❖ 과연 이 단락에서 임금은 누구를 가리키는 것일까?

76 이미정, 『외우지 않고 익히는 그림을 품은 한자』(들녘, 2015), 1권 313쪽.
77 이중톈(易中天) 저, 김택규 역, 『이중톈 중국사 05: 춘추에서 전국까지』(글항아리, 2015).

태조 이성계인가 아니면 한반도 코리아의 임금인가?

만약 한반도 코리아의 임금이라면 황제는 누구인가?

게다가 그 당시에도 조선이 존재하였던 것인데 다시 '조선'이란 국호를 사용할 수 있게 되었다고 기뻐하는 임금의 모습이라니? 어딘가 낯설다. 다만, 위 『태조실록』 기록에서는 임금의 이름이 기록되지 아니하고 '상(上)' 또는 '왕(王)'으로만 표현되어 있으니 난감하다.

자, 우선은 다음 문장을 보자.

> 向遣 中樞院 使 趙琳, 奏聞于帝, 報曰: "國更何號, 星馳來報."
>
> 중추원(中樞院) 관리(使) 조임(趙琳)을 보내어 황제에게 주문(奏聞: 여쭈어 듣고자 하다)하였더니, 알려오기를, '국國을 무엇으로 부르기로 고쳤는지 빨리 와서 보고하라.' 하였다.

> 卽令 僉書中樞院事 韓尙質 請 更 國號, 洪武二十六年二月十五日, 韓尙質 齎 禮部咨文以來
>
> 즉시 첨서중추원사 한상질(韓尙質)에게 국호(國號)를 고쳐줄 것을 부탁하였더니, 홍무(洪武) 26년 2월 15일에 한상질이 예부(禮部)의 자문(咨文)을 가지고 왔는데

여기서 단어 '청(請)'이라는 단어를 눈여겨보자. 부탁하다는 의미다. '첨서중추원사'란 고려 시대의 관직인데 문종이 1차 시행하였고 1356년에 2차로 시행된 관직[78]이다. 고려 시대 중추원의 정3품 관직이다. 그런데 이 관직은 1275년에 한 번 폐지되었다가 1362년에 다시 폐지되었다. 하지만 위 내용의 『태조실록』 3권은 태조 2년(1394년) 2월 15일 기록이다.

❖ 이상하지 않은가. 고려 시대 정3품 관료에게 나라 이름을 정해달라고 부탁한다?

고려 시대 그것도 1362년에 이미 사라진 관직인데 어째서 30년이나 지나서 『태조실록』 1394년 2월 15일자 기록에 다시 등장하는 것일까? 그것도 '부탁한다'는 상대방으로 기록된다. 누가 누구에게, 정3품이 나라 이름을 정할 위치인가부터 의문이다.

그래서 위 내용을 합리적으로 생각해 본다면, 코리아에서 새롭게 된 제후(임금)가 대륙의 조선이 '달단'으로 국호가 변경된 후에 달단에 사신을 보내어 나라 이름을 정해달라고 한 것이고, 이에 달단의 황제인 태조 이성계가 코리아 제후에게 '조선'이란 이름을 사용해도 된다고 말해준 것은 아닐까? 그리고 이와 같은 사실을 적어서 서신으로 명나라에게 통지해 준 것으로 본다면?

다음 문장을 이어서 살펴본다.

> 本部右侍郎張智等於洪武二十五年閏十二月初九日, 欽奉聖旨: "東夷之號, 惟朝鮮之稱美, 且其來遠, 可以本其名而祖之 體天牧民, 永昌後嗣."
>
> 본부(本部)의 우시랑(右侍郎) 장지(張智) 등이 홍무(洪武) 25년 윤12월 초9일에, 임금의 뜻을 공경하여 받들었는데, "동이(東夷)를 부르는 호칭은, 생각하건데 '조선'이 부르기에 아름답고, 오래되었으니, 그 명칭을 따라 선조를 본받는 게 좋다. 하늘의 명에 따라 백성을 다스려서, 후대에 이어 오래 번성하라"고 하였다.

78 한국민족문화대백과사전(http://encykorea.aks.ac.kr/Contents/Index?contents_id=E0056195)

茲予不穀, 豈敢自慶! 實是 宗社 生靈 無疆之福也. 誠宜播告中外, 與之更始.

지금 내가 녹(곡식)을 주는 게 아닌데, 어찌 감히 스스로 기뻐하겠는가? 실로 이것은 종사(宗社: 종묘사직)와 살아 있는 백성들에게 무궁한 복(福)이다. 진실로 중앙과 외부에 널리 알려서 그들과 함께 고쳐 시작하게(부르게) 할 것이다.

可自今除高麗國名, 遵用朝鮮之號.

지금부터 고려(高麗)라는 국명은 없애고 조선(朝鮮)으로 지켜 사용하게 할 것이다.

위에서 봉건 제도와 제후국을 설명하면서 '국(國)'이란 글자의 등장에 대해 설명한 내용을 기억하자. 윗글에서 본다면 제후국 '고려' 대신 '조선'이 제후국 명칭이 되었다는 이야기다.

❖ 하나의 『태조실록』에서 서로 다른 역사를 기록하는 게 가능할까?

대륙에 조선이 있었는데, 1392년 태조 이성계가 나라 이름을 '달단'으로 바꾸었고, 영어로는 '타타리'로 불렸다. 달단의 제후국인 한반도의 코리아가 그 뒤를 이어 '조선'이라는 이름을 사용하게 된 것으로 볼 수 있지 않을까?

그런데 의문이 생긴다.

❖ 명나라 연호를 사용하면 명나라의 제후국인가?

『태조실록』에서 홍무(洪武) 25년 윤 12월 초 9일 식으로 명나라의 연호를 사용한 이유가 무엇일까?

'홍무(洪武)'는 명나라 태조 홍무제의 연호로 1368년부터 1398년까지 31년간 쓰였다. 홍무제의 이름은 '주원장'이다. 주원장은 1328년 10월 21일 태어나 1398년 6월 24일 70세에 사망한 것으로 알려졌다.

그런데 A나라에서 B나라의 연호를 사용한다고 하더라도 그 자체로 A나라를 B나라의 제후국이니 종속국이라고 단정 지을 수는 없다. 왜냐하면 현대를 살아가는 우리도 서기 2018년 7월 30일처럼 서양의 연월일을 사용하기 때문이다. 동일한 연월일을 사용한다고 해서 우리나라가 서양 세계의 제후국은 아닌 것과 같다.

❖ 『태조실록』에서 上과 王은 누구인가?

앞의 '첨서중추원사' 관련 기록 등을 근거로 생각한다면 코리아 제후를 가리키는 용어로 생각하게 된다. 추가적으로, 대륙에 고구려와 고려가 존재하였듯이 한반도에도 고려가 동시에 존재하였기 때문이다.

즉, 고려라는 국호가 한반도에서는 Corea라고 표기되었다는 점 등을 종합해서 생각할 때, 왕건의 고려가 아니라 한반도의 고려(Corea)에 국한된 이야기라는 것에 의중이 실린다.

가령, 앞의 태조실록 기록에서 제일 마지막 문장을 살펴보자.

可自今除高麗國名, 遵用朝鮮之號。

지금부터 고려(高麗)라는 국명은 없애고 조선(朝鮮)으로 지켜 사용하게 할 것이다

『태조실록』의 이 문장을 글자 그대로 해석하여 '한반도가 고려였으며, 고려의 뒤를 이어 조선이 한반도에 있었다'라고 하는 주장은 결국 설득력이 떨어질 수밖에 없다. 그 이유로 다음의 지도를 보자.

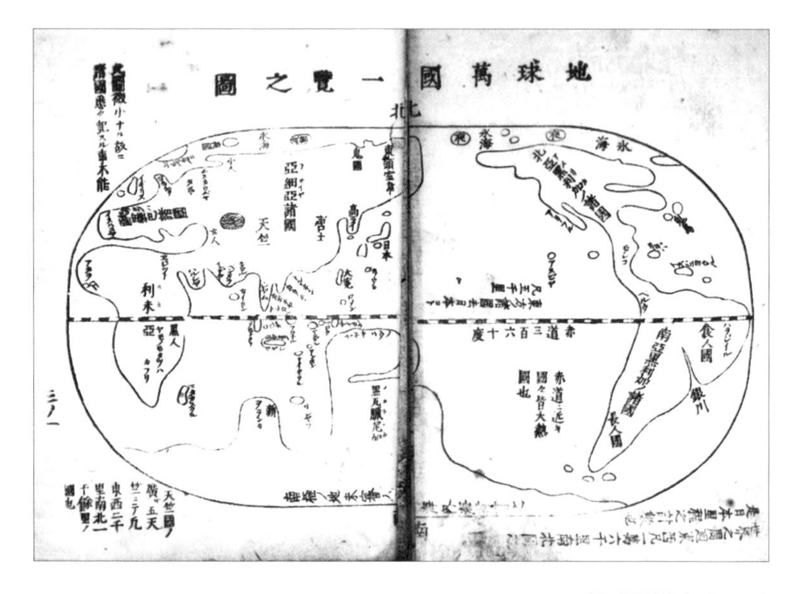

지구만국일람지도(1708년)

'지구만국일람지도'는 일본에서 1708년에 만든 지도다. '지구만국일람지도'라는 이름에서 알 수 있듯이 지구 상의 국가들을 표시한 지도이다. 다만, 정확한 축척을 사용하였다기보다는 대략적으로 지구 상의 나라 위치를 표시한 것으로 보인다.

그런데 지도에서 한반도를 눈여겨보기 바란다.

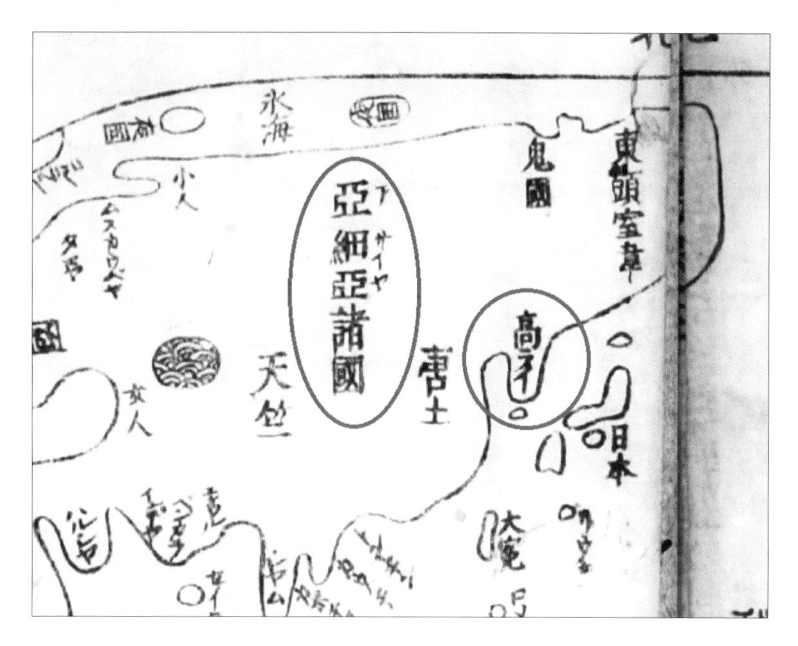

지구만국일람지도 중 한반도

한반도의 나라 이름이 '高ライ'라고 쓰였다. 일본어식 발음으로 '코라이'다. 영어표기로 Korai라고 쓸 수 있다. 그리고 '高ライ'의 한자 표기는 高麗다.

1708년 일본에서 한반도에 존재하는 나라를 고려(高麗, 高ライ)라고 기록하고 있었다는 사실은 무엇을 말하는 것일까?

이번엔 위 지도에서 대륙의 중앙아시아 지역을 보자. '아세아 제국(亞細亞諸國)'이라고 표기하고 있다. 1708년에 작성된 지도이다. 조선은 숙종 34년에 해당되는 시점이다. 필자는 지금까지 역사를 배우면서 '아세아 제국'에 대해서 들은 바가 없다. 조선의 19대 왕 숙종(肅宗, 1661년~1720년)에 대해서도 배웠지만, 어째서 단 한 번도 아세아 제국에 대해 기억나는 내용이 없을까?

'아세아 제국(亞細亞諸國)'은 어디일까? 한반도에는 분명 '코라이'가 있다고 기록되어 있다. 그렇다면 조선은 어디에 있는가? 혹시 대륙의 아세아 제국이 조선을 가리키는 것은 아닐까? 조선이 존재하였다가 여러 나라로 분리된 상태를 나타내는 것도 아니고, 조선에는 『숙종실록』이 기록되고 여전히 건재한 상태였기 때문이다.

참고로 여기서 알아둬야 할 것이 있다. '제국(帝國)'과 '제국(諸國)'은 의미가 다르다. '帝國'은 황제가 다스리는 나라이다. 그와 비교하여, '諸國'이란 여러 나라를 말한다. 이른바, 제후국으로 이뤄진 국가 형태를 가리킨다. 그렇다면 이 지도에서 아세아 제국이란 '대륙에 있는 여러 나라'를 가리키는 단어일까?

1715년 영국에서 제작한 아시아 지도를 살펴보자.

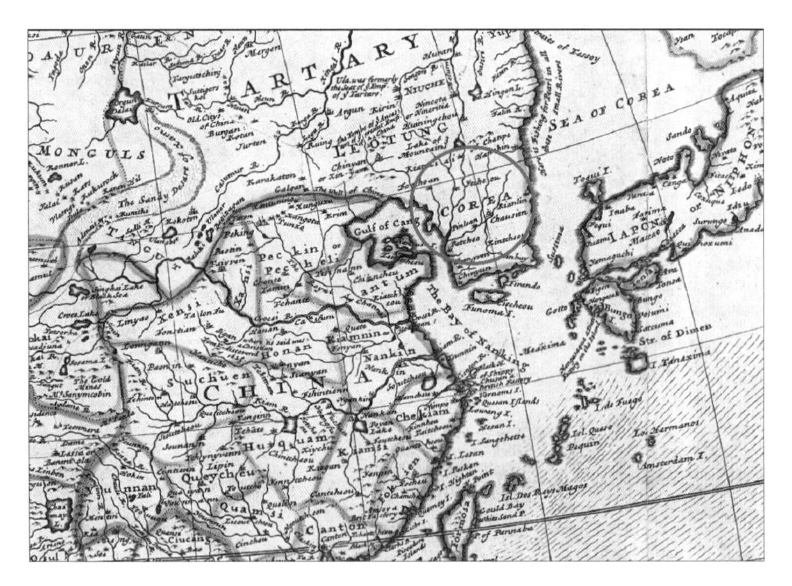

1715년 아시아 지도에 표기된 고려

출처: 서던캘리포니아대학교도서관

http://digitallibrary.usc.edu/cdm/singleitem/collection/p15799coll71/id/336/rec/1

1715년에 영국의 지도 제작자 헤르만 몰(Herman Moll)이 제작한 지도인데, 지도 크기는 64×104cm이다. 1715년은 숙종 41년 때이다. 이 시점에서도 여전히 한반도는 고려(Corea, 고려국)였을 뿐이다.

이번에는 1740년대 제작된 지도를 보자. 미국 서던캘리포니아대학교에서 소장하고 있는 1740년 당시의 아시아 지도다. 이 지도는 프랑스인 지도 제작자 '디디에 로베르 드 보곤디(Didier Robert de Vaugondy, 1723년~1786년)'가 1740년에 제작하여 아베크 프리빌레(Avec privilege) 출판사가 1749년에 간행하였다. 인쇄본 크기는 21×28cm이다.

1740년 고려국

출처: 서던캘리포니아대학교도서관
http://digitallibrary.usc.edu/cdm/singleitem/collection/p15799coll71/id/352

지도에서 한반도는 고려국(Kao li koue: 高麗國)이라고 분명히 표기되어 있고, 한반도의 북쪽은 타타리(Tatarie: 달단)라고 표기하고 있다.

지도를 조금 더 확대하여 보자.

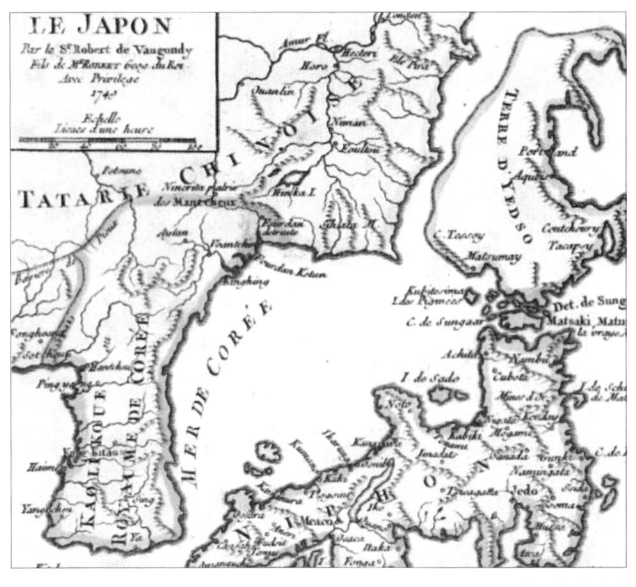

고려국 확대 사진

출처: 서던캘리포니아대학교도서관
http://digitallibrary.usc.edu/cdm/singleitem/collection/p15799coll71/id/352

한반도와 대륙에 표시된 명칭이 더 확실하게 확인된다.

1740년대는 조선의 영조(英祖, 1694년~1776년) 시대이다. 영조는 조선의 21대 왕으로 1724년 10월 16일부터 1776년 4월 22일까지 재임했다.

❖ **위 기록을 보면 일본이나 프랑스는 1700년대에도 한반도가 고려국(高麗國)이었다는 사실을 알고 있었다는 거잖아. 조선이 한반도에 있는 게 아니라는 것이지. 그렇다면, 대륙에**

표시된 '타타리'가 '달단'으로 태조 이성계가 세운 나라라는 게 증명되는 것 아닌가? 『태조실록』에서 한반도에 조선이 기록되었던 것은 한반도에서 '고려국'을 통치하던 제후가 태조 이성계를 황제로 섬기며 달단의 제후국이 되면서 제후국의 명칭을 '조선'이라고 사용한 것이고. 물론 나라 명칭을 조선으로 바꾸었지만 일본인이나 서양인들에겐 여전히 '고려국'으로 불렸던 것이지. 그리고 태조 이성계의 '달단'은 한자어권 국가들에겐 달단으로, 한자어권 바깥의 외국인들에겐 타타리로 불렸던 건데, 이성계는 한반도의 고려국이 조선이라는 이름을 쓰도록 허락하면서 그와 비슷한 시기에 자기 이름을 '단(旦)'으로 개명한 것이고…….

그런데 『태조실록』에서 1394년에 제후국 명칭을 고려에서 조선으로 바꾸었다고 하고, 나라 안과 밖에 알려서 조선으로 부르기로 했다고 기록하였는데, 수백 년이 지나도록 외부에서는 여전히 '고려국'으로만 기록하고 있는 것은 무슨 이유일까?

『태조실록』의 기록이 오류는 아닐 것이다. 그렇다면 『태조실록』은 사실을 기록하였으되, '고려국의 왕이 말하는 바'를 기록한 것으로 보아야 타당한 것이 아닐까? 어쩌면 책의 일부가 뒤섞여 버릴 수도 있던 건 아닐까? 의문이 끊이지 않는다.

아세아 제국, 달단, 타타리……. 모든 역사가 한순간에 사라져서 '전설'처럼 되어버렸다는 게 믿어지지 않는다. 수백 년간 대륙에 존재하였던 나라가 흔적도 없이 사라진다는 것은 어떤 한 나라의 힘만으로 되는 게 아니지 않은가. 최소한 그 나라와 경계를 이루고 있던 나라들이 함께 모의하여야만 가능한 일이다. 역사상 가장 위대한 거대

제국을 역사책에서조차 완전히 사라지게 할 정도의 작업이라면 한두 나라의 힘으로는 될 일이 아니라는 의미다.

조선에 조공을 하던 영길리국(영국), 대륙 남부를 쳐들어오던 왜구들, 대륙 남쪽으로 내려오려던 러시아, 가쓰라-태프트 밀약으로 한반도에서의 일본 통치권을 눈감아 주려던 미국, 대륙에서 제국을 형성했던 원나라와 명나라, 청나라 그리고 20세기 초에 등장한 중공. 이러한 외세의 침략들이 점점 뭉치면서 상대적으로 세력이 점점 줄어들던 조선의 사람들.

조선의 후손들은 선조들이 주름잡던 대륙에서 서구 열강들과 외세의 음모에 따라 헤어지고 서로 분산되어 한반도로, 연해주 등으로 밀려나면서 그들의 위대한 조상에 대한 역사를 배우지 못하게 된 것은 아닐까?

조선의 후손들이 한반도에도 들어오게 되면서 기존의 한반도에 살던 고려국 사람들이 밀려나서 일본으로 가서 정착하게 되고……. 결과적으로 한반도에는 조선의 후손들과 원주민인 고려국 사람들 사이에 지역감정이 쌓이게 된 것이고, 일본에서는 밀려났던 고려국 후손들로 하여금 다시 한반도로 진출(한반도 재진출 또는 회복?)하려는 목표를 갖게 한 것이라면……. 너무 비약적인 가정일까?

❁ 한반도를 일제가 강점하면서 한반도의 역사를 조선의 역사로 뒤섞어 놓은 것은 아닐까? 한반도의 역사를 조선의 역사로 만들어 버리면 대륙을 호령하던 조선의 후손들이 조상의 위대한 업적들을 전혀 모르게 될 것이니까. 일제로서는 한반도를 점령한 명분으로도 좋았던 것이겠지?

만약 일제의 의도적인 역사 왜곡이라 해도 과연 일본 혼자 가능한 일일까? 오히려 대륙의 조선을 빼앗으려던 당시 여러 나라가 합작한 결과로 보는 것이 합리적인 추론일 것이다.

다음은 『태조실록』 3권, 태조 2년(1394년) 2월 15일 경인 첫 번째 기사를 국사편찬위원회에서 풀이한 해석이다. 앞서 필자의 해석 중 눈여겨볼 부분을 지목하였는데, 동일한 글자와 내용을 염두에 두고 아래 내용과 비교하여 보기 바란다.

주문사(奏聞使) 한상질(韓尙質)이 와서 예부(禮部)의 자문(咨文)을 전하니, 임금이 황제의 궁궐을 향하여 은혜를 사례하는 예(禮)를 행하였다. 그 자문(咨文)은 이러하였다.

"본부(本部)의 우시랑(右侍郞) 장지(張智) 등이 홍무(洪武) 25년 윤 12월 초9일에 삼가 성지(聖旨)를 받들었는데, 그 조칙에, '동이(東夷)의 국호(國號)에 다만 조선(朝鮮)의 칭호가 아름답고, 또 이것이 전래한 지가 오래되었으니, 그 명칭을 근본하여 본받을 것이며, 하늘을 본받아 백성을 다스려서 후사(後嗣)를 영구히 번성하게 하라.' 하였소. 삼가 본부(本部)에서 지금 성지(聖旨)의 사의(事意)를 갖추어 앞서 가게 하오."

임금이 감격해 기뻐하여 한상질에게 전지(田地) 50결(結)을 내려 주고, 경내(境內)에 교지를 내렸다.

"왕은 이르노라. 내가 덕이 적은 사람으로서 하늘의 아름다운 명령을 받아 나라를 처음 차지하게 되었다. 지난번에 중추원 사(中樞院使) 조임(趙琳)을 보내어 황제에게 주문(奏聞)하였더니, 회보(回報)하기를, '나라는 무슨 칭호로 고쳤는지 빨리 와서 보고하라.' 하기에, 즉시 첨서 중추원사 한상질(韓尙質)로 하여금 국호(國號)를 고칠 것을 청하였다.

홍무(洪武) 26년 2월 15일에 한상질이 예부(禮部)의 자문(咨文)을 가지고 왔는데, 그 자문에, '본부(本部)의 우시랑(右侍郞) 장지(張智) 등이 홍무(洪武) 25년 윤12월 초9일에 삼가 성지(聖旨)를 받들었는데, 그 조칙에, 「동이(東夷)의 국호(國號)에 다만 조선(朝鮮)의 칭호가 아름답고, 또 그것이 전래한 지가 오래되었으니, 그 명칭을 근본하여 본받을 것이며, 하늘을 본받아 백성을 다스려서 후사(後嗣)를 영구히 번성하게 하라.」고 하였소.' 하였다. 지금 내가 불선(不善)하니 어찌 감히 스스로 경하(慶賀)하겠는가? 실로 이것은 종사(宗社)와 백성의 한이 없는 복(福)이다. 진실로 중앙과 지방에 널리 알려서 그들과 함께 혁신(革新)하게 할 것이니, 지금부터는 고려(高麗)란 나라 이름은 없애고 조선(朝鮮)의 국호를 좇아 쓰게 할 것이다."

『태종실록』 1405년 4월 20일

《태종공정대왕실록(太宗恭定大王實錄)》

『태종실록』 9권, 태종 5년(1405년) 4월 20일 을유 3번째 기사(태백산사고본 3책 9권 16장 A면)[79]를 보자. 명나라는 영락(永樂) 3년(1405년) 때의 일이다.

> 王教化的等, 至野人地面. 王教化的等, 月八日到吉州, 先送伴人於童猛哥帖木兒, 把兒遜等居處. 猛哥帖木兒等云: "我等順事朝鮮二十餘年矣. 朝鮮向大明交親如兄弟, 我等何必別事大明乎?" 月十四日, 王教化的到吾音會, 童猛哥帖木兒率管下人不肯迎命, 把兒遜, 着和, 阿蘭三萬戶, 路逢教化的伴人言: "我等順事朝鮮, 汝妄稱使臣, 亂雜往來." 拒而不對. 到吾音會, 與猛哥帖木兒約云: "不變素志, 仰事朝鮮無貳心."

79 국사편찬위원회, 조선왕조실록(http://sillok.history.go.kr/id/kca_10504020_003)

왕교화적(王敎化的) 등이 야인(野人) 땅에 이르렀다. 왕교화적 등이 이달 8일에 길주(吉州)에 이르러 동맹가첩목아(童猛哥帖木兒)와 파아손(把兒遜) 등이 사는 곳에 먼저 반인(伴人: 수행원)을 보내니, 맹가첩목아 등이 말하기를,

"우리들이 조선(朝鮮)을 섬긴 지 20여 년이다. 조선이 명나라와 친교(親交)하기를 형제(兄弟)처럼 하는데, 우리들이 어찌 따로 명나라를 섬길 필요가 있겠는가?" 하였다.

이달 14일에 왕교화적이 오음회(吾音會)[80]에 이르니, 동맹가첩목아가 관하(管下)사람을 거느리고 명령을 받지 않으려 하였고, 파아손(把兒遜)·착화(着和)·아란(阿蘭) 등 세 만호(萬戶: 조선 시대 각 도의 여러 진(鎭)에 붙은 종4품의 무관 직책)는 길에서 교화적(敎化的)의 반인(伴人)을 만나 말하기를,

"우리들이 조선을 섬기고 있는데, 너희들이 함부로 사신(使臣)이라 일컫고 난잡(亂雜)하게 왕래(往來)하므로 거절하고 상대하지 않는 것이다."하고, (이들 세 만호가) 오음회(吾音會)에 이르러 맹가첩목아와 함께 언약하기를 다음과 같이 하였다.

"본래의 뜻을 변치 말고 조선을 우러러 섬기되, 두 마음을 갖지 말자."

위 기록에 보면, 명나라가 몽골 사람 맹가첩목아에게 가서 명나라를 섬기라고 요구하자 맹가첩목아가 대꾸하는 장면이 나온다.

우선 '조선향대명교친여형제(朝鮮向大明交親如兄弟)' 즉, "조선이 명나라와 친교(親交: 사귀다)하기를 형제(兄弟)처럼 한다"고 말하고 있다. 조선과 명나라가 조공 관계가 아니라 형제처럼 지내는 사이인게 확인되는 장면이다.

80 옛 지역의 명칭

處欲招諭與之還朝也耽州耳州阿赤郎耳吾音會等處人往年與王教化的入朝者六人 帝賜衣今與王可仁俱來 ○王教化的等至野人地面 王教化的等月八日到吉州先送伴人於童猛哥帖木兒把兒遜等居處猛哥帖木兒等云我等順事朝鮮二十餘年矣朝鮮向大明交親如兄弟我等何必別事大明乎月十四日王教化的到吾音會童猛哥帖木兒率管下人不肯迎命把兒遜着和阿蘭三萬户路逢教化的伴人言我等順事朝鮮汝妄稱使臣亂雜往来拒而不對到吾音會與猛哥帖木兒約云不變素志仰事朝鮮無貳心 ○丙戌放徒流人憂旱也 ○括富人穀給飢民豐海道都觀察使申浩啓請發富人穀給飢民至秋還納依平時子母之例從之幷移文他道豐海道飢民三千七百餘名京畿飢民一千一百四十餘名 ○知貢舉李叔蕃同知貢舉劉敞取鄭招等三十三人 ○慶尚道雨雖林安東星州密陽等二十六州雨入地尺餘 ○丁亥賜賻上護軍申商商喪父也米豆幷二十石紙五十卷 ○戊子命李居易

『태종실록』 9권, 조선 명나라 형제 관계

출처: 국사편찬위원회 조선왕조실록
http://sillok.history.go.kr/popup/viewer.do?id=kca_10504020_003&type=view&reSearchWords=&reSearchWords_ime=

또한, '여망칭사신 란잡왕래(汝妄稱使臣 亂雜往來)' 즉, "너희들이 함부로 사신(使臣)이라 일컫고 난잡(亂雜)하게 왕래(往來)한다"며 꾸짖듯 말하고 있다.

맹가첩목아는 나중에 청나라를 세운 누르하치의 6대조 할아버지이기도 한데, 당시엔 조선을 섬기는 몽골 사람으로서 관직을 받고 만주 지역을 담당하고 있었다는 사실도 알 수 있다. 여기서 '망(妄)'이란 글자는 '멋대로, 망령되게, 함부로'라는 의미이고 자신보다 낮은 직위의 사람이나 어린 사람을 꾸짖을 때나 쓸 수 있는 단어다.

그리고 "우리들이 조선(朝鮮)을 섬긴 지 20여 년"이라 했으니 몽골족 맹가첩목아가 이미 1385년경부터 조선을 섬겼다는 것이다. 그렇다면 조선은 태조 이성계가 1392년에 세운 것이 아니라 그 이전 1385년에도 이미 존재하였다는 것이다.

조선과 명나라는 조공 관계가 아니라 형제 사이였고, 만주의 맹가첩목아가 명나라 사신을 꾸짖듯 대하는 장면을 보면 오히려 조선이 명나라보다 더 강한 세력을 가졌다는 것인데. 그리고 맹가첩목아가 자기를 가리켜 조선 사람이라고 하지 않고 조선을 섬긴다고 했고, 명나라 사람이 가서 조선 대신 명나라를 섬기라고 요구했다는 것은 결국 당시에 맹가첩목아가 다스리던 나라 또한 조선의 제후국이었음을 보여주는 대목 아닐까?

조선과 명나라의 사이가 형제처럼 가깝고, 조선이 1385년에도 존재하였다는 사실, 그리고 달단동(Tartary)에 조선의 왕릉이 있으며 만리장성이 바다로 이어지는 곳을 포함하여 대륙이 조선의 영토였다는 사실을 『태종실록』이 보여주고 있는 것이다.

그렇다면 조선의 건국 시기와 건국 지역에 대한 기존의 기록은 이해가 안 되는 것인데, 당시 명나라 영토를 표시한 지도도 신뢰할 수 없고. 도대체 어디서부터 왜곡된 것인지, 누가 왜곡한 것인지, 진실을 알기가 쉽지 않으니 답답하네. 『태조실록』의 내용이 왜곡된 것이 아니라면 말이야.

만약 왜곡된 것이 아니라면 조선의 건국에 대한 『태조실록』의 기록은 다시 말하지만 '고려국의 왕에 대한 이야기'를 실은 것이라야 한다. 아쉬운 점은 고려의 건국과 고려 왕조실록에 대한 사료가 없다는 점이다. 우리가 배운 역사대로라면 삼국 통일의 과업을 이룬 고려인데, 조선으로 변해가는 과정에 대해 어째서 기록 하나 남기지 않았을까? 남기지 않은 것일까 아니면 사라진 것일까? 사라졌다면 누가 가져간 것일까?

『중종실록』 1527년 6월 3일

《중종공희휘문소무흠인성효대왕실록(中宗恭僖徽文昭武欽仁誠孝大王實錄)》

『중종실록』 59권, 중종 22년 6월 3일 戊申 3번째 기사(태백산사고본 30책 59권 13장 B면)[81]를 보자.

> 臣又觀, 平安、永安, 地濱沙漠,

> 신(생원 이종익)이 또 보면 평안도(平安道)와 영안도(永安道) 지방은 사막(沙漠) 지대와 접하였다.

위 기록을 보면 평안과 영안 지역이 사막 지대와 접하였다고 했다. 그런데 우리가 배우기로는 조선 시대의 평안도(平安道)는 현재 한반도에서 평안남·북도에 해당되고, 영안도(永安道)는 함경남·북도에

81 국사편찬위원회, 조선왕조실록(http://sillok.history.go.kr/id/wka_12206003_003)

宜飢饉可變為禾黍之穰穰矣不然徒事於祈禳禱祀之末臣未見其可也又聞國之為國以其有紀綱體統也大臣臺諫相與論得失爭是非故體統尊嚴紀綱分明自古人君處骨肉之變者惟宰相處置之如何耳近者灼鼠之事大臣陳請固為深得其體臺諫論奏亦為深得其綱矣 殿下不即聽斷而使六曹郎官六寺七監至於青衿亦為之騷動是 殿下先拒諫而自毀其體統紀綱也臣又觀平安永安地瀕沙漠人物凋殘猶以掩耳之毛溫身之物求索如林徵斂無極加以權管萬戶等日以掊克為事一羽之落視以為奇貨由是內地軍卒弓馬甲胄無不盡備及其遞還則腰垂空橐直匍匐而歸耳臣本武人之子隨父關西備嘗聞見矣前日驅逐之時朝廷議與大事而囑耳相語使人不知由是平安之人不識號令將信將疑禦寒觸雪之具全不預備及其猝驅人馬凍餒僵仆如麻其生還之人墮指裂膚皆為病夫永安一道幸賴其時主將稍賢故不及此禍 殿下深居九重安得以知之虜居依舊餘毒未殄今復以江山離疫之後人物餓死之餘猝有風塵未知國家將何策而待之乎願 殿下日與大臣籌謀蘇復之術以建萬世之策南方二道為天府之地而湖南一境尤其富饒民窮財盡流亡

『중종실록』 59권, 평안 영안 사막

출처: 국사편찬위원회 조선왕조실록
http://sillok.history.go.kr/popup/viewer.do?id=wka_12206003_003&type=view&reSearchWords=&reSearchWords_ime=#

해당된다고 하였다.

❉ 한반도에 사막이 있던가?

한반도에 사막은 없다. 혹시 해안가의 모래사장을 사막이라고 부르지 않는다면 말이다. 물론, 삼면이 바다인 한반도에는 해안가마다 모래사장이 널리긴 했다. 이 또한 함경도나 평안도에는 해당되는 게 아니다.

❉ 대륙에는 북경의 위쪽으로 고비(戈壁) 사막과 경계를 이루고 있잖아.

'고비'는 몽골어로 '거친 땅'이라는 의미다. 고비 사막은 남서쪽에서 북동쪽까지 1,610km, 북쪽에서 남쪽으로 800km에 달하는 광대한 사막이다. 북쪽은 알타이산맥과 스텝(Steppe: 강과 호수가 멀고, 나무가 없는 평야 지대)이 있고, 남쪽은 티베트 고원으로 연결되며, 동쪽은 화베이(華北, 화북) 평원(平原)으로 둘러싸여 있는, 중앙아시아에 자리 잡은 사막을 가리킨다. 화베이 평원은 황하강 중하류 지역과 타이항(太行, 태행)산맥 등에 걸쳐 있는데, 타이항산맥은 산시성과 허베이성(河北省, 하북성)의 경계를 이루는 산맥이다.

『정조실록』 1793년 10월 26일

《정종문성무열성인장효대왕실록(正宗文成武烈聖仁莊孝大王實錄)》

『정조실록』 38권, 정조 17년 10월 26일 병술 3번째 기사(태백산사고본 38책 38권 36장 A면)[82]를 보자. 1793년 청나라 건륭(乾隆) 58년 때다.

義州府尹李義直, 以憲書齎咨官洪宅福手本馳啓. 手本云:

暎咭唎國, 居廣東之南, 爲海外國, 乾隆二十八年來貢, 今年又來貢. 頭目官嗎戞哰, 呢嘶噹啤二人, 係咭唎國王之親戚, 其進貢物品, 凡十九種,

의주 부윤 이의직(李義直)이 헌서 재자관(憲書齎咨官) 홍택복(洪宅福)의 수본(手本: 공적 업무로 담당자가 상부에 보고하는 문서)을 가지고 치계(馳啓: 말을 타고 달려와서 아뢰다[83])하였다. 수본에 아

82 국사편찬위원회, 조선왕조실록(http://sillok.history.go.kr/id/kva_11710026_003)

83 태종 18년(1418년) 무술 6월 28일 해석

慢視定式成冊磨勘錢穀等上納無一趁期事極駭然嚴飭各道使之趁限考凡過限守令本廳草記營門決杖五年禁錮 教曰依此別單遵守俾勿違越而卿則卿之先卿建白於 先朝卿又定式於今番事若有待其所釐弊之舉尤異於他人銳意修舉俾有實效仍又嚴飭諸道毋或如前泛忽○甲申召見金山縣百歲老人余善傑命其子孫扶掖登陛宣醞賜帛教曰慶尚道金山居百歲老人余善傑聞其筋力康旺騎馬入京徒步往來闕外今日召見韶容渥丹恰如六十歲內外兒齒之咀嚼童髮之鬖鬆可謂希世之瑞物且問生年對以甲戌其在尊年優老之道當有別般示意特超崇政階五衛將單付仍為例兼同知亦令度支長造給王圈食物衣資宴需則令該道備給還鄉時給馬○乙酉○丙戌定壯勇營軍兵腰牌之式俾憑驗於闕門出入從本營啓也○御春塘臺行壯勇營大比較試藝○義州府尹李義直以憲書賫咨官洪宅福手本馳啓手本云暎咭唎國居廣東之南為海外國乾隆二十八年來貢今年又來貢頭目官嗎戛㖿呢嘶噹唓二人係咭唎國王之親戚其進貢物品凡十九種西洋布爛尼大利翁大架一坐係天上日月星宿及地球全圖日月星宿自能展動如遇日食月食及星辰差忒俱顯著于架上並指引年月日時又打時辰鐘名為天文地理表坐鐘一架有天文器具指引如何地球與天上日月星宿一起運動於學習天文者有益天球全圖做空中藍色有金銀作成星辰內有銀絲分別天上各處度數地球全圖天下萬國四州山河海島郡畫在球更亦有海洋道路及畫出西洋船隻雜樣器具

正宗大王實錄卷之三十八　三十六　癸丑

『정조실록』 38권, 영길리국

출처: 국사편찬위원회 조선왕조실록
http://sillok.history.go.kr/popup/viewer.do?id=kva_11710026_003&type=view&reSearchWords=&reSearchWords_ime=

뢰기를, "영길리국(暎咭唎國)은 광동(廣東) 남쪽에 있는 해외 나라로서 건륭(乾隆) 28년(영조 39년(1763))에 조공(朝貢)을 바쳐왔었는데 올해 또 바쳐왔고, 두목관(頭目官)으로 온 마알침(嗎戛㖨)과 이시당동(呢嘶噹噉) 두 사람은 영길리국 왕의 친척이었으며 그들이 바친 공물(貢物)은 모두 19종입니다."

위 기록에서 '영길리국'은 어디일까? 여러 사료에 따르면 당시 아시아에 진출한 영국을 가리킨다. 실록의 기록 또한 대륙의 광동 남쪽에 있는 해외국이라 하였으니, 영국을 가리키는 것이 확실하다.

왜 광동성이고, 영길리국(영국)이 조선에 조공을 바친 이유는 무엇일까? 우리가 배운 역사대로라면 당시는 청나라 시대 아니던가?

위 기록에서 우리가 생각하는 '조선'이라는 단어를 빼고 생각해 보자. 나라 이름이 조선이 아니라 다른 것, '달단'이라면? 태조 이성계가 세운 나라 이름을 '달단'으로 생각하고 위 기록을 다시 보자.

어색한가? 역사에 맞지 않은가?

아니다. 조선을 빼고 달단(타타리)을 넣으면 오히려 납득이 된다. 필자만의 생각만은 아닐 것이다.

『순조실록』 1833년 4월 2일

《순조연덕현도경인순희문안무정헌경성효대왕실록(純祖淵德顯道景仁純禧文安武靖憲敬成孝大王實錄)》

『순조실록』 33권, 순조 33년 4월 2일 임인 1번째 기사(태백산사고본 33책 33권 7장 B면)를 보자. 시기는 1833년이고 청나라는 도광(道光) 13년 때이다.

壬寅/ 冬至使書狀官金鼎集, 別單言, "暎咭唎國船, 昨年十一月在瀋陽西南隍城島, 初十日在蓋州海口, 而巡察海面, 水師等官, 不能趁卽逐送之故, 佐領徐士斌等五人, 俱爲革職, 嚴飭沿海各官, 明查夷船, 下落押領出境云."

동지사 서장관(冬至使書狀官) 김정집(金鼎集)이 별단(別單)을 올리며 말하기를,

"영길리국(暎咭唎國: 영국) 배가 작년 11월에는 심양(瀋陽) 서남쪽의 황성도(隍城島)에 있다가 초 10일에는 개주(蓋州)의 해구(海口)에

小米三千四百九十石零太三千三百七十七石零○夏四月辛丑朔○壬寅
冬至使書狀官金鼎集別單言暎咭唎國船昨年十一月在瀋陽西南隍城島
初十日在盖州海口而巡察海面水師等官不能趍即逐送之故佐領徐士斌
等五人俱爲革職嚴飭沿海各官明查夷船下落押領出境云○癸卯雨雹○
甲辰○乙巳詣 太廟省牲器齋宿○丙午行 太廟夏享○丁未○戊申命
施江界府民家失火二百十五戶別恤典○己酉刑曹啓言擊錚人西部幼學
徐有圭爲其父萬修訟寃係是義禁府所管請令該府拿處敎曰此是行查成
案之事而年來其子之鳴寃不知爲幾次則只以更查體重不爲擧論亦非朝
家刑政之宜向來大臣三司旣言查事之失實則今不可不一番更覈以定其
寃否分付該道道臣取其時贓案一一逐條詳覈以聞○庚戌次對領議政南
公轍因平安監司沈能岳狀啓言昨冬使行中歲幣木八十一疋見失僅爲購
貿充納幸免生頉而偸竊人洪大宗等五漢自灣府詗捉已爲輸款云近來紀
綱蕩然前後犯禁條者何限而至於歲幣偸竊之事而極矣事當依原典幷施
一律以懲來後而第其所犯只是偸取方物旣無潛賣淸人者則準諸本律煞
有間焉令道臣更爲查出其首魁一名狀聞後境上梟首其餘諸漢幷嚴刑後

『순조실록』 33권, 영길리국 심양

출처: 국사편찬위원회 조선왕조실록
http://sillok.history.go.kr/popup/viewer.do?id=kwa_13304002_001&type=view&reSearchWords=&reSearchWords_ime=

있으면서 해면을 순찰하였으나 수사(水師) 등 관리들이 즉시 쫓아 보내지 못하였으므로 좌령(佐領) 서사빈(徐士斌) 등 5인이 모두 파직 당하였고, 연해의 각 고을에 엄중히 신칙하여 이선(夷船)의 하회(下回)를 조사하여, 지경 밖으로 압령해 내보내도록 하였다고 합니다."하였다.

영국 상선이 1832년에 심양(瀋陽) 서남쪽의 황성도(隍城島)에 있다가 개주(蓋州)의 해구(海口)에 있으면서 해면(海面, 바다 표면)을 순찰하였다고 한다. 광동에 머물며 조선에게 조공하던 해외 나라가 심양에 와서 해면을 순찰한 이유는 무엇일까?

❋ **심양(瀋陽)은 대륙 요녕성의 도읍지(성도)인데, 광동에 있던 영국 배들이 대륙 동남쪽 해안선을 타고 올라와서 상하이를 거쳐 심양까지 왔다는 거잖아. 개주는 요녕성의 행정 구역인데, 요녕성에 온 영국 상선을 조선 관리가 빨리 쫓아내지 못하였다?**

광동 남쪽에 머물던 해외 나라 영국이 심양에 왔고 개주 앞바다에서 해면을 관찰하였다는 기록이다.

우리가 배워온 이성계의 조선(달단)이 만약 한반도에 있었다면 전혀 상관할 바 없는 이야기다. 그런데 조선은 영길리국의 행태에 대해 민감하게 반응하고 지역을 담당하는 관리를 파면까지 시킨다? 조선(달단)의 영토가 아니라면 이해가 되지 않는 일이다.

❋ **광동(廣東)은 물론이고 심양(瀋陽)까지도 조선(달단)의 영토였다는 의미로 봐야할 것 같은데? 남의 나라에 온 배를 구태여 조선(**한반도에 있던 '코리아'로 가정하면**)이 멀리 남의 영토까지 가서 쫓아낼 필요는 없을 테니까.**

무슨 이유인지 모르겠지만, 이 순간 문득 서울역사박물관에서 보았던 『택리지(擇里志)』가 떠오른다. 『택리지』는 조선 후기의 실학자 이중환이 1751년(영조 27년)에 저술한 인문지리서인데 일제강점기에 간행된 것이 전해지고 있다.

일제강점기에 발간된 『택리지』(이중환 저)의 표지와 내지(內紙)에 "조선총독부의 검열 흔적이 남아 있다"고 하는 표기도 잊을 수 없다.

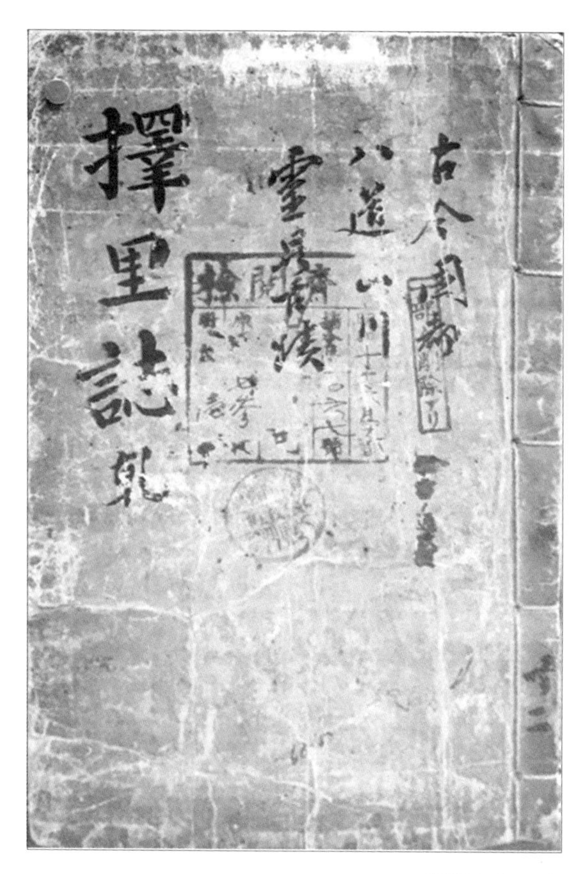

『택리지』(1935년)
출처: 서울역사박물관

1751년에 간행된 초판본과 1935년에 간행된 것에는 어떤 차이들이 있을까? 일본 조선총독부가 검열하고 만들었다는데 과연 어떤 내용을 어떻게 고친 걸까?

❈ 조선총독부가 검열하고 일본 입맛대로 고친 게 『택리지』 하나뿐일까? 일본의 입맛에 맞지 않는 내용이 나오면, 유물이나 유적이 나오면 어떻게 했을지…… 생각하면 가슴이 답답해지네.

2018년 3월 말경이다. 서울 송파구에 있는 '풍납토성(국가지정문화재 사적 제11호)'의 서성벽 발굴 현장에서 커다란 콘크리트 덩어리가 나왔다는 뉴스를 접했다. 폭 2.5m에 길이 14m나 되는 거대한 콘크리트 덩어리란다. 그보다 앞선 2017년에는 길이가 40m나 되는 알 수 없는 콘크리트 덩어리도 찾아냈다는데, 의문을 넘어 허탈함이 느껴졌다. 한반도의 부여에서도 일제강점기 시절에 만든 것으로 보이는 콘크리트가 발굴되었다지 않은가?

도대체 누가 무엇을 덮은 것일까? 아니면 누군가 실수로 혹은 고의로 버린 것일까?

❈ 실수든 고의든 누군가 몰래 버린 것이라 하기에는 폭과 길이가 일정하게 짜인 콘크리트라니, 그건 말도 안 되지. 그리고 버리는 위치도 유적지에, 유물이나 유적이 있을 것 같은 위치에 딱 맞춰서 버린다고? 다른 목적이 있지 않고서는…….

실록에서 찾아낸 광동성 및 심양에 대한 기록에서 시작된 불길

한 예감이 멈출 줄을 모른다. 일제강점기 시대에 검열을 거쳐 간행된 『택리지』로 이어져 서울 한복판 유적지 발굴 현장까지. 지금 현재도 우리 주변 곳곳에 조작된 채 드러나지 않은 사료와 유적들이 얼마나 많을까 염려스럽다.

더 우려가 되는 부분은 이러한 일들이 실제로 조작된 것이라고 해도 문제라는 점이다. 그 많은 조작을, 한반도 산천 곳곳을 찾아다니며 역사 현장을 꾸미고 유물을 만들고 유적지를 찾아내는 일을, 일제강점기 일본인들이 스스로 해낼 순 없었을 것이기 때문이다.

3부

외국인이 전하는 조선 역사의 진실 혹은 거짓

중국, 저우언라이 총리 1963년 담화문

이 장에서 소개할 자료는 1963년 6월 28일 작성된 저우언라이(周恩來, 주은래)[84] 총리의 담화문이다.

주은래 총리 담중조관계(周恩来总理谈中朝关系)[85]

중국과 조선의 관계에 대한 주은래 총리의 대화)[86]

주은래 총리가 고백한 '중국과 조선의 역사에 관한 진실'은 무엇일까? 1963년 6월 28일, 북한의 조선과학원 대표단 20명과 만난 자리에서 주은래 총리는 한국과 중국 사이의 고대 역사에 대해서 사실관계를 다음과 같이 이야기했다. 그 원문을 읽어보자.

84 주은래(周恩來, 1898~1976)는 중화인민공화국의 정치인이다.

85 문화역사논단(文化歷史論壇)(http://club.history.sina.com.cn/thread-927707-1-1.html)

86 이영호, 『훈민정음 속 궁금한 중국 이야기』(찜커뮤니케이션, 2017).

这样一个历史年代，两国的历史学家有些记载是不甚真实的。这里面，主要是中国历史学家，许多人都是以大国主义、大国沙文主义观点来写历史。因此，许多问题写得不公道。首先对两国民族的发展，过去中国的一些历史学家的看法就不那么正确，不那么合乎实际。朝鲜民族自从到了朝鲜半岛和东北大陆以后，长时期在那里居住。辽河、松花江流域都有朝鲜族的足迹。这可以从辽河、松花江流域、图们江流域发掘来的文物、碑文得到证明，许多都有朝鲜文的痕迹。可以证明很久以来，朝鲜族居住在那里。在镜泊湖附近，有一个渤海国的古迹，还有首都。据说出土文物证明，那也是朝鲜族的一个支派。这个国家在历史上存在了一个相当长的时期。所以，可以证明，不仅在朝鲜半岛上有朝鲜族，同时，在辽河、松花江流域，有很长一个时期也有朝鲜族在那里居住。至于朝鲜族是否在更古的时候，有一部分是从亚洲南部漂海过来的，这是另一个问题。但一定有一部分原来就居住在半岛上。居住在图们江、辽河、松花江流域的，这是肯定的。历史记载和出土文物都已证明了。

이처럼 역사 연대에 대한 두 나라 역사학의 일부 기록은 진실을 기록하지 않았다. 이러한 부분은 주요 중국 역사학자나 많은 사람이 대국주의, 대국 쇼비니즘의 관점에서 역사를 다룬 것이 원인이다. 그래서 많은 문제가 불공정한데, 우선 양국 민족의 발전에 대한 과거 중국 일부 역사학자들의 관점은 별로 정확한 것이 아니었고 그다지 실제에 부합되지도 않았다. 조선 민족은 스스로 조선반도와 동북대륙에 진출한 이후 장시간 거기서 살아왔다. 요하(遼河)[87], 송화강(松花江)[88] 유역에는 모두 조선 민족의 족적(발자취)이 남아 있다.

87 우랄알타이 천산산맥을 기점으로 티베트 파미르고원을 중심으로 하였던 '요'에서 시작되는 강, 지리적으로 황하강 상류 지역에 해당될 수 있어서 우랄산맥의 알타이 문명의 기원지로 추정된다. 참고문헌: 정수일, 『고대 문명 교류사』(사계절, 2002), 70쪽

88 백두산 천지에서 시작되어 지린성(吉林省, 길림성)과 헤이룽장성(黑龍江省, 흑룡강성)의 동북 지역을 흐르며 길이는 1,927km.

이것은 요하와 송화강 유역, 도문강(圖們江)[89] 유역에서 발굴된 문물, 비문 등에서 증명될 수 있으며 수많은 조선 문헌(朝鮮文)에 흔적이 있다. 조선족이 거기서 오랫동안 거주하고 있었다는 것도 증명할 수가 있다. 경백호(징보후, 鏡泊湖: 거울처럼 투명하고 깊지 않은 호수) 부근은 발해국(渤海國)의 고적이 있고, 또한 발해의 수도였다. 여기서 출토된 문물이 증명하는 것은 거기도 역시 조선족의 하나의 지파(支派)라는 사실이다.

이 국가는 역사상 상당히 긴 시간 존재했다. 따라서 조선족이 조선반도에서 살았을 뿐만 아니라 동시에 요하, 송화강 유역에서도 오랫동안 살았다는 것이 증명된다. 조선족이 더 오래전에도 있었는가에 대해서는, 일부분은 아시아 남부에서 표류해서 왔다고 하는데 이것은 별개의 문제이고, 다만 한 가지 분명한 것은 일부분이 원래부터 반도에 거주하였다는 것이다. 도문강, 요하, 송화강 유역에서 거주한 것은 확실하며 역사 기록과 출토 문물이 모두 이미 증명했다.

89 1712년 조선과 청나라는 국경 확정을 위해 백두산정계비를 세우면서 서쪽으로 압록강, 동쪽으로 토문강(土門江)을 경계로 한다고 기록하였는데, 중국에서는 이를 두만강이라고 왜곡하여 4만2,700km에 이르는 '간도 땅'을 중국 영토로 내세우는 주장을 하고 있다. 그러나 청나라 시대에 발간된 『청강희실록(淸康熙實錄)』과 『청사고(淸史稿)』 및 청 왕조가 1736년에 펴낸 지리서 『성경통지(盛京通志)』에는 백두산정계비가 세워진 1712년 무렵에는 백두산 정상에서 시작되는 강을 토문강이라고 하였으므로 중국 측의 주장은 사실이 아니라는 점을 알 수 있다. 참고자료: 박선영, 「토문강을 둘러싼 중국의 역사조작 혐의」(중국 근현대사 연구 제40호 논문, 2008. 12. 31.).

中国历史学家必须承认这个事实。有时候就把古代史歪曲了，硬加上你们头上，说什么朝鲜族是“箕子之后“，硬要到平壤找个古迹来证明。这是歪曲历史的，怎么能是这样的呢？

중국 역사학자들은 반드시 이 사실을 인정해야 한다. 어떤 때는 고대사를 왜곡했고, 심지어 여러분의 머리 위에 조선족은 "기자의 후예(箕子之后)"라고 말하며 평양 지역에서 그 유적을 찾아 증명하려는 시도를 했다. 이것은 역사 왜곡이다. 어떻게 이렇게 할 수 있단 말인가?

元朝也侵略了你们，也遭到失败。最后是明朝，直接和朝鲜作战，很快就是满族兴起，占领了长白山以东到辽河流域的广大地区。

在这样一个时期，汉族也有一部分迁到东北地区居住了。满族统治者把你们越挤越往东，挤到鸭绿江、图们江以东。

원나라도 역시 당신들을 침략했지만 결국 실패했다. 마지막으로 명나라는 조선과 직접 합동 작전을 전개[90]했으나 만주족이 매우 빨리 흥기하여 장백산(長白山: 백두산) 동쪽에서 요하 유역까지 광대한 지역을 점령했다.

이 시기에 한족(漢族)도 일부분 동북 지역으로 옮겨 거주하였다. 만주족 통치자는 당신들을 계속 동쪽으로 밀어냈고 결국 압록강, 도문강[토문강(土門江)의 잘못 표현(誤記)] 동쪽까지 밀리게 되었다.

90 명나라가 조선과 합세하여 당신들(고려KaoLi 후손)을 공격하려고 하였다(最後是明朝 直接和朝鮮作戰)는 이야기로서, 명나라 시대에 조선과 고려가 분리되어 각 나라로 존재하였다는 사실을 인정하고 있다(저자 주, 뒤 알드 신부의 기록 참조하였음).

所以，必须还它一个历史的真实性，不能歪曲历史，说图们江、鸭绿江以西历来就是中国的地方，甚至说从古以来，朝鲜就是中国的藩属，这就荒谬了。中国这个大国沙文主义，在封建时代是相当严重的。人家给他送礼，他叫进贡；人家派一个使节来同你见了面，彼此搞好邦交，他就说是来朝见的；双方打完仗，议和了，他就说你是臣服了；自称为天朝、上邦，这就是不平等的。都是历史学家笔底的错误。我们要把它更正过来。

그래서 반드시 역사의 진실성을 회복해야 한다. 역사를 왜곡할 수는 없다. 도문강, 압록강 서쪽은 역사에 중국 땅이었다거나, 심지어 고대부터 조선은 중국의 속국이었다고 말하는 것은 황당하다.[91]

중국의 이런 대국 쇼비니즘이 봉건 시대에는 상당히 엄중했다(강했다). 사람이 선물을 주면 그들은 조공이라 말했고, 다른 나라에서 사절을 보내 그들을 보러왔어도 그들은 조현(朝見)[92]하러 왔다고 불렀으며, 쌍방이 전쟁을 끝내고 강화할 때도 그들은 당신들이 신하로 복종한다고 말했으며, 그들은 스스로 천조(天朝), 상방(上邦)으로 칭했는데 이것은 바로 불평등하다. 모두 역사학자 붓끝에서 나온 착오다. 우리는 이런 것들을 올바르게 고쳐야 한다.

91 1712년 조선과 청나라가 국경 확정을 위해 백두산정계비를 세우면서 서쪽으로 압록강, 동쪽으로 토문강(土門江)을 경계로 한다는 기록에서 백두산 정상에서 시작되는 강이 토문강이라는 사실이 확인된 것(저자 주).

92 조현례(朝見禮): 혜빈, 세손, 세손빈, 내외명부들이 왕과 왕비에게 인사하는 예식.

周恩来总理谈中朝关系

（摘自《外事工作通报》1963年第10期）

——1963年6月28日，周恩来总理接见
朝鲜科学院代表团时，谈中朝关系——

周恩来总理谈中朝关系

今年（1963年）6月28日，周恩来总理接见朝鲜科学院代表团时，谈到了中朝关系。要点如下：

中朝关系现在密切，历史上也密切。可以分成三个时期：

第一个时期，就是中朝两国、两个民族的历史关系。

第二个时期，就是中、朝同时都遭到帝国主义侵略，你们（指指朝鲜）变成日本殖民地，我们部分变成各个帝国主义的半殖民地，一部分又沦为日本的殖民地。在这个时候中、朝之间的革命关系。

第三个时期，就是现在，我们都是社会主义国家，兄弟党、兄弟国家的关系。

这三个时期的中朝两国、两党之间的关系有许多问题值得研究。对历史关系、民族关系、革命关系，经过调查研究，双方的观点、看法完全一致了，然后在文件上、书籍上写出来。这是我们历史学家的一件大事，应该搞出来。这也是我们做政治工作、党的工作的人，应该努力的方面之一。

第一个时期是从有历史记载以来，有发掘出来的文物可以证明的。两国、两个民族的关系开始，直到帝国主义侵略为止，一个很长的时间，有三、四千年或者更长。

这样一个历史年代，两国的历史学家有些记载是不甚真实的。这里面，主要是中国历史学家，许多人都是以大国主义、大国沙文主义观点来写历史。因此，许多问题写得不公道。首先对两国民族的发展，过去中国的一些历史学家的看法就不那么正确，不那么合乎实际。朝鲜民族自从到了朝鲜半岛和东北大陆以后，长时期在那里居住。辽河、松花江流域都有朝鲜族的足迹。这可以从辽河、松花江流域、图们江流域发掘来的文物、碑文得到证明，许多都有朝鲜文的痕迹。可以证明很久以来，朝鲜族居住在那里。在镜泊湖附近，有一个渤海国的古迹，还有首都。据说出土文物证明，那也是朝鲜族的一个支派。这个国家在历史上存在了一个相当长的时期。所以，可以证明，不仅在朝鲜半岛上有朝鲜族，同时，在辽河、松花江流域，有很长一个时期也有朝鲜族在那里居住。至于朝鲜族是否在更古的时候，有一部分是从亚洲南部漂海过来的，这是另一个问题。但一定有一部分原来就居住在半岛上。居住在图们江、辽河、松花江流域的，这是肯定的。历史记载和出土文物都已证明了。

从民族的生活习惯上看，有从南亚带来的生活习惯：种稻谷、进门脱鞋、语言发音有些和我们广东沿海一带的发音接近。我们广东沿海有的居民也是从南亚移来的。这个问题，要留待历史学家进一步研究，不在我今天要讲的范围以内。不过要证明，在图们江、辽河、松花江流域，朝鲜族曾经长期居住过。对这个问题，你们有责任，也有权利到这些地方去调查、寻找碑文、出土文物，研究历史痕迹。我们有责任给你们帮助。

研究民族的发展历史最好从出土的文物来找证据，这是最科学的。郭沫若同志就是这样主张的。书本上的记载不完全可靠。有的是当时人写的，观点不对；有的是以后的人伪造的，更不可靠。因此，历史书籍是第二手材料不完全可靠。当然，对这样长的历史问题，也得研究文字记载的历史材料。但是要研究这些材料，就必须中、朝两国同志建立一个共同的观点。这个观点，就是当时中国比你们国家大，文化发展早一些，总有封建大国的态度，欺侮你们，侵略你们的时候多。中国历史学家必须承认这个事实。有时候就把古代史歪曲了，硬加上你们头上，说什么朝鲜族是"箕子之后"，硬要到平壤找个古迹来证明。这是歪曲历史的，怎么能是这样的呢？

秦、汉以后，更加经常地从关内到辽河流域征伐了，那更是侵略，随着用兵失败而归。唐朝也打过败仗，但也欺侮了你们。那时，你们有一个将军把我们的侵略军队打败了。打得好。这时，渤海国就起来了。以后，在东北就有了辽族、金族的兴起。那时，中国所遇到的问题是辽族、金族侵入中国本土的问题。以后就是蒙古族。元朝也侵略了你们，也遭到失败。最后是明朝，直接和朝鲜作战，很快就是满族兴起，占领了长白山以东到辽河流域的广大地区。

在这样一个时期，汉族也有一部分迁到东北地区居住了。满族统治者把你们越挤越往东，挤到鸭绿江、图们江以东。

满族对中国有贡献，把中国版图搞得很大。兴盛的时候，比中国现在的版图还要大一些。满族以前，元朝也一度扩张很大，但很快就丢了，那不算。汉族统治时期没有这么大。但这都是历史的痕迹，都过去了。这些事情，不是我们负责任的，是祖宗的事。当然只能承认这个现状。尽管如此，我们要替祖先向你们道歉，把你们的地方挤得太小了。我们住的地方大了。

所以，必须还它一个历史的真实性，不能歪曲历史，说图们江、鸭绿江以西历来就是中国的地方，甚至说从古以来，朝鲜就是中国的藩属，这就荒谬了。中国这个大国沙文主义，在封建时代是相当严重的。人家给他送礼，他叫进贡；人家派一个使节来同你见了面，彼此搞好邦交，他就说是来朝见的；双方打完仗，议和了，他就说你是臣服了；自称为天朝、上邦，这就是不平等的。都是历史学家笔底的错误。我们要把它更正过来。

所以，我很希望你们科学院几位懂汉文的历史学家，来共同研究中朝关系史的问题，攻我们一下。因为，你们一读那些书，就不好受，就好发现问题。我们自己读，常常不注意，就忽略过去了。比如戏剧里有一个薛仁贵，唐朝人，他就是征东打你们的，侵略你们的。我们的戏剧中就崇拜他。现在我们是社会主义国家，你们也是社会主义国家，我们不许再演，要就是对这个戏剧批判才行。

还有对越南，中国有个英雄叫马援，伏波将军，征越南。人家二才女英勇抗击失败后投河自尽，还把脑袋割下来送到洛阳。我去越南发现了，去二才女庙献了花，批判马援。我们历史上对马援是称道备至的。

现在，请你们懂汉文的历史学家来中国，或我们去，共同研究历史关系，这对我们、对你们，都有好处。写出的历史书籍也可更全面了。

所以，有两件事要做。一是考古学家去发掘文物、碑等东西；二是研究书本的东西，研究历史。这样，就能把我们二、三千年来的关系，摆在恰当位置上了。

第二个时期，是革命时期。日本侵略你们，朝鲜变成殖民地。所有的帝国主义侵略我们，中国变成半殖民地，日本又侵占东北，使之变成殖民地。在这个时期，中朝两国人民建立了革命的同志关系。这段历史是非常丰富的。

从大的阶段划分，十月革命以前，那是我国的旧民主主义革命时期。朝鲜也有不少同志流亡到中国，参加中国的革命。这是从甲午战争到十月革命二十多年的时期。安重根行刺伊藤博文，就是在哈尔滨车站。

十月革命以后，我们进入民主主义革命阶段了，两国开始有了共产党，那时许多同志在朝鲜站不住脚，流亡到中国来。最大量的是在东北，中国各地也都有。因此，以后中国革命的整个历史阶段都有朝鲜同志参加。

崔庸健委员长说，那时朝鲜同志流亡到中国来，希望把中国革命搞好，搞成功，跟着可以帮助朝鲜革命取得胜利。这的确如此。在十月革命初期，朝鲜同志是抱着这样的想法来的。当时要去日本学军事很困难，受到控制。因此，不少同志就到中国来学军事。许多人坐船到南方，那里有云南讲武堂。以后，孙中山先生办黄埔军校，有不少朝鲜同志进这个学校。那是在 1924-1927 年，崔庸健、杨林同志当时都是教官，多数同志是当学生，学习军事。大革命最后一次撤兵的一个夜晚，广州暴动，很多朝鲜同志牺牲了。崔庸健委员长还记得，那时有一百六十多位朝鲜同志，在广州沙河、汉河里坚守一个阵地。结果，绝大部分同志英勇牺牲了。那时，崔庸健同志在那里指挥。我们这一次商量，决定在广州这个阵地上立个纪念碑，在广州烈士陵园里建立一个纪念馆。中国大革命失败以后，1928 年以后，朝鲜同志在中国做秘密工作的很多多，在上海、东北等地，参加工人运动、农民运动和学生运动。

的确，十月革命初期，朝鲜同志是抱着这样的革命理想来到我国的。

不管公开斗争、秘密斗争、政治斗争、武装斗争都参加，帮助中国革命。中国革命斗争胜利以后，再推动朝鲜革命的胜利。从1931年"九.一八"炮响以后，情况变化了。不仅朝鲜成为日本殖民地，中国东北也变成日本的殖民地。因此，虽在表面上，东北还有个傀儡政府，但那只是形式的，实际是，朝鲜和东北没有区别了，都是日本的殖民地。

这个时候，在东北发动的抗日武装斗争不能说是朝鲜同志参加了中国革命斗争了，而是中朝两国人民的共同斗争、联合斗争，这是一个新的阶段。这是我这次得到的新的认识。那时在金日成同志领导下的抗日游击战争，按历史情况和我们的观点来解释，应该认为是中朝两国人民的联合斗争、共同斗争。如东北抗日联军，应解释为中朝两国人民的抗日联军，事实也是如此。

我这次陪同崔庸健委员长、李孝淳副委员长和朴外相去东北哈尔滨、长春、沈阳各地，同抗日的老战友谈话，证实了这个看法。

当时中国党正处在立三路线、王明路线左倾机会主义路线的领导下，所以那时中国党的武装斗争方针是搞城市暴动。因为城市里没有力量，所以每搞必失败。当然同时也提出在农村搞武装斗争。而在东北农村发动武装斗争最多的是朝鲜同志。为什么？因为当时流亡到中国东北的朝鲜同志都在农村安家，同农民关系非常密切，或者到朝鲜族聚居地区。因此，很容易把农民发动起来，开展武装斗争。所以，从"九.一八"到抗日战争胜利，十多年时间，产生了许多抗日部队，几乎每一支部队都有很多朝鲜同志。

现在纪念这段历史，必须恢复这个历史真实性。抗日联军是中朝两国人民的联军，纪念馆都是这样来解释。不能象过去那样解释，那是歪曲，说成是朝鲜同志参加中国革命，而且把朝鲜同志说成是中国的朝鲜族，不看成是多数是从朝鲜流亡来的。这是不正确的。这种观点，也是一种大国沙文主义的残余在革命队伍中的表现。要把抗日战争这段历史重新写。我们提议，东北参加过抗联的，北京也有，组织一个研究班，有时可以去朝鲜征求有关人员的意见。反过来，朝鲜同志也可来我国共同研究。这样就可以恢复历史的真实性，得到全面的材料。

除这段历史以外，解放战争、反蒋斗争中，也吸收了许多朝鲜族同志，成立了朝鲜师，以后抗美援朝，回到朝鲜去了。历史证明，他们是英雄地参加了中国的解放战争，以后，又参加抗美援朝，直至得到胜利。所以，这个革命历史阶段，双方在相互支持。而且证明，朝鲜同志支持搞中国同志的革命，比中国同志支援朝鲜的多。同时，时间也长。

从这个意义上来说，革命博物馆和军事博物馆陈列的东西还有需要补正、修改的地方。现在还不够。上次陪崔庸健委员长去东北的时候，我已经找了博物馆的同志谈过这个问题。

第三个时期，现在这个时期：我们都在深入社会主义革命和社会主义建设，更需要互相学习，密切合作。

不仅在历史上，革命斗争中，双方经受了考验，反对帝国主义和反对现代修正主义斗争中，又经受了考验。两国的确是认识一致、行动一致。的确是鲜血织成的战斗友谊、同志友谊。

我们是把你们看成是我们的前线，不仅是中国的前线，而且是社会主义阵营的东方前哨。你们应该把中国看成是你们的后方，特别是东北，更是你们近距离的后方。

我们互相学习。你们来参观我们的，我们去参观你们的。这已经一天一天发展起来了。但是，从目前看，还是你们比我们热心。刚才我们不是举出例子来批评他们（指中国科学院张劲夫同志）了吗？你们一来四十二天，二十多人。他们去朝鲜才七人，三十余天。就是在这方面需要向你们学习。所以，这次决定由东北局、东北三省的省委，在今年冬天组织一个参观团去学习你们的城市工作、农村工作、党的工作、总路线、千里马运动、青山里工作方法和大安工作体系。

我们东北的同志去你们那里，你们派人到东北可以发生直接联系。在平时，这样密切联系，才会一旦有事，把你们当成自己的前线，你们把我们看成后方，才不致能出隔阂和协作不灵的缺点。

不仅对你们党的工作、城市工作、农村工作、工业交通工作，还有你们的文化工作也值得学习。我们这次同朝鲜使馆的大使同志谈过，要派一个电影工作团去学习，学习创作红色宣传员的经验，要真正到农村去学习，去访问李善子的真身李信子，也要到青山里去学习。通过这个副本，这个电影，可以真正学到朝鲜人民的工作、农村生活的艰苦朴素作风、说服的经验、生产斗争和阶级斗争的经验。然后，表现在戏剧舞台上、银幕上。通过中国艺术家的介绍，使中国人民了解朝鲜人民的实际生活和战斗生活。

你们的唱歌、舞蹈也值得学习。你们有主体思想，反对泽气。我们的歌舞，就是民族化不那么强烈，有点杂乱无章。

崔庸健委员长去东北三个地方访问，我们组织了三个晚会，长春的最为失败。唱“金日成将军之歌”不象朝鲜风格；唱“东方红”听也听不懂，洋气可大了。舞蹈有一个节目，叫“两个红军舞”，一老一少。以为是民族舞蹈，结果是芭蕾舞。小红军还是女的，托举足尖舞，不伦不类。朝鲜同志看了，反映不强烈。我们看了，也不高兴。陈毅元帅说，证明是文化太低了。

朝鲜同志很直率地向我们提出来，说我们有些东西就是没有主体思想，就是东拉一点，西拉一点，盖房子、吃的菜，都有这种情况，古今中外，杂乱无章。这个批评很恰当。指出这一点非常好。

今天对外文委也有同志来了。拿出去的东西没有主体思想的，就不要往外拿。有许多小动作，你不注意，他以为好，其实不知是从那里弄来的。

最近，《中朝两国文化协定》上议定，我们要派舞剧团去朝鲜。一个是历史革命史剧，太平天国时代上海的抗英斗争，剧名《小刀会》。这应该有时代风格。有一个是神话，也要有风格，是中国神，不是欧洲神。我们的神像和上帝也不同。

总之，你们那里文化艺术有许多值得学习。

现在还有一个问题，文字也发生隔阂了。这对我是一件新事。我过去不了解，这次黄长烨同志就把这个问题讲清楚了。朝鲜文有三种标准：平壤、汉城、延边。

平壤标准应作为典型的标准。因为我们朝鲜同志、朝鲜人民都懂。应该按照这个标准来说话、写文章。平壤也注音，但是已经把汉字脱离了。还有过去引用一些中国成语，不好懂的，现在引用朝鲜成语，民族化了。

汉城标准，还有汉字。南朝鲜还有读汉文书的，喜欢用中国成语，结果北朝鲜人民听不懂。

延边标准，第一个最大的毛病是把有些话的方法也改变了。听说朝鲜话和日本话方法有些接近，如"我吃饭"，叫作"我拿饭吃"。延边话就按中国话改变过来了。有些话就这样改了。第二，还有在日本统治时期，所谓的协和语，在延边还未清，也就是日本人用的汉字，还有夹杂在里面的。第三，更多的是照引许多中国汉文成语，音也说的汉音。这样简直使朝鲜同志不知道你说的是什么意思。

因此，我们出版的《红旗》杂志朝文版的，译出来拿到平壤去，根本看不懂，不知道说什么，特别是一些经济术语。

所以，文字这个问题要解决，说的要使人懂得才行。我怀疑，我今天讲了这么长的话，究竟译得对不对？还是要派一些同志去平壤，认真地学一学。你们（指对外文委曾瑛同志）演出舞剧的字幕，一定要找平壤的标准的人来翻译。不然根本看不懂。这很重要。

三个时期的关键，还在于说话、写字。学习不通就吃亏了。因此，首先要整顿翻译队伍。和朝鲜同志来往，一定按平壤标准，不是平壤标准不准拿出去。

你们这次参观自然科学，大概不少是国际通用的。自然科学本身就没有什么阶级性。但是在我们彼此关系户上，管理自然科学的态度，接待你们的工作，游览等方面，你们给我们考虑考虑，有无大国沙文主义残余的态度。生活、文化娱乐，表现出一点主体没有，说话是否合乎平壤标准，也许这以后二者还可免，至于大国沙文主义希望没有，不过个

别工作人员也难免。希望你们下次再来比较比较。我们可以比较来看。

미국, 서던캘리포니아대학교: 타타리(TARTARY) 고지도

미국 서던캘리포니아대학교 도서관에 가면 1540년부터 1700년대의 지도를 볼 수 있다. 이 지도는 1715년에 세상에 나왔다.

지도에 표기된 'Petch Li' 지역은 지금의 북경이다. 영어 발음상 '백제 리'라고도 부르는데, 백제가 북경 지역을 차지하였을 때를 기준으로 고유 명사가 되어버린 것인지는 조금 더 연구가 필요하다. 한 가지 분명한 것은 지도에서 보듯이 고려(Corea)가 따로 한반도에 존재한다는 점이다.

서양에서는 조선 역사와 한반도 고려(Corea)의 역사를 다르게 본다는 것인가?

서양에서는 한반도에 존재한 나라를 가리켜 조선에서 분리된 또

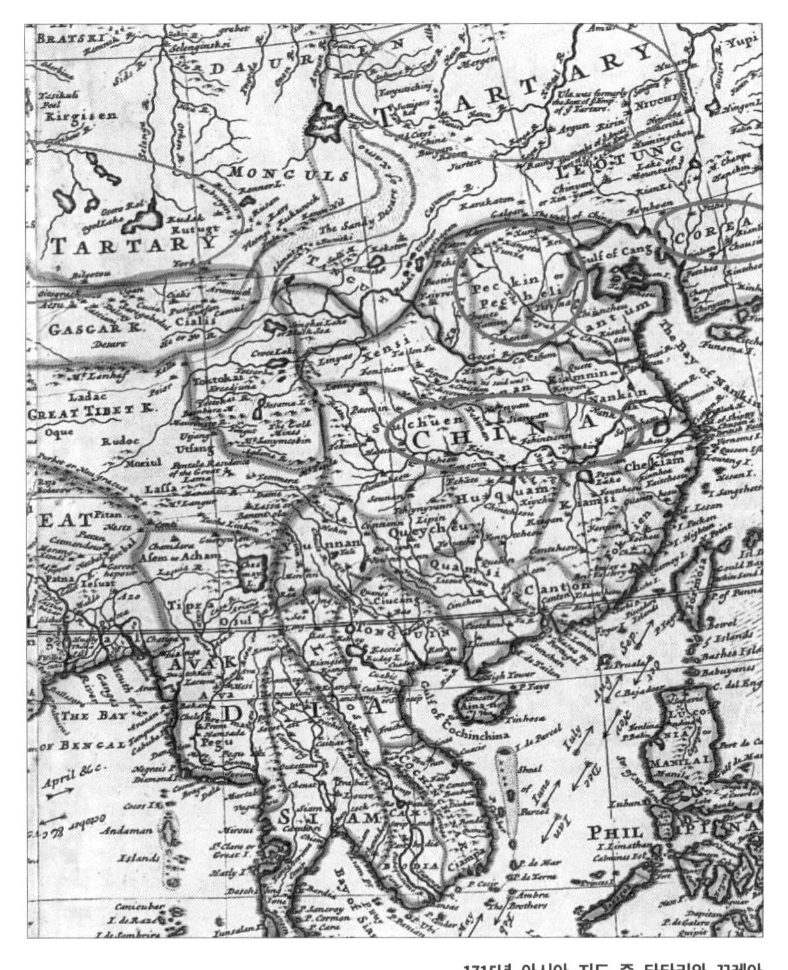

1715년 아시아 지도 중 타타리와 꼬레아

출처: http://digitallibrary.usc.edu/cdm/singleitem/collection/p15799coll71/id/336/rec/1
(서던캘리포니아대학교 디지털도서관 소장)

하나의 나라 고려(Corea)라고 이야기한다. 그렇다면 우리가 아는 왕조실록은 대륙에 존재한 조선(타타리)의 역사이지 한반도의 고려(Corea) 왕조실록이 아니라는 이야기다. 서양의 아시아 역사 자료들을 보면 한반도의 고려(Corea)는 조선에서 분리된 지역이라고 기술하고 있다. 우리가 배워온 바대로 한반도에 삼국이 있었고, 삼국을 통일한 통일 신라에 이어 '고려'로, 고려에서 '조선'으로 이어졌는데 그 조선을 서양에서 고려(Corea)로 부르는 것이 아니라, 조선이란 나라가 대륙에 별도로 존재하였고 그 조선의 일부 지역에서 분리되어 한반도의 고려(Corea)가 되었다는 의미다.

상식적으로 생각해 보자. 조선 역사가 500년이라고 하면서 그 오백 년 동안 서양에서 조선을 계속 고려(Corea)라고 불렀다는 거야? 무려 오백 년 동안 지속된 나라인데, 그게 말이 되는 거냐고?

또 한 가지 분명한 사실은 지도에서 타타리(Tartary) 지역이 명확하게 표시되었다는 점이다. 타타리는 조선 시대에, 왕조실록에 기록된 '달단' 지역에 해당된다. 세부적인 명칭은 타타리를 지역에 따라 'ㅇㅇㅇ타타리' 등으로 나누는데, 광대한 아시아 대륙 대부분이 타타리 지역에 포함되는 사실을 알 수 있다.

그리고 이쯤에서 생각나는 지도가 있다.

「혼일강리역대국도지도(混一疆理歷代國都之圖)」[93]이다. 이 지도는 1402년(태종 2년)에 간행되었는데 김사형과 이무, 이회가 만든 세계

93 신병주, 『규장각에서 찾은 조선의 명품들』(책과함께, 2007). 미야 노리코, 『조선이 그린 세계지도-몽골제국의 유산과 동아시아』(소와당, 2010). 이상태, 『한국고지도발달사』(혜안, 1999), 9~14쪽.

지도다. 크기는 가로 168cm, 세로 158cm이고 아시아, 아프리카, 유럽까지 담아냈다.

❖ **그런데 이 지도에 그려진 조선의 영토는 한반도를 비롯하여 아시아 대부분의 영토를 차지하고 있다. 게다가 한반도가 바로 옆 대륙과 비슷한 크기다. 조선의 영토가 어디까지였을까?**

지도에서 눈여겨 볼 부분은 1400년대 조선의 인접 국가들이다. 1400년대에 세계 지도를 만들어 냈다는 것은 그 당시에 이미 세계 여러 나라들과 교류를 하고 있었음을 뜻한다. 지도에는 수많은 나라들이 그려져 있는데, 지도를 만든 조선이 그 나라들을 몰랐다고 할 수는 없기 때문이다.

❖ **조선이 쇄국 정책을 폈다? 그래서 근대화가 늦었다? 그건 일본이 조선을 미개한 국가였다고 만들고 싶었던 거지. 그래야 일본의 식민 지배를 당연하다고 받아들이게 되니까. 조선이 미개해서 일본이 도움을 준다는 식으로 이미지를 만들려던 것뿐이야. 하지만 실제 미개한 사람들은 누구였을까? 양직공도에 기록된 내용만 보더라도 분명하게 나타날 텐데?**

'혼일강리역대국도지도'는 줄여서 '강리도'라고 부르는데, 지도에 표기된 이웃나라들을 보면 명, 일본, 몽골, 동남아시아, 인도, 아라비아반도, 아프리카, 유럽까지 포함되었다. 인도의 경우엔 조선과 국경선도 표시되어 있지 않다. 조선은 이처럼 세계의 나라들을 알고 있었고 그 나라들의 언어들을 연구하고 조사해서 우리말 한글을 만들게 된 것이기도 하다.

혼일강리역대국도지도? '혼일'은 세계, '강리'는 영토, '역대국도'는 대대로 전해지는 나라의 수도라는 의미이다. 세계에서 대대로 전해지는 나라의 수도를 그린 지도라는 의미이다.

다만, 아쉬운 점은 이 지도들의 원본을 일본에서 보관하고 있다는 사실이다. 1종은 가토 기요마사(加藤清政)[94]의 개인 사찰로 쿠마모토(熊本)시 북서쪽 나카오야마(中尾山) 산중턱의 혼묘지(本妙寺)를 거쳐 교토의 류코쿠(龍谷)대학에서 보관 중이고, 다른 1종은 에도(江戶) 시대[95] 혼코지(本光寺)에서 복사된 것인데 덴리(天理)대학에서 보관 중이다.

94 가토 기요마사(加藤清正, 1562년~1611년): 일본의 장군. 임진왜란 때 조선을 침략한 일본군 제2군 사령관, 정유재란(丁酉再亂, 1597년 8월 임진왜란 정전을 위한 회담이 결렬됨에 따라 다시 조선을 침공하여 1598년 말까지 지속된 전쟁) 때에도 조선에 침략군으로 참전하였다.

95 에도 시대(江戶時代) 또는 도쿠가와 시대(徳川時代): 에도 막부가 정권을 잡은 시기를 가리킨다. 1603년 3월 24일 도쿠가와 이에야스가 정이대장군이 되어 에도에 막부를 연 이래 1868년 3월 1일 에도 성이 메이지 정부군에 함락되는 때까지 265년을 가리킨다.

프랑스, 뒤 알드 신부의 기록: 선교사들이 보내온 편지

17세기 후반, 1674년 2월 1일 프랑스 파리(Paris)에서 태어난 '뒤 알드(Jean Baptiste Du Halde, 1674년~1743년, 세례명: 요한)'라는 아이는 나중에 기독교 신부가 된다. 그리고 그가 남긴 기록은 조선에 관한 중요한 단서가 된다.

뒤 알드 신부가 맡은 업무는 당시 세계에 선교사로 파송된 예수회 선교사들이 보내온 편지와 보고서 기록들을 모으고 분류해서 책을 만드는 게 업무였다.

여기서 분명히 기억해야 할 게 있다. 세계 각지에 파송된 선교사들이 예수회 본부로 보내오는 글에는 종교적 양심에 따라 왜곡되거나 거짓된 내용이 없었으며, '뒤 알드' 또한 맡은 업무에 개인의 호불호 취향에 따른 의도적인 내용 수정이나 단어 철자에 대해 고의적 누락이 불가능했다는 점이다.

❈ 뒤 알드 신부가 하던 일은 꽁땅쎙 신부에게 이어지는데……

뒤 알드 신부가 모은 편집본은 꽁땅생(P. Contansin) 신부의 손에 맡겨진다. 꽁땅생 신부는 32년 간 외국에서 지냈는데, 그중 10년은 북경에서 머물렀다. 프랑스 파리에 돌아온 1년 동안 뒤 알드 신부가 남긴 편집본을 일일이 확인해서 1735년 책을 출간하게 된다.

❈ 그 책이 바로……

그렇게 발간된 책이 『중국통사(The General History of the China)』[96]이다. 이 책은 처음 1736년 네덜란드 헤이그에서 발간되었고, 1741년에는 영국 런던에 있는 왓스(J.Watts) 출판사에서 출간하였다. 1742년엔 제2권을 영어로 출간하였으며, 1747년부터 1749년에는 독일에 있는 로스톡(Rostock) 출판사가 책을 펴냈다.

『중국통사(中國通史)』는 전 4권으로 이루어졌으며 미국 조지타운대학 귀중본 도서관 및 하버드대학교 도서관을 비롯하여 여러 대학 도서관이나 유럽 여러 나라에서 찾아볼 수 있다.

그런데 『The General History of the China』의 제4권 『The Abridgment History of Corea(코리아 역사 개요)』를 살펴보면 426쪽에 한 가지 흥미로운 사실이 기록되어 있다.

The Truth of this Fact being granted, it seems necessary

96 https://books.google.co.kr/books?id=XqQ2AAAAMAAJ&pg=PP22&hl=ko&source=gbs_selected_pages&cad=2#v=onepage&q&f=false

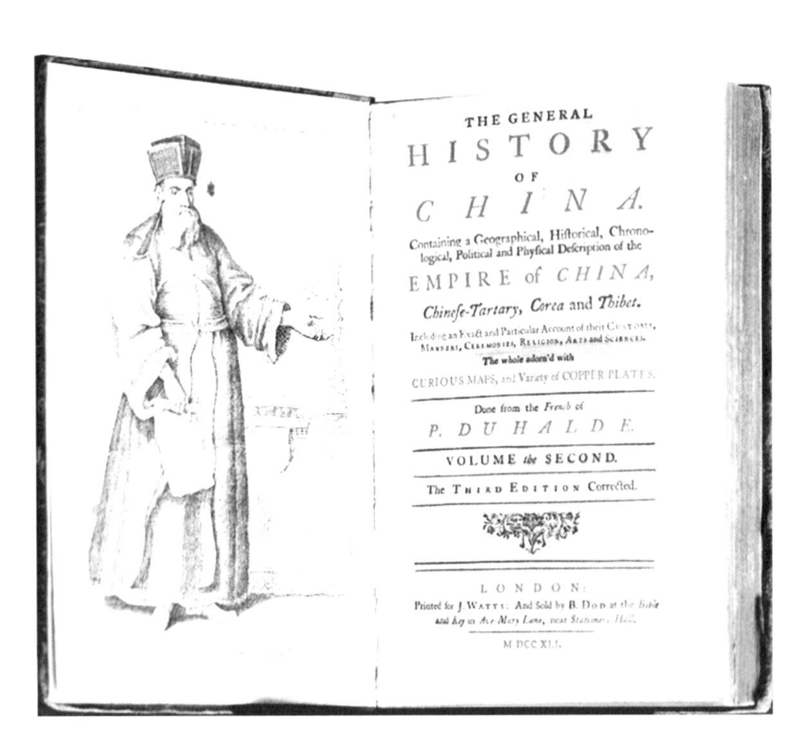

THE GENERAL

HISTORY

OF

CHINA.

Containing a Geographical, Hiſtorical, Chronological, Political and Phyſical Deſcription of the

EMPIRE of CHINA,

Chineſe-Tartary, Corea and *Thibet.*

Including an Exact and Particular Account of their CUSTOMS, MANNERS, CEREMONIES, RELIGION, ARTS and SCIENCES.

The whole adorn'd with

CURIOUS MAPS, and Variety of COPPER PLATES.

Done from the *French* of

P. DU HALDE.

VOLUME *the* SECOND.

The THIRD EDITION Corrected.

LONDON:

Printed for J. WATTS: And Sold by B. DOD at the *Bible and Key* in *Ave-Mary Lane*, near *Stationers-Hall.*

M DCC XLI.

뒤 알드 책

출처: http://www.hcs.harvard.edu/soundingchina/jesuitsobj5.jpg
(하버드대학교 소장)

to conclude that this Place was at that time dependant upon Corea, and that the Gulph of Leao tong, which at this time separates ancient **Tchaossien(조선)** from the Kingdom of Corea, was not form'd till long after.

당연한 이 사실의 진실은, 그 당시에 이 지역(한반도)은 고려(Corea)의 땅이었고, 요동만(灣)을 경계로 옛 조선과 고려(Corea) 왕국을 이번에 구별하여 그 후로도 오랫동안 별도의 지역이었다는 결론이 필요한 것으로 보인다.

그리고 이어지는 문장 내용을 보자.

we find that the Place of Town of Tchaossien, that Ki pe made choice of to fix his Court there, is in the Territory of Rong ping fou, a Town of the first Order in the Province of Petche li.

우리는 Ki pe[97]가 자신의 궁(Court)을 세우고자 했던 '조선(Tchaossien)'의 수도가, 북경(Petche Li) 주(州)의 롱핑포 지역 내(內)에 속해 있다는 사실을 알았다.

선교사들의 기록에는 대륙에 조선이 존재하였고, 한반도에는 고려(Corea)가 요동만을 경계로 조선과 별도로 존재하였다는 사실을 밝히고 있다. 또한, 'Petche Li' 지역은 앞서 알아본 바대로 대륙의 북경 지역임을 확인할 수 있었다.

97 1435년 9세 때 왕위에 오른 명나라 정통제의 이름(휘)은 '기 진(祁 鎮)'인데, 그의 가문 후손일 것으로 추정되며, 18세기에 출간된 뒤 알드 신부 책에 기록된 내용은 조선의 영토가 변경된 상태에서 그 무렵 명나라가 남경에서 북경으로 수도를 옮기면서 북경(Petch Li) 지역에 존재하던 조선의 수도를 찾으려고 시도한 것으로 추정된다(저자 주).

❖ 조선이 한반도가 아닌, 대륙의 북경 지역 인근에 존재하였다는 기록인가?

관련 기록은 주은래 총리의 담화문에서도 확인할 수가 있었다. 명나라와 조선이 합동하여 한반도 고려(Corea) 지역을 공격하려고 하였는데, 원나라가 먼저 일어나서 대륙의 대부분을 차지하였다는 이야기였다. 프랑스 기록과 미국의 고지도, 주은래 총리의 이야기를 종합해 보면 한반도 고려(Corea) 및 대륙 조선 위치가 사실로 확인된다고 할 것이다.

또한, 뒤 알드 신부의 책(394쪽~395쪽)에는 아래의 내용처럼 한반도의 '고려(Corea)'가 '차이나반도'로도 불렸다는 사실, 망토 모양으로 동해로 뻗어있다는 사실 등을 확인할 수도 있다.

> Corea, which may justly be called the Chersonesus of China, since it is contiguous and tributary to it, is a large Peninsula which runs out in the form of a Cape into Eastern Sea between China and Japan.
>
> 고려(Corea)는 차이나(China)에 지리적으로 종속되어 가까우므로 단순히 차이나반도(the Chersonesus of China)라고 불리는데, 차이나(China)와 일본 사이에서 망토 모양으로 동해로 뻗어 있는 커다란 반도를 가리킨다.

그리고 한반도 고려(Corea)는 여러 인종으로 구성되었으며, 대부분 묘(Me)족, 고구려(Kao kiuli)족, 훈(Hun)족들이었다고도 기록하고 있다.

These People erected many Kingdoms, such as was that of Tchaossien, and that of Kalo: whence we have corruptly call'd it Corea. It hath at last taken the name of Tchaossien, under the Dynasty that now reigns, which is of the Family of Li: But although in publick Instruments this latter Title is only given it in China, yet in common Discourse it keeps still its first Name: The mantcheoux call Corea, Sol ho kouron, or the Kingdom of Sol ho.

또한, 이 종족들이 많은 왕국들을 건국하였는데, 조선(Tchaossien), 카로(Kalo)가 그것이며, 카로는 우리가 부르는 '고려(Corea)'가 되었는데, 고려(Corea)는 나중에는 李 가문의 지배를 받는 왕조의 지배를 받으면서 '조선'이라고 불렸다. 그러나 고려(Corea)는 비록 나중 명칭이 차이나(China) 왕국에서만 사용되는 것이었을지라도 아직 일반적으로 여전히 불리기를 만주인들은 고려(Corea), 솔호코우룬, 솔호 왕국이라고 불린다.

그렇다면 삼한은 한반도에만 존재하던 게 아니라 뒤 알드 신부의 책에 기록된 바대로 대륙에도 걸쳐 있던 것이고, 그 지역이 지금은 산둥반도, 천진, 북경, 발해만의 만주 지역이라는 내용이 사실로 확인되는 셈 아닐까?

조선(Tchaossien)과 한반도 고려(Corea)는 별개의 국가였고, 한반도 고려(Corea)를 구성하는 인종들이 묘족, 고구려족, 훈족이 대부분이었다는 거잖아.

결국 한반도의 사람들은 단일 민족이 아니었다는 기록이다. 이를테면 한반도의 고려(Corea)는 '차이나반도'로 불리던 곳이고, 역사적으로 시대적으로 조선의 속국이었을 때는 조선으로 불리거나 또는 구분되어 만주(Mantchoux), 카오린(Kao lin), 만주 타타리(Mantchoux Tartari) 등으로 불렸다. 그 북쪽 경계가 이스턴 타타리(Eastern Tartary)인데 한때는 세력을 넓혀서 차이나(China) 지역을 차지하기도 하였다. 이런 등등의 사실에서 다민족, 다문화를 유지하였다는 사실도 알게 된다.

그렇다면 우리가 이전에는 중공(중화인민공화국)으로 불렀고, 수교를 맺은 후에는 '중국'이라고 부르는 차이나(China)에 대한 기록은 어떻게 되어 있을까? 뒤 알드 책 1쪽을 보자.

> The Kingdom of China is called, by the Western Monguls, Catay; by the Mantcheoux Tartars, Nican Kouron; and by the Chinese, Tchong koue: So that it is very difficult to find out the true Ground of the Appellation given to it by the European; unless the first Royal Family, who carry'd their victorious Arms Westward, caused it to be call'd Tsin, or Tai tsin.
>
> 차이나 왕국의 명칭은, 서양인들에겐 '몽골' 또는 '케세이(Catay)[98]'; 만주 타타리 사람들에겐 '니찬코룬', 차이니스 사람들에겐 '총코우'라고 불렸다. 그래서 유럽사람들이 그 지역의 진짜 명칭을 아는 게 힘들었다. 그러지 않은 경우라면, 서방에 대해 승리를 거둔 첫 황제 가문으로 친(Tsin: 진나라), 또는 타이친(Tai Tsin)으로 불렸다.

위 기록을 보면, 대륙에 차이나 왕국이 있었는데 서양인들은 '몽골' 또는 '거란'이라고 불렸고, 만주 타타리 사람들은 '니찬코룬'으로, 차이니스 사람들은 '총코우'라고 불렸다는 이야기다.

❈ **요즘 사람들처럼 차이나(China)가 중공이고 중공 사람을 가리켜 차이니스(Chinese)라고 불렀던 게 아니었어. '차이나'와 '차이니스'가 서로 다른 나라로 따로 구분되어 있던 거잖아.**

그렇다면 차이나(China) 왕국이 타타리(Tartary: 달단)였을까? 그것도 아니었다. 다음 기록을 보자.(뒤 알드 책 2쪽)

China, from North to South, is of greater Length that Tartary but not equal in Breadth, if measur'd from East to West.

차이나 왕국은 남북으로, 타타리보다 더 길었다. 하지만 폭은, 동쪽부터 서쪽까지 측정한다면 그렇지 않았다(타타리보다 작았다).

위 기록을 보면, 차이나 왕국은 타타리보다 상하 면적은 컸지만 좌우 면적은 작았다고 한다. 대륙에 차이나 왕국과 타타리 왕국이 함께 존재했다는 것이다.

98 거란(契丹): 대륙 동북 지역의 서남부를 흐르는 랴오허(遼河)강 상류인 시라무렌강 유역에서 유목 생활을 하던 몽골계를 일컫는다. 영어식 표현으로 케세이(Cathay), 러시아어식 표현으로 키타이(Kitay), 몽골어식 표현으로 햐타드(Hyatad)라고 불린다.

자, 그렇다면 이제 29쪽을 보자.

Of the great Wall, which divides China from Tartary.

만리장성, 차이나 왕국과 타타리의 국경이 되다.

It is the Northern Boundary of China, and defends it from the neighbouring tartars, who were at that time divided into several Nations under different Princes, which prevented their doing any Injury to China, but by their sudden Irruptions. There was then no Instance of such a Union of the Western Tartars, as happen'd at the Beginning of the Thirteenth Century, when they conquer'd China.

만리장성은 이웃한 타타리로 인해, 차이나 왕국의 북쪽 국경이었다. 당시 타타리 왕국은 서로 다른 제후들이 지배하는 여러 제후국으로 구성되어 있었기 때문에 급작스러운 침입이 생기지 않는 한, 차이나 왕국에는 어떤 피해가 되는 건 아니었다. 그리고 13세기 초가 되면서 차이나 왕국을 지배한 웨스턴 타타리의 경우처럼 그런 것도 아니었다.

There is nothing in the World equal to this Work, which is continued thro' three great Provinces, viz. Petche li, Chan Si, and Chen Si, built often in Places which seem inaccessible, strengthen'd with a Series of Forts.

세상에서 만리장성에 견줄 것은 없었다. 만리장성은 커다란 세 지역으로, 접근하기 어려워 연속된 요새처럼 강력하게 된 '펫치리', '찬시', '천시'까지 이어졌다.

The beginning of this Wall is a large Bulwark of Stone, raised in the sea, to the East of Peking and almost in the same latitude, being 40°2'6" in the Ptovince of Petch Li.

만리장성의 시작은 돌로 만든 거대한 방벽으로, 바다에서부터 시작되어 북경의 동쪽까지 거의 같은 위도로 40°2'6"를 유지하며 펫치리 지역까지 이어졌다.

위 기록을 보면, 만리장성은 타타리 제국과 차이나 왕국(나중에 웨스턴 타타리가 지배)을 나눈 국경 역할을 하였는데, 만리장성은 펫치리, 찬시, 천시 지방을 에워싼 거대한 방벽 역할을 하였고, 만리장성은 펫치리 지역의 바다에서 시작되어 북경의 동쪽까지 거의 같은 위도로 이어져 있었다는 것이다.

왕조실록에서 『태조실록』의 기록과 일치하네! 만리장성이 바다에서 시작되었고, 만리장성의 관문이 있는 곳도 포함하여 사막과 인접한 곳. 달단 지역이라고 하는 지역과 같잖아! 그렇다면 타타리가 달단이고 태조 이성계가 타타리에서 조선을 세웠다고 할 수 있는 거 아닐까? 타타리가 조선이었어!

하지만 아직 이해가 안 되는 점이 있다. 한반도 고려(Corea)를 구성하던 3대 종족(묘족, 고구려족, 훈족)들이 조선을 세우고 코리아(카로)를 세우는 등 여러 왕국을 세웠다고 할 때, 어느 지역까지 그러니까 한반도의 코리아가 8도로 나뉘어 건국된 것 외에 다른 종족들은 어느 지역까지 진출해서 왕국을 세웠는가 하는 부분이다. 한반도의 고려(Corea)가 8도로 세워졌다면 다른 종족들이 세운 조선 등의 왕국들은 대륙으로 만주 지역으로 진출했다고 봐야 하지 않을까.

뒤 알드 책 410쪽에는 이런 기록이 나온다. 차이나 왕국(명나라)의 22대 홍무제 시대의 내용이다. 홍무제가 한반도 고려(Corea)에 말을 사러 사람을 보냈는데, 고려에서 돈을 받지 않겠다고 하니, 돈을 받아두라며 이어지는 내용이다.

> but the Emperor had them valued, paid the Price of them, at the same time ordered the Coreans to restore the Towns of Leao yang and Chin tching, which they had made themselves Masters of in the Province of Leao tong; some short time after Li gin gin, Prime Minister of Corea, deathroned Kiu(禑), and advanced Vang tchang to the Crown: Li tching kouei(리 칭 코우에이), Son of Li gin gin, took the Crown from Vang tchang(王昌, 1388~1389), and put it on the Head of Vang yao(王瑤, 1389~1392); soon after he took it from him, made himself be crowned King of Corea and removed the Court to Han tching(한성):
>
> 황제는 말(馬) 값을 계산을 하라고 하였고, 가격을 치렀다. 그리고 동시에 코리아 사람들에게 료양(Leao yang, 요녕성 수도) 지역과 친칭(Chin tching) 지역을 복원하라고 하였는데, 그 지역들은 코리아 사람들이 스스로 요동의 주인이라고 여기는 곳이었다. 코리아의 총리 '리진진' 이후에 다소 짧은 시간이 흐른 후에 폐위한 '우(禑)'에 이어 '왕창'이 왕위를 받았는데, 리진진의 아들 리 칭 코우에이가 왕창으로부터 왕위를 가져와서 '왕요'에게 주었고, 곧이어 리 칭 코우에이가 왕요에게 왕위를 가져와서 스스로 왕이 되었으며, 수도를 한성으로 옮겼다.

위의 내용을 보면 '리 칭 코우에이'가 우왕을 폐위시키고 창왕을 즉위시켰다가 다시 요왕을 즉위시키고 나서 나중엔 스스로 왕위에 오른다는 내용이다.

여기서 '리 칭 코우에이'는 누구일까? 이성계(李成桂)일까? 북경어식 발음상 이성계(李成桂)는 Lǐ Ch ng gu (리 청 꾸이)로 표기된다. 서로 다른 인물이란 걸 추정하게 된다.

그러므로 '리 칭 코우에이'가 이성계를 따라한 것은 아닌지 생각해볼 필요는 없을까? 게다가 리 칭 코우에이의 아버지가 '리진진(Li gin gin)'이라는 기록에 따르면 우리가 배운 조선왕조실록에 기록된 이성계의 아버지[이자춘(李子春)]과도 이름이 다르기 때문이다.

리 칭 코우에이의 코리아에서 일어난 일들에 대한, 뒤 알드 신부의 기록을 간략하게 설명하자면 이렇다.

리진진의 아들 '리 칭 코우에이'는 이름을 '단(Tsan, Tan)'으로 바꾸고 명나라에 통지하며 코리아를 조선이라고 부르겠다고 하였는데, 명나라에서는 그 내용이 거만하게 보인다며 거절하였고, 명나라 황제는 그 내용을 누가 작성하였는지 알아내어 보내라고 하였으나 '리 칭 코우에이'는 그러한 요구를 거절하고, 오히려 그 전갈을 가져온 대사를 '윈난(운남성 또는 리 칭 코우에이가 지칭하는 한반도 내의 지역 명칭으로 추정)'으로 추방해버렸다고 전하고 있다. 그리고 '리 칭 코우에이'에 이어 1403년부터 이방원(Fang yuen)이 왕이 되었고 그 뒤를 이어 '이도(Tao)'가 왕이 되었다고 기록하고 있다.

그렇다면 '리 칭 코우에이'는 누구이고 '이방원'과 '이도'는 누구일까? '리 칭 코우에이'가 조선(달단)의 이성계를 모방하여 자신의 아들들의 이름을 똑같이 지은 것이라고 볼 수도 있다.

생각해보자. 우리가 역사는 태조 이성계(1392년 즉위)에 이어 정종 이경(1398년 즉위), 태종 이방원(1400년 즉위), 세종 이도(1418년 즉위)의 순서라고 기록하고 있다.

그렇다면 당시 코리아의 리 칭 코우에이가 나라 이름을 조선으로 하면서 자신의 이름을 '이단'으로 하고, 아들을 '이방원'으로, 손자를 '이도'로 이름을 정한 것으로 충분히 의심할 만하지 않은가. Corea를 조선으로 부르는 김에 자기 이름과 아들, 손자 이름까지 조선의 왕 순서대로 만들고자 하지 않았을지 의문을 갖게 된다는 의미다.

설령, 리 칭 코우에이를 이성계라고 가정한다면, 당시 이성계가 세운 나라는 한반도 코리아가 아니라 대륙에 존재했던 사실이 명확하게 드러난다고 볼 수 있다. 당시 코리아가 이성계의 영토가 된 것으로 보여지기도 한다는 점이다. 명나라의 전갈을 가져온 자를 윈난(Yun Nan)으로 추방하였다고 기록되어 있으니 말이다.(윈난이란 지명은 예나 지금이나 한반도에서는 찾아볼 수 없다.)

그래서 더욱 의문이 드는 점은 일제강점기 조선사편수회에서도 '리 칭 코우에이'에 대한 기록을 모를 리 없던 것이라면, 혹시라도 과거에 누군가의 주도로 한반도 코리아에 조선의 역사를 구겨 넣고자 하는 계획이 있었다면, 리 칭 코우에이의 기록에 의하여 한층 수월하지 않았을까?

여기서 잠깐, '이름' 이야기가 나온 김에 한 가지 질문을 더 던져보자. 왕의 이름부터 시작하여 우리나라 사람들의 이름은 언제부터 한결같이 4자 이내로 정하게 되었는지도 살펴봐야 할 부분이다. 명나라, 원나라, 요나라, 금나라, 청나라를 비롯하여 글자 수에 제한 없이 이름을 지었는데, 유독 한반도 땅의 사람들에게만 4자 이내의 이름을 정할 이유가 있었을까? 만약 그렇다면 그 시점은 언제부터, 무슨 이유에서 비롯되었을까?

다시 한 번 정리하자. 왕조실록에 기록되었듯이 조선은 1385년경에도 이미 존재하고 있는 나라였다. 맹가첩목아가 섬기는 나라가 조선이었다는 사실, 조선이 건국되었을 당시에도 한반도 고려(Corea)가 이미 존재하였다는 사실 그리고 뒤 알드 신부의 책에서도 기록되었듯이 요동을 경계로 조선과 한반도 고려(Corea)가 구분되어 있었다는 사실도 기억하자.

그렇다면 결과적으로 고려 말 이후 조선의 건국 과정에 대한 이야기는 당시 한반도 고려(Corea)의 왕실이 혼란스럽고 나라가 제대로 운영되지 않자 조선에서 리진진을 고려(Corea)에 보내어 고려(Corea) 왕을 도와 다스리게 하였다는 것이고, 그럼에도 불구하고 고려(Corea)의 사정이 나아지지 않자 리 칭 코우에이가 직접 고려(Corea)의 왕이 되어 고려(Corea) 한성부 대신 조선의 한성부로 삼아 통치하게 되었다는 이야기가 더 신빙성이 높지 않은가?

고려(Corea)에서 조선이 된 것이 아니라, 고려(Corea)도 조선으로 부르기로 하였다는 의미이다.

뒤 알드 신부가 리진진의 아들이 '리 칭 코우에이'라고 기록한 내용을 보자면 당시 이성계의 아버지 이자춘의 경우 후궁에서 얻은 자식들이 많았고, 이자춘도 아버지 이춘이 낳은 자식들 6남 6녀 가운데 한 명인데, 가문 중심으로 모이는 게 중요했던 시기에 이성계의 친족이 고려(Corea)에 와서 총리가 되어 다스린 것으로 봐야하지 않을까?

이자춘의 아버지 이춘(李椿)은 본처로부터 4남 3녀를 얻고, 후처로부터 2남 3녀를 얻었는데, 그들 가운데 친인척으로 봐야 한다는 의미다.

그리고 시간이 흘러, 한반도 고려(Corea)는 조선이란 이름에서 다시금 고려(Corea)로 불리던 시기가 이어졌다는 사실을 확인할 수 있다는 점도 위와 같은 추정의 근거가 된다.

뒤 알드 책 411쪽을 보자.

> In the 20th Year of the Reign of Van lie, that is, in the year 1592. Ping sieou kii, Chief of the japanese, invaded Corea.
>
> 만력제(萬曆帝, 1563~1620)의 재위 20년째인 1592년에 일본의 우두머리인 풍수길(Ping sieou kii, 豊秀吉, 1537~1598)이 고려(Corea)를 침략했다.

위 문장을 보면, 1592년 명나라의 만력제 시대에 일본의 우두머리인 풍수길이 고려(Corea)를 침략했다고 기록하고 있다. 분명히 '고려(Corea)'라고 기록하고 있다. '조선'이 아니다. 이번에는 412쪽 5행의 기록을 보자.

> Li Fen was at that time King of Corea
>
> 그 당시에 코리아의 왕은 '리 펀' 이었다.

1592년에 코리아의 임금은 분명히 '리 펀'이라고 기록하고 있다. 동 기록이 이어지는 내용(412쪽~413쪽)을 간략하게 옮겨본다.

만력 20년(1592년).

풍수길(Ping Sieou Kii)은 두 명의 장수로 하여금 코리아를 공격하게 하였고, 그들은 Feou Chan(부산?)에 도착하였다. 오랫동안 전쟁을 경험하지 못한 코리아인들은 일본이 쳐들어오자 마을을 떠나 피난을 갔고 코리아 왕은 둘째 아들 '리회(Li Hoei)'에게 통치를 맡기고 요동으로 가서 Pinjam(평잠)에 은신처를 마련했다.

일본군은 대동강(Ta Tong Chiang)을 건너 Pinjam을 포위했다. 일본군들은 이미 궁궐의 주인이 되어 있었다. 여자와 어린이들과 왕의 신하들을 확보했다. 코리아의 8도가 거의 대부분 일본군의 손에 들어왔다. 일본군들은 압록강(Ya lou kiang)을 건너 요동 땅으로 들어갈 준비를 하고 있었다.

코리아의 왕은 최대한 빠르게 연속해서 명나라 황제에게 도움을 요청했다. 그리고 지원군이 도착했지만 일본군에게 패하였고, 그 당시 풍수길은 대마도(Toui ma tao)에 머물면서 코리아를 침략하는 부하들을 지휘하고 있었다.

코리아를 보호한다는 1인자 자리에 오른 일본군 장교는 풍수길을 태고왕으로 받들며 풍수길에게 무릎을 꿇는 최대한의 예의를 표하며 평잠의 동부에 있는 코리아인들은 포기하겠다고 말했다.

그러나 같은 해 12월, 리쥐송(Li ju song)은 6만 명에 이르는 군대를 조직하여 온갖 어려움을 이겨내며 봉황산(Fong Hoang Chan)을 넘어 요동 땅으로 들어갔고, 모든 길은 그의 말들이 흘린 피로 가득했다. 리쥐송은 코리아가 한눈에 보이는 압록강 변산에 올라섰다.

그리고 만력제 21년 1월에 리쥐송과 그의 부하 장교들은 일본군 장교를 속일 작전을 짰는데, 중국 왕의 편지를 보내온다고 하여 일본군 장교의 부하들을 보내라 하였고 일본군 장교는 12명의 부하 장교를 보냈는데 리쥐송은 그들을 생포하였다.

그러하며 평잠의 남동쪽 지역에서 리쥐송과 일본군의 전투가 이어졌고, 리쥐송이 연승하였으며 평잠의 서쪽문에서 리쥐송의 말이 캐논볼(원거리 사격용 대포)에 맞아 죽었으며 '웨이 청(Ouei tchong)'이 머스켓볼(총신이 긴 화약을 사용하는 총)을 맞고 사망했다. 리쥐송은 계속해서 부하들에게 싸우라고 용기를 북돋웠다.

리쥐송은 새 말을 잡아타고 궁궐 안으로 진격했으며 드디어 차이나 병력이 평잠 지역에 만리장성을 차지할 수 있었고, 일본군 장교는 피신하며 대동강을 넘어 롱산(Long chan)에 숨었다.

그리고 이후 기록을 보면, 차이나군과 일본군 사이에 전투가 이어지며, 만력제 25년(정유년, 1597년)에도 다시 코리아에 함대를 보내어 침략을 시도하는 전쟁이 이어졌다고 기록되었다.

위 내용을 다시 정리해보자. 일본의 풍수길(豊臣秀吉: Ping Sieou Kii)과 그의 부하 두 명, 고니시 유키나가(小西行長: Hing Tchang)와 가토 기요마사(加藤清正: Tsing Tching)가 등장하고, 코리아의 왕이 궁을 버리고 둘째 아들에게 궁을 맡기고 자기는 피신하여 요동 땅으로 들어가서 차이나군에 도움을 요청하는 등의 내용은 우리가 아는 임진왜란 이야기와 줄거리가 상당히 비슷하게 보이지만, 구체적으로 살펴보면 우리가 배운 임진왜란 이야기 속 등장인물들의 이야기와 사건들과는 전혀 다르다는 사실을 알게 된다.

이건 마치 누군가 이야기 구조를 정해놓고서 등장인물과 사건 얼개를 짜 맞춘 것은 아닌지 의심하지 않을 수 없다. 합리적인 의심 아닌가? 만약 뒤 알드 책의 기록이 사실이라면 도대체 누가? 왜? 1592년에 코리아 땅에서 벌어진 전쟁 이야기를 임진왜란이라고 불러야만 했던 걸까? 그리고 1592년에 코리아에서 일본군을 물리친 '리쥐송' 장군은 누구였을까? 행여나 만에 하나라도, 코리아의 실록과 조선의 실록이 뒤죽박죽 뒤섞였거나 또는 일제강점기 조선사편수회에서 누군가의 입맛대로 새롭게 창작한 것은 아닐까?

일제강점기, 인터넷도 없던 시절, 한반도를 조선이라고 부르게 하고 대륙 동북 지역과 비슷한 위도에 맞춰 한반도에도 조선의 역사에 기록된 유적을 그럴싸하게 만든다면? 글자 그대로 대륙 동북 지역의 '조선'을 한반도에 본떠 옮겨 그린 '대동여지도(大東輿地圖)'가 아닐까?

이번에는 1598년, 7년간의 전쟁이 끝난 시점에서 고려(Corea)의 왕은 누구였는지 421쪽을 보자.

> The 17th of the eleventh Month Ling tching first set fail, and was soon after followed by the rest of the Japanese; thus ended this War which had continued seven Years.
>
> (1598년) 11월 7일 링칭(Ling tching)은 처음으로 패했다. 그리고 곧이어 나머지 일본인들을 따라갔다. 그리하여 7년간 지속되어온 전쟁이 끝났다.

> The Prince, who at this time reigns in Corea, is of the House of the same Li, and is called Li tun;
>
> 이 당시에 고려(Corea)의 왕자는, **동일한 李가문**으로, 이름은 **'이툰(Li Tun)'**이었다.

그런데 우리 기록을 보면, 임진왜란이 끝난 1598년에도 조선의 임금은 선조였다. 선조(宣祖, 1552년~1608년)는 조선의 제14대 임금으로

1567년부터 1608년까지 왕위에 있었으며, 이름은 '이연(李昖)'이었다.

다시 이어지는 문장을 보자.

> it cannot be disagreeable to insert in this place the placet which he presented to the Emperor Gang Hi in the year 1694.
>
> "The King of Tchaossien presents this Placet with a Design to settle his Family, and to make known the desires of his People."

> '리툰'은 이 지역(코리아 땅=한반도)에 (조선의 세력이) 들어오겠다는 요구를 (당시 코리아의 힘만으로는) 거절할 수 없었다. 이에 리툰은 1694년에 강희 황제에게 (도움을 청하는) 외교문서(plaset: 프랑스어로 진정서, 청원서)에서 다음과 같이 말하였다. "조선의 왕은 조선의 국민이 원하는 바라며 조선의 세력을 정착시키려는 의도가 담긴 외교문서를 보내왔습니다."

이러한 내용을 보더라도, 1694년에도 코리아와 조선은 서로 다른 나라였다는 것을 알 수 있다. 당시에 조선은 코리아 땅을 다스리려 하며 코리아 왕 리툰에게 그것은 조선의 국민들이 원하는 바라고 이야기하였던 것이다.

결론적으로, 1694년에 조선은 대륙에 있던 것이고, 한반도에는 코리아가 있던 것을 알 수 있다.

❈ 그렇다면 일본의 풍수길이 1592년에 고려(Corea)를 침략해 서 명나라와 협상을 벌이고 명나라의 승리로 7년 만에 끝난 이 전쟁은 우리가 알고 있는 그 임진왜란이 아닌 거야?

대륙 남쪽의 왜구가 대륙의 양자강 쪽으로 진격해 온 전쟁과 비슷한 시기에 한반도 고려(Corea)에서도 풍수길이 대동강변까지 진격한 전쟁이 있었다는 것은 기록으로 전해진다. 하지만 16세기 무렵 국가 간 세력 전쟁은 드물지 않은 일이었으므로 1592년에도 여러 지역에서 전쟁이 벌어지는 건 불가능한 일이 아니다.

가령, 조선에서 임진왜란이 끝난 시점은 노량 해전(露梁海戰)을 끝으로 일본군이 물러난 것으로 기록되어 있는데, 노량 해전은 1598년 12월 16일(선조 31년 음력 11월 19일) 이순신의 수군이 노량 해협에서 일본의 함대와 싸운 전투를 가리킨다.

또한, 위 기록에서 보듯이 한반도 고려(Corea)에서 일본이 물러간 시점과 일치하지도 않으며, 당시 조선의 왕과 한반도 고려(Corea)의 왕도 서로 다르다.

그렇다면 '조선의 왜구와의 전쟁(임진왜란)'과 '고려(Corea)의 일본과의 전쟁'은 비슷한 시기에 벌어진 전쟁일 뿐이고, 한반도 고려(Corea)에서 생긴 전쟁은 임진왜란이 아니라는 사실이 거듭 확인된다고 할 것이다.

❈ 한반도 고려(Corea)를 쳐들어온 도요토미 히데요시(豊臣秀吉, 풍신수길, 1537년~1598년)**는 대륙 조선을 쳐들어간 왜구의 왕이며 또한 일본의 왕이기도 하다는 이유로 두 전쟁을 동일한**

전쟁이라고 착각해선 안 될 거야. 『간양록(看羊錄)』99의 기록 에 따르면 풍신수길은 명나라와 전쟁을 준비하면서 동시에 한반도 고려(Corea)를 쳐들어갈 준비도 하고 있었어. 애초에 고려(Corea)를 통해 명나라를 가겠다는 구실을 삼은 게 아니라 명나라를 공격할 준비도 했고, 코리아를 공격할 준비도 했다는 것이지. 두 나라와 동시에 전쟁을 하려 했던 것이야.

연합군? 그런 동맹군에 대한 게 아니다. 한반도의 고려(Corea)를 공격하면 어차피 군대가 없는 고려(Corea)를 이기는 건 어렵지 않은 것이고 문제는 명나라 군대였다. 그런데 명나라는 조선과 형제 관계를 유지하던 상태가 아닌가?

❈ 이순신의 『난중일기』 기록이나 이순신대첩비 내용을 보더라도, 이웃나라가 왜구의 공격을 받는 것을 도우러 이순신 장군이 나섰다고 되어 있잖아? 남해를 건너 왜구의 근거지까지 소탕하러 갔었다고도 하고. 당시 조선 왕실에서는 일본의 지원을 받는 왜구와 명나라의 전쟁이자 일본군과 고려(Corea)의 전쟁이었기 때문에 큰 신경을 쓰지 않았던 게 아닐까?

명나라를 공격하면 조선이 도우러 올 것이고, 고려(Corea)를 공격하면 명나라가 먼저 고려(Corea)를 도우러 올 것이 분명했다. 일본 입장에서는 조선이 명나라를 돕게 할 것인지, 고려(Corea)를 돕게 할 것인지 작전을 짜야 했을 것이다.

❖ **동시에 두 지역에서 전쟁하려던 게 풍신수길의 계획이었어. 대륙의 남쪽에서 왜구들을 지원군으로 끌어들여 연합군으로 명나라를 공격하고, 동시에 일본의 두 장군에게 진격로를 알려주고 한반도 고려(Corea)를 쳐들어가게 한 것이지.**

한편, 그 당시 스페인과 프랑스가 대륙의 광동 남쪽에 섬나라들을 차지하고 있었고, 영국(영길리국)은 조선에게 조공을 하던 상태였다는 점도 염두에 뒀을 것으로 보인다. 영국은 심양까지 올라와서 조선 앞바다의 해면을 관찰하였다고도 하니, 1592년 시점을 전후로 서구 열강과 왜구들의 분위기 또한 일본의 작전에 도움이 되었을 것이다.

❖ **상식적으로 생각해 봐도 명나라와 한반도 고려(Corea)는 서로 동맹인데, 고려(Corea)를 치면 명나라가 도우러 올 것이거든. 그걸 막으려면 명나라도 치고 동시에 고려(Corea)도 쳐야 해. 그래야 서로 돕지 못하니까. 1:1로 두 곳에서 전쟁하는 게 낫지, 조선(달단)까지 포함 3:1로 한반도 한 곳에서 전쟁하기보다는. 그렇다면 어째서 그동안 우리는 두 개의 전쟁을 마치 한 개의 전쟁처럼 잘못 알고 있던 걸까?**

이해하는 데 도움이 되도록, 『태조실록』 1권, 총서 129번째 기사(태백산사고본 1책 1권 34장 A면)[100]를 보자.

99 강항(姜沆)이 일본의 풍속 · 지리 및 군사 정세 등을 기록한 책으로, 현종 9년(1668)에 1권 1책으로 간행되었다.

100 국사편찬위원회 조선왕조실록(http://sillok.history.go.kr/id/kaa_000129)

恭讓忌之多方誣毁禑昌之黨連姻王室朝夕譖訴恭讓反信
讒言日夜與左右潛圖除之 太祖麾下士憤其所爲欲上書
辨其誣妄書成未上 太祖庶兄壻卞仲良居中觀變知恭讓
猜嫌已極恐禍及己素與恭讓壻益川君王緝結同庚契至是
以麾下士成書告緝欲爲他日之地故恭讓知之謂 太祖曰
聞卿麾下士欲爲書論禹玄寶等卿亦知耶 太祖愕然對以
不知退召麾下士始知其情止之○三月世子奭朝見而還
太祖出迎于黃州遂畋于海州將行有巫方兀言於 康妃曰
公之此行譬如人升百尺之樓失足而墜幾至于地萬人聚
而奉之 妃深憂之及 太祖射獵逐禽馬陷泥淖而蹶遂墜
失豫肩輿而還恭讓連遣中使問候初鄭夢周忌 太祖威德
日盛中外歸心及聞 太祖墜馬有喜色欲乘機去之嗾臺諫
曰先剪羽翼趙浚等然後可圖也乃劾 太祖所親信三司左
使趙浚前政堂文學鄭道傳前密直副使南誾前判書尹紹宗
前判事南在清州牧使趙璞恭讓下其書都堂夢周從中扇之

『태조실록』 1권, 세자의 조현

출처: 국사편찬위원회 조선왕조실록

http://sillok.history.go.kr/popup/viewer.do?id=kaa_000129&type=view&reSearchWords=&reSearchWords_ime=

三月, 世子奭朝見而還, 太祖出迎于黃州, 遂畋于海州.

3월, 세자(世子) 석(奭)이 중국에(?) 조현(朝見)하고 돌아오니, 태조가 황주(黃州)에 나가서 맞이하고, 드디어 해주(海州)에서 사냥하였다.

위의 우리말 해석문은 국사편찬위원회에서 공개한 해석 내용이다. 위 한자 원문을 설명하기 위해 아래 문장 하나를 소개한다.

"學而時習之(학이시습지)면 不亦說乎(불역열호)."

위 문장 해석은 "배우고 익히면 즐겁지 아니한가?"라고 이해한다. 공자의 논어에서 나온 이야기다. 여기서 보듯 '而(말 이을 이)' 글자의 용법[101]은 '그리고, 그리하여, 그래서, ~하면서'라고 이해하는데, 경우에 따라선 '그러나, 그런데도'라고도 쓰일 수 있다. 시간을 나타내는 단어 뒤에 붙여 사용할 때도 있고, 사람을 가리키는 대명사로도 쓰인다.

그렇다면 위 문장 '世子奭朝見而還'에서는 어떻게 쓰였을까?

'세자(世子) 석(奭)이 조현(朝見)하러 돌아오니 태조가 황주에 나가서 만났다'라고 하면 무리가 있을까? 왜냐하면, 우리말 해석과 다르게 실록의 한자 원문에서는 애초에 '중국'이란 글자도 없으며, 당시 조선은 명나라와 형제의 사이였고, 명나라는 맹가첩목아에게 하대를 당할 정도의 위치였기 때문이다. 따라서 세자가 태조에게 조현하러 오는 상황이어야 오히려 납득이 된다.

❖ 한자어 문장에서는 글자 한 개 차이로 의미가 전혀 달라지기도 하는데, 원문에 없는 '중국'이란 의미까지 들어간 이

101 EBS 중학사이트(mid.ebs.co.kr/board/course/qnaView?boardId=300109&pageNo=6&rootPostId=2821678&postLevel=1)

유가 무엇일까? 태조 이성계가 아들까지 명나라로 보내면서 인사드리고 오라고 했다고? 그런 세자를 이번에는 태조 이성계가 반갑게 한달음에 달려 나가 마중한다는 것이고? 어떻게 하든 그런 이미지를 만들려고 한 건 아닐까? 다른 기록들과 비교해도 납득이 가지 않거든. 오히려 세자가 아버지인 태조 이성계에게 인사드리러 오고 아버지 태조가 반갑게 맞이하여 인사를 받는 상황이라야 더 자연스럽지 않은가?

역사 기록에서 글자 한 개에 따라 의미가 전혀 다르게 해석되기도 한다. 없는 글자를 넣어서 내용이 달라진다면, 같은 내용을 일부러 구분해서 다르게 해석하려고도 할 수 있을 것인데, 그 의도가 무엇이었을까?

※ 저자 주. 이 책에 기록된 내용은 뒤 알드 신부가 엮은 『CHINA(차이나) 통사』 제4권에 수록된 내용으로 2쇄 수정판이다. 출판사는 존 왓슨(John Watts) 출판사이고 주소는 영국 런던 링컨인필드 근처 와일드코트(Wild-Court near Lincoln's-Inn Fields, London)에 소재한 곳이다. 조선(Tchaossien) 및 고려(Corea) 역사에 관련된 내용은 레지(PERE REGIS) 선교사[102]의 기록이다.

102 뒤 알드 책 381쪽 참조

프랑스, '루이 르 꼼떼' 선교사의 책: 북경에서 온 과학 도구

『MEMOIR DE LA CHINE』 겉표지와 속지

다음은 북경의 과학 도구들을 소개하고 있는 프랑스의 고서적을 하나 살펴보도록 하겠다.

1697년에 출간된 『Nouveaux MEMOIRES sur L'ETAT PRESENT de LA CHINE second Edition(현재 상태의 CHINE에 대한 새로운 기억들)』이란 책이다. 책의 저자는 예수회 선교사인 루이 르 꼼떼(Louis LE COMTE, 1655년~1728년)로서 1685년 Chine에 파견된 6명의 수학자 중 한 명이다.

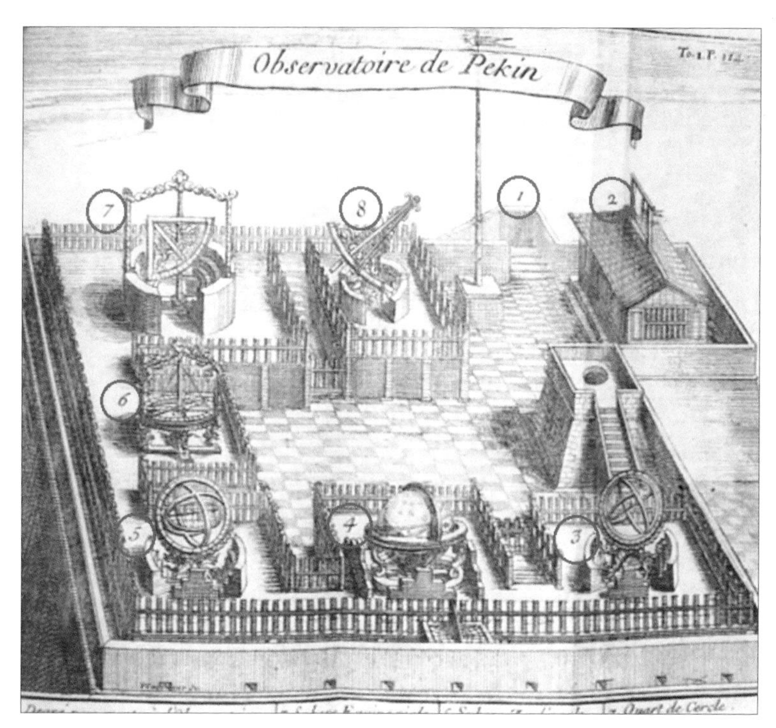

북경의 과학 도구 내용

이 책이 중요한 것은 1691년에 프랑스로 돌아가기까지 그가 5년 동안 머물면서 역사적으로 가치 있는 많은 자료를 수집하였고, 그러한 자료를 바탕으로 그 당시만 하더라도 여전히 서양 사람들에게 잘 알려지지 않은 나라에 대해 가장 정확한 정보를 알려줄 수 있는 책으로 평가받는다는 점이다.

그런데, 이 책에는 흥미로운 내용이 있거든……

수학자로 Chine에 파견된 프랑스 사람. 그가 5년 동안 북경에서 보고 기록한 도구들을 살펴보자. 우리가 알고 있는, 어디에선가 많이 본 것들 아닌가? 구체적으로는 혼상(渾象), 혼천의(渾天儀), 간의(簡

中宗大王實錄卷五十七

子有罪無罪渾歸一途通天之怨莫此若也及聞有御史之奇則必移
籌書出囚徒而待之過則滿獄中盈几上國之見欺何可勝言○開城
府有虫史臣曰京畿開城府廣州等七邑及京城近處蝗虫滿野食年
麥黍粟根穗皆盡大饑之後中外旱甚蝗又爲災人民囂然喪心○癸
巳夜南方有氣如火○觀象監啓曰簡儀渾象 世宗朝所造也觀天
之器只有一件未便若又修補則無測候之具故前日請加造一件而
今又畢造但舊象排置星辰及着漆處今或剝落請以新象排設校正
其差違而令匠人仍修補何如且一象藏之何所并稟傳曰依啓修補
一件置于內觀象監可也○兵曹以慶尚右道水使趙壽千書狀啓曰
此云知世浦萬戶金仁祐撫恤軍卒防備諸事勤勤措置前者平安道
上土萬戶金永柔防禦諸事皆爲特異故遞來時相當職除授事捧
承傳矣此人則只撫軍隄備而已何以爲之傳曰名目雖殊豈其異也
此人亦依金永柔例捧承傳○平安道肅川安州价川三登江東中
和祥原平壤有蝗○御夕講○憲府啓曰護軍鄭士龍以有才望堂上
官遭父喪長在京家任然率妾無行縱恣大毀風教請勿齒仕版物論
不發者久矣至是論啓人皆快之慶尚道都事鄭萬鍾爲六品纔十七朔而今陞五品

『중종실록』 57권, 간의혼상

출처: 국사편찬위원회

http://sillok.history.go.kr/popup/viewer.do?id=kka_12105011_002&type=view&reSearchWords=&reSearchWords_ime=

혼상

출처: 한국관광공사(조선왕조의 숨결이 살아 숨 쉬는 여주여행 1편)

http://korean.visitkorea.or.kr/kor/bz15/travel/history/content/cms_view_1154417.jsp

儀), 앙부일구(仰釜日晷), 정남일구(定南日晷) 등 모두 조선 시대의 과학 도구들과 너무나도 흡사하다.

예를 들어, 그림에서 4번을 보면, 그 모양이 '간의' 또는 '혼상'과 유사하다. 6번도 크게 다르지 않다. 그런데 간의와 혼상은 세종 14년(1432년) 이천(李蕆)과 장영실(蔣英實) 등이 만든 천문 관측기구라는 사실이다.

『중종실록』 57권, 중종 21년 5월 11일 계사 2번째 기사(태백산사고본 29책 57권 5장 B면)[103]를 보자.

> 觀象監啓曰: "簡儀、渾象, 世宗朝所造也. 觀天之器, 只有一件, 未便. 若又修補, 則無測候之具, 故前日請加造一件, 而今又畢造. 但舊象, 排置星辰及着漆處, 今或剝落, 請以新象排設, 校正其差違, 而令匠人, 仍修補何如? 且一象藏之何所, 竝稟." 傳曰: "依啓. 修補一件, 置于內觀象監可也."

> 관상감(觀象監)이 아뢰기를, "간의(簡儀)·혼상(渾象) 은 세종조(世宗朝) 때 만든 것으로, 천문(天文)을 관측하는 기구가 하나뿐이어서 불편하기 짝이 없습니다. 그렇다고 보수(補修)하자니 기후를 관측할 기구가 없습니다. 때문에 전일에 하나를 더 만들자고 건의했었는데 이제 다 만들었습니다. 그러나 전의 기구는 별들의 배치와 옻칠한 데가 혹 벗겨지기도 하고 떨어지기도 했습니다. 새 기구를 배설(排設, 나누어 설치)할 적에는 전의 기구의 어긋난 곳을 교정(校正)하고, 장인(匠人)을 시켜 보수하게 하는 것이 어떻겠습니까? 또 전의 기구는 어느 곳에 보관하는 것이 좋을는지 아울러 아룁니다." 하니, 전교하기를, "아뢴 대로 하라. 보수한 전의 기구는 내관상감(內觀象監)에 두도록 하라." 하였다.

103 국사편찬위원회, 조선왕조실록(http://sillok.history.go.kr/id/kka_12105011_002)

物率伴從人軍人并七十五人賴大內大友小二殿諸人護送之力五
月二十四日還到對馬島○己丑御經筵○命承政院曰卒判漢城府
事鄭㦂啓妻辛氏隣于延昌君公主之家因此公主連續惠養辛氏深感
之將奴婢三十口成文券許之徒以一時惠養公然受之誠爲不可呼
㦂啓子孫給文券以還○庚寅命成均直講金末集賢殿副修撰南秀
文授諸大君書○兀良哈十六名潛寇閭延射殺男女各一命依前例
給米豆共三石亦令致奠○鄭招朴堧金鎭等進新造渾天儀○承文
院啓本院祿官及權知每十月一次令製吏文考定高下每朔啓達歲
抄通計傳報吏曹以憑陞黜且講所讀書籍其通不通誦不誦每朔啓
達褒貶時憑考施行從之○辛卯賜判江界都護府使楊春茂知閭延郡
事金允壽知慈城郡事姜自淮弓矢加賜允壽單衣一襲○宣慰使上
護軍池含回自斡木河復命曰臣到彼境猛哥帖木兒以兵儀迎命設
宣慰宴彼極感謝仍曰婆猪江賊魁乃林哈剌也李滿住力止之今其
聲罪不分玉石並行天討滿住失望且小人族親居婆猪江而被擄者
頗多願善啓送還帖木兒麾下有婆猪江被殺人之族疾視而欲害之
然因帖木兒之令不敢肆焉○壬辰兵曹啓五部使令乃是新設未

『세종실록』 60권, 혼천의

출처: 국사편찬위원회
http://sillok.history.go.kr/popup/viewer.do?id=kda_11506009_003&type=view&reSearchWords=&reSearchWords_ime=

혼천의

출처: 세종대왕유적관리소
http://vsm.kisti.re.kr/astro/ancient/obs_instrument/obs_position/hon/1_1_01.htm

혼상이란 무엇인가? 별이 뜨고 지는 것, 계절의 변화와 시간의 흐름을 측정하는 기구다. 우리 역사에서 1432년에 천체의 흐름에 대해 관측할 수 있는 기술이 있었다는 이야기다.

5번은 혼천의 같은데……

혼천의(渾天儀)도 마찬가지로 천체 관측기구를 가리킨다. 다른 이름으로 천구의(天球儀), 혼의(渾儀), 선기옥형(璇璣玉衡)이라고도 부르는데, 태양과 달 및 수성, 금성, 화성, 목성, 토성의 위치를 측정하는 데 사용하는 기구다.

『세종실록』 60권, 세종 15년(1433년) 6월 9일 경인 3번째 기사(태백산사고본 19책 60권 38장 B면)[104]를 보자.

> 鄭招, 朴堧, 金鑌等, 進新造渾天儀

> 정초, 박연, 김진(金鑌) 등이 새로 만든 혼천의(渾天儀)를 올렸다.

1433년에 혼천의를 새로 만들어 세종대왕에게 보였다는 기록이다.

104 국사편찬위원회, 조선왕조실록(http://sillok.history.go.kr/id/kda_11506009_003)

世宗莊憲大王實錄卷第六十六
冬十月甲辰朔平安道監司李叔畤馳報使臣指揮孟捏哥來百戶王
欽舍人王武齎擊勅書率頭目三十名押被虜本國人四名九月二十
七日渡鴨綠江即遣宣慰使雲城君朴從愚于平壤○獵于鐵原之原
府使權曙奉迎道左○中左軍不應駕前三麾且兵不整齊獸多逃逸
罪其管事鎭撫李升忠等令兵曹劾將帥李順蒙等○次于鐵原府馬
山之原○遣注書李榮門薦禽于 宗廟○江原道都事李畬來問安
○乙巳獵于鐵原平康之原江原道監司李士寬都事李畬平康縣監
崔孝生等奉迎道左京畿監司許誠經歷李宜洽等辭○次于平康縣
積山之原江原道都巡撫使朴坤來見監司李士寬進方物○中宮遣
判内侍府事全心問安○初置仰釜日晷於惠政橋與 宗廟前以測
日影集賢殿直提學金墩爲銘曰凡所設施莫大時也夜有更漏晝難
知也鑄銅爲器形似釜也經設圓距子對午也竅隨拗回點芥然也畫
度於内半周天也圖畫神身爲愚氓也刻分昭昭透日明也置于路傍
觀者聚也自今伊始民知作也○丙午獵于平康鐵原之原京畿監司
許誠經歷李宜洽鐵原府使權曙等奉迎道左江原道監司李士寬都

『세종실록』 66권, 앙부일구

출처: 국사편찬위원회
http://sillok.history.go.kr/popup/viewer.do?id=kda_11610002_004&type=view&reSearchWords=&reSearchWords_ime=

앙부일구

출처: 국사편찬위원회 우리역사넷
http://contents.history.go.kr/mfront/ti/view.do?treeId=gds_010&levelId=ti_019_0140#

7번은 앙부일구 같은데……

앙부일구는 1434년 세종대왕 16년 이후로 제작 사용된 해시계를 가리킨다. 『세종실록』 66권, 세종 16년 10월 2일 을사 4번째 기사(태백산사고본 21책 66권 1장 A면)[105]를 보자.

初置仰釜日晷於惠政橋與宗廟前, 以測日影. 集賢殿直提學金墩爲銘曰: 凡所設施, 莫大時也. 夜有更漏, 晝難知也. 鑄銅爲器, 形似釜也. 經設圓距, 子對午也. 竅隨拗回, 點芥然也. 畫度於內, 半周天也. 圖畫神身, 爲愚氓也. 刻分昭昭, 透日明也. 置于路傍, 觀者聚也. 自今伊始, 民知作也.

처음으로 앙부일구를 혜정교(惠政橋)와 종묘(宗廟) 앞에 설치하여 일영(日影)을 관측하였다. 집현전 직제학(直提學) 김돈(金墩)이 명(銘)을 짓기를,

"모든 시설(施設)에 시각보다 큰 것이 없는데, 밤에는 경루(更漏)가 있으나 낮에는 알기 어렵다. 구리로 부어서 그릇을 만들었으니 모양이 가마솥과 같고, 지름에는 둥근 톱니를 설치하였으니 자방(子方)과 오방(午方)이 상대하였다. 구멍이 꺾이는 데 따라서 도니 겨자씨를 점찍은 듯하고, 도수(度數)를 안에 그었으니 주천(周天)의 반이요, 신(神)의 몸을 그렸으니 어리석은 백성을 위한 것이요, 각(刻)과 분(分)이 소소(昭昭)하니 해에 비쳐 밝은 것이요, 길옆에 설치한 것은 보는 사람이 모이기 때문이다. 지금부터 시작하여 백성들이 만들 줄을 알 것이다."

하였다.

105 국사편찬위원회, 조선왕조실록(http://sillok.history.go.kr/id/kda_11610002_004)

注以渴烏遞水用子午卯酉時小定時儀懸珠行漏各爲幾件分賜兩
界餘在書雲觀焉上不可不知時作天平日晷其制與懸珠日晷大同
唯繫池南北竪柱趺心貫繩柱頭擧以指南爲異耳欲驗天知時者必用
定南針然未免人爲作定南日晷蓋雖不用定南針而南北自定者也
趺長一尺二寸五分兩頭廣四寸長二寸腰廣一寸長八寸五分中有
圓池經二寸六分有水渠通于兩頭環于柱旁北柱長一尺一寸南柱
長五寸九分北柱一寸一分下南柱三寸八分下各有軸以受四游環
環東西運轉刻半周天度作四分自北十六度至一百六十七度中虛
如雙環據餘爲全環內刻一畫於中心底有方孔橫設直距距中六寸
七分虛以持窺衡衡上貫雙環下臨全環低昂南北平設地平環與南
柱頭齊以準夏至日出入時刻橫設半環於地平之下內分晝刻以當
方孔趺北畫十字懸錘於北軸端與十字相當亦所以取平也用窺衡
當每日太陽去極度分遂入日影正圓即據方孔俯視半環之刻則自
然定南知時矣器凡十五以銅造者一十歷數年而功告成實戊午春
也有司請記始末昭示將來於是以臣與其議命臣記其事臣切惟授
時之要本乎測天而測天之要在乎儀表是故堯命羲和曆象日月星

『세종실록』 77권, 정남일구

출처: 국사편찬위원회
http://sillok.history.go.kr/popup/viewer.do?id=kda_11904015_003&type=view&reSearchWords=&reSearchWords_ime=#

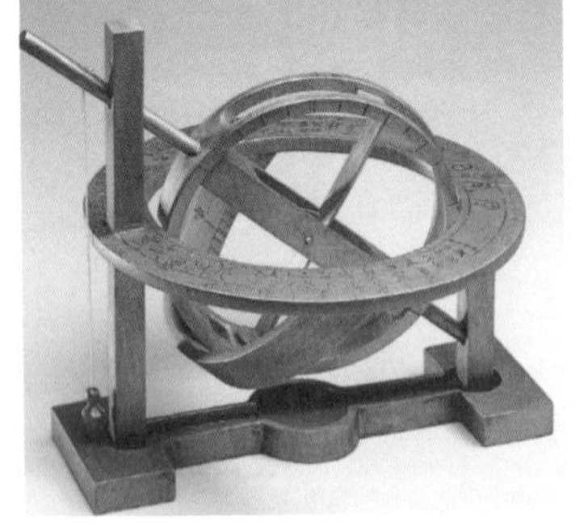

정남일구

출처: 국사편찬위원회 우리역사넷
http://contents.history.go.kr/mfront/km/view.do?levelId=km_015_0040_0040_0020

❖ 8번은 정남일구 아닌가?

정남일구는 조선 시대의 해시계인데, 매우 정밀하여 해 그림자를 기구에 새겨진 눈금으로 보면 시각을 알 수 있었다. 『세종실록』 77권, 세종 19년(1437년) 4월 15일 갑술 3번째 기사(태백산사고본 24책 77권 7장 A면)[106]를 보자.

> 欲驗天知時者, 必用定南針, 然未免人爲, 作定南日晷,

> 하늘을 증험(실제 사실을 경험)하여 시각을 알고자 하는 자는 반드시 정남침(定南針)을 쓰나, 사람이 만든 것을 면치 못하여 정남일구를 만드니

❖ 북경에 온 프랑스 수학자가 5년 동안 머물며 기록하고 남긴 역사는 도대체 어느 나라의 역사란 것일까?

루이 르 꼼떼는 1685년에 북경에 왔다. 그리고 1691년에 프랑스로 돌아가서 1697년에 출간한 책을 통해 그가 보고 듣고 경험한 것을 알렸다. 그가 다녀온 나라는 Chine였고, 그가 머문 장소는 북경이었으며, 그가 직접 보고 기록한 기구들은 Chine의 것이라고 했다.

❖ 프랑스어 Chine는 영어로 China를 말하는데……

1685년은 조선의 숙종 11년에 해당되고, 대륙의 강희 24년에 해

106 국사편찬위원회, 조선왕조실록(http://sillok.history.go.kr/id/kda_11904015_003)

당된다. 그로부터 3년이 지난 1688년은 영국의 명예혁명[107]이 일어난 시기이기도 하다.

그런데 여기서 의문이 생긴다. 강희제(康熙帝, 1654년~1722년)는 청나라의 제4대 황제(재위 1661년~1722년)로서 기록에 따르면 서양 선교사들에게 천문과 지리를 배운 것으로 전해진다. 만약 청나라가 북경에 수도를 두고 대륙의 동부 해안 지대부터 만주 일대까지 차지할 정도로 영토가 확장된 시대라고 해도 위의 사실과 맞지 않는다.

조선에서 각종 천문 기구가 만들어진 것은 세종대왕 때잖아. 시대적으로도 거의 200년이나 앞서 이뤄진 일이야. 선교사들이 북경에 와서 청나라의 과학 기구를 책에 담았다는 것도 이치에 닿지를 않아. 이 책에 따르면 선교사들은 '서양인에게 아직도 낯선 나라'에 대해 설명하고 있다고 했는데, 당시만 하더라도 청나라는 선교사들에게 포교를 허용할 정도로 서양 국가들과 교류가 많았거든.

결국 이 책에 따르면 청나라 이야기가 아니다. 조선의 이야기라야 이치에 맞다. 뒤 알드 신부의 책과 시대를 비교해도 조선의 이야기가 된다. 당시 청나라는 서양인들에게 'Qing(칭)' 또는 'Da Qing(따칭)'이라고 알려진 나라였지 'China' 또는 'Chine'라고 불린 나라가 아니었다.

타타리 지도를 비교하면, 당시에 'Petch Li' 지역이 북경인데, 거긴 타타리 지역이고 조선의 지역이었어. 타타리도 이

107 제임스 2세를 퇴위시키고 잉글랜드의 윌리엄 3세를 즉위시켰는데 피 한 방울 흘리지 않고 진행되었다고 하여 명예혁명이라고 부른다.

스턴 타타리, 만주 타타리 등으로 불렸잖아. 고려(Corea) 는 한반도에 있었고 나머지 대륙은 China 또는 Chinese 등으로 구분되어 불리던 시대였거든.

대륙의 각 지역이 여러 명칭으로 불리던 시기였다. 대륙에는 청나라도 있고, 조선도 있고, 명나라도 있었다. 물론, 명나라가 청나라로 바뀌었다면 그건 'Ming(明, 명나라)'에서 'Qing(靑, 청나라)'으로 왕조가 바뀐 식이었다.

서양 선교사들이 수백 년 가까이 아시아로 파송되던 시대, 모든 지역 정보가 보고서 형태로 본국 프랑스로, 영국으로 전해지던 시대에 해당된다. 동서양 국가들에서 시대 상황을 알리는 지도가 끊임없이 편찬되고 각국 간 교류가 활발하던 시대였다.

❈ 그렇다면 이건 호칭의 문제야. 대륙의 여러 국가가 각자 불리던 호칭이 다른 것인데, 서양 국가들이 부르던 호칭이 아시아에서 불리던 호칭과 다르니까……. 여러 호칭을 지도에 옮긴다고 해도 보는 사람이 지도를 잘못 보게 되면 서로 다른 이야기를 할 수밖에 없게 되겠지.

정리하면, 15세기에 스페인과 프랑스는 대륙의 남쪽 지역에서 식민지를 만들어 나갔다. 베트남은 프랑스령, 마카오는 포르투갈령 등으로 서구 열강이 아시아에 진출한 역사는 식민지 역사라고 말할 수 있다. 서구 열강의 아시아 대륙 침탈 야욕은 쉽게 사라지지 않았다.

광동 부근에 머물며 조선에 조공을 했던 영국이 요녕성으로 올라가서 해안가 바다 상태를 조사하고 돌아간 일도 있고, 러시아는 남쪽으로 진출하면서 만주와 연해주 등에 영향력을 확대시키고 있었다. 만주 지역을 놓고 일본과 러시아가 충돌하였고, 러시아와 일본은 한반도에서 충돌하기도 했다.

역사적으로는 명나라와 조선이 연합해서 한반도의 고려(Corea) 정벌에 나선 일도 있다고 한다. 한반도의 고려(Corea)는 차이나반도로 불리던 나라였는데, 시대적으로는 어느 나라의 속국이 되었느냐에 따라 '조선'으로도 불렸고, '만주'라고도 불렸던 지역이다. 그런 와중에 조선의 속국이 되었던 기간이 가장 길어서 한때는 서양인들에게 조선으로도 알려진 나라였다고 했다.

한반도의 고려는 여러 이름으로 불렸지만 결국 고려(Corea)라는 이름이 그대로 유지되었던 거야. 김정호가 대동여지도를 그리면서도 청구도라고 하거나 대동여지도라고만 했지, 조선 지도라고 부르진 않았어. 그러다가 고종과 순종에 접어들어 한반도를 다시 '조선'이라고 부른 건 일제강점기에 조선총독부가 그렇게 부르기 시작한 거였거든.

윤봉길 의사의 선서문에서 우리나라를 가리키는 단어로 '중국'이라 표기한 것, 뒤 알드 신부의 책에서 요동만을 경계로 조선과 고려(Corea)가 구별된다는 기록, 그리고 왕조실록에 등장하는 만리장성과 달단 지역 등이 지금 이 순간 떠오른다. 또한, 프랑스 선교사가 북경에 와서 China의 과학 기기들이라며 소개한 책도 떠오른다.

이런 기록들을 취합해서 결론을 낸다면 대륙의 동부 지역에 조선이 존재했다는 게 사실일 가능성이 높지 않을까? 다만, 한반도의 코리아도 차이나반도라고 불린 것이지만 한때는 오랜 기간 동안 조선의 속국이었기 때문에 서양인

들에겐 한때나마 조선이라고도 알려진 게 맞아. 몽골인들이 명나라와 조선을 말하면서 두 나라가 형제 사이라고 한 것, 명나라에게는 깔보듯 낮춰서 명령하듯 말한 기록도 전해지잖아.

조선 역사와 한반도 고려(Corea) 역사를 구분하여 생각하면, 러시아와 일본이 한반도 고려(Corea)를 거점으로 만주 지역과 간도 지역을 놓고 충돌한 게 이해될 수 있다. 한반도 고려(Corea)가 요하의 동쪽 지역으로 세력을 넓혀 간도 지역을 차지하였던 것은 분명한 사실이기 때문이다. 그리고 일제강점기에 일본이 만주에 세운 '만주국'이란 정체불명의 나라도 있거니와 여러 사료를 보더라도 만주와 간도는 고려(Corea)의 영역이라고 주장할 근거가 적지 않다.

하지만 한반도를 조선의 역사라고 하면 이야기가 달라진다. 조선의 땅은 고비 사막과 만리장성을 포함하는 대륙 동부의 대부분이었고 가장 세력이 컸을 때는 중앙아시아 및 동유럽까지 추정해 볼 수 있을 것이기 때문이다. 태조 이성계의 조선(달단)과 구분되지만, 옛 조선 시대에는 중앙아시아와 만주 일대를 대부분 포함하여 유럽 지역까지 광활한 영토를 지배했던 기록들도 차차 드러나기 시작했기 때문이다.

필자는 다시 한 번 질문한다.
조선은 과연 어디에 있습니까?

에필로그

역사를 잊은 민족에게 미래는 없다

역사란 극소수의 일부 전문적인 사람들에게만 주어지는 특혜가 되어서는 아니 됩니다. 고인 물은 썩기 마련이고 아무리 작은 권력이라도 어느 특정한 사람에게 한 곳으로 뭉쳐지면 그걸 휘두르고 싶은 게 사람이기 때문입니다.

뒤 알드 신부의 책에 기록된 선교사들의 보고서, 주은래 총리의 담화문, 프랑스 선교사의 기록, 미국 선교사의 보고서, 왕조실록에 기록된 역사들, 이순신대첩비에 기록된 사료, 미국 서던캘리포니아대학교에 소장된 고지도의 기록 등을 보는 사람들 가운데에도 일부는 "그들이 역사학자는 아니지 않는가?"라며 여전히 그들만의 주장을 할 수 있습니다. 역사학자들이 연구하고 밝힌 사실만 역사가 되어야 한다는 주장일 겁니다. '한반도에 조선이 있었다'는 주장을 지키려는 주장이기도 합니다. 하지만 그들에게 되물어야 합니다.

"역사학자라는 게 무엇인가? 새롭게 나온 주장과 근거 그리고 새로운 사료를 보게 된다면 마땅히 연구하고 논의해야 하는 것 아닌가? 기존 주장과 다르다고 배척하면서 새롭게 나온 주장들과 사료마저 연구하지 않는다면 그게 학자의 모습인가? 역사는 지금까지 한 번도 바뀐 적이 없는가?"

1963년도 문교부 자료 중에 '국사교육내용의 통일해석'이란 자료가 있는데, 1963년 5월부터 국사학자와 국사 교육 교사들이 모여 12차례나 회의를 가진 기록이라고 합니다. 여기서 학자들(?)은 우리나라 역사교과서를 어떻게 만들 것인지 회의하고 의견 일치를 보게 되어다고 전해집니다.

"단군은 신화로 취급한다."

이게 사실이라면, 역사 전문가들이 모인 회의에서, 단군은 신화일 뿐이지 역사가 아니라고 결정해버린 겁니다. 하지만 단군이 신화가 아니라 실제 역사라는 사실은 근거가 없는 게 아닙니다. 1670년 간행된 『동몽선습(童蒙先習)』을 보면 당시 학생들도 단군과 고대사, 삼국사를 배웠습니다. 우리가 단군 역사를 가르치지 않은 시점은 1915년 일제강점기 때부터입니다. 그 이전까지 우리 학생들은 단군 조선을 시작으로 하는 조선 역사를 배웠습니다.

우리가 배운 조선의 역사가 왜곡되었다면, 그것은 어디서부터 시작되었을까? 생각해보면 당시에도 한반도의 나라 이름은 코리아(Corea)였는데, 그 이름을 '조선'이라고 강제로 부르게 한 점이 아닐까 생각합니다. 나라 이름 하나를 바꾸고 기존 역사인 조선에 대한 모든 이야기를 한반도 안으로 끌어오려고 한 것이니까요.

한반도는 예로부터 '차이나반도'로 불렸고, 김정호가 '청구'라고 불렀던 곳임에도 불구하고 **일제가 한반도를 가리켜 '조선'이라고 부른 것은 역사 왜곡의 시발점이기 때문이 아닐까요?** 일본의 식민사학자들이 펴낸 조선사편수사업 개요를 보면 그들이 연구하며 조작하던 '조선사' 내용이 여실히 드러나기 때문입니다.

그리고 1910년 9월에 한반도를 강제 침탈한 후에는 11월부터 전국에 걸쳐 역사책 강탈을 하기 시작합니다. 조선총독부 취조국에서 이 땅의 서당과 향교, 양반들의 집, 서점 등을 뒤지며 역사 자료를 모두 빼앗았습니다. 이러한 강탈은 1919년까지도 이어집니다.

그리고 1916년 1월에는 '조선반도사편찬위원회'를 만들고 1922년 12월에 '조선사편찬위'로 이름을 바꿨다가 1925년 6월에 이르러 '조선사편수회'로 활동을 이어나가게 됩니다. 그들이 저지른 짓은 나라 이름을 조선으로 바꾼 것도 모자라서 1938년까지 조선사 35권, 조선사료총간 20종, 조선사료집 3질을 간행하게 됩니다.

이 책들의 가장 큰 문제가 뭘까요? 현재도 꾸준히 발굴되는 고분과 유물, 유적지들에 대해서 정확한 연대도 알 수 없게 만들고, 누구의 것인지도 모르게 만들었다는 것입니다.

유물과 유적을 발굴해도 누구의 것인지, 어느 시대의 것인지 알 수가 없다는 이야기입니다. 그러다 보니 여러 책에 기록된 사료들을 찾게 되는데 결국엔 '주장들이 다양해서 교과서에서 배제'라는 결말을 맺게 되는 것이죠. 이렇게 사라지고 없어진 우리 역사들이 그 수를 헤아리기조차 어렵습니다.

그러니 이제부터라도 바꿔야 합니다. 우리 사료만으로 부족하다면 미국과 프랑스, 영국과 스페인이나 포르투갈 등 서양 국가에 있는 사료들까지 모두 살펴보고 잘못된 역사 기록이 있다면 올바르게 재정립해야 합니다. 잘못된 역사를 그대로 그냥 뒀다가는 후대에 이르러 더 걷잡을 수 없이 망가져 버릴 게 뻔해서 그렇습니다.

더 늦추면 두 번 다시 손을 쓸 수조차 없게 되는 게 역사입니다. 아이들은 한자를 배우지 않게 되고 그럴수록 한자로 기록된 모든 유물과 유적지, 사료들이 우리 것임에도 불구하고 우리 것이 아닌 게 되어버릴 것입니다. 우리가 우리 조상의 것들을 몰라보고 남에게 빼앗긴다는 것은 상상조차 해선 안 되는 일입니다. 역사가 사라지면 근본 없는 민족이 되고, 근본이 사라지면 나라 없는 민족이 되는 것과 같을 것입니다.

이 책을 통해서나마 "우리는 어디에서 왔고 우리는 누구인가"에 대하여 생각해보고 우리 역사를 새롭게 정립하는 그 첫 단추가 되기를 기대해 봅니다. 시발점이 되어주기를 바라는 마음입니다. 왜곡되어 사실조차 불분명한 망가진 역사가 아니라, 이제라도 역사의 오류를 제대로 바로잡아 모든 역사가 올바르게 정립되어야 하기 때문입니다.

조선 역사의 미스터리
조선은 어디에 있습니까?

1판 1쇄 인쇄 2019년 11월 20일
1판 1쇄 발행 2019년 11월 30일

지은이 이영호
발행인 윤미소
발행처 (주)달아실출판사

책임편집 박제영
디자인 안수연
마케팅 배상휘

주소 강원도 춘천시 춘천로 17번길 37, 1층
전화 033-241-7661
팩스 033-241-7662
이메일 dalasilmoongo@naver.com
출판등록 2016년 12월 30일 제494호

* 이 도서의 국립중앙도서관 출판예정도서목록(CIP)은 서지정보유통지원시스템 홈페이지(http://seoji.nl.go.kr)와 국가자료공동목록시스템(http://www.nl.go.kr/kolisnet)에서 이용하실 수 있습니다.(CIP제어번호 : CIP2019045603)

Map
OF
ASIA.
LONDON.
Published by J. WYLD, Geographer to HER MAJESTY.
Charing Cross East 1840
British Statute Miles
EUROPE
ARABIA
PERSIA
HINDOOSTAN
ARABIAN or ERYTHREAN SEA
INDIAN OCE
BLACK SEA
CASPIAN SEA
PERSIAN GULF
RED SEA
MEDITERRANEAN SEA
WHITE SEA
BAY of BENGAL
ARABIA PETREA
ARABIA DESERTA
ARABIA FELIX
Continued Deserts from Mecca to Oman
Great Salt Desert
Great Desert
EQUATOR or EQUINOCTIAL LINE
EQUATOR
Long East of Greenwich
MALDIVAS
LAKDIVAS
CEYLON
Cape Comorin
Mecca
Medina
Muskat
Aden
Mogodashoo
Brava
Melinda
Mombaca
Zanzibar
Pemba
Mahe Islands
Diego Garcia
Bassas de Chagas
Cape Bassas
Socotora
Madras
Bombay
Cochin
Tobolsk
Archangel
Moscow

O C E A N
SEA OF OCHOTSK
SEA OF SACHALIN
SEA OF PENGINA GULF
SEA of KAMTCHATKA
ALEYOOTS Is
Yakoutsk
Irkoutsk
Lena R.
Amur
TATARIA
GULF OF TATARIA
Gulf of Patience
Canal de la Boussole
Strait of La Perouse
GULF OF COREA
Dagelet
YELLOW SEA
Corean Archipel
Quelpaert
JAPAN
Jeddo
SHAMO by the Chinese
GOBI DESERT
CHINESE EMPIRE
CHINA
Nankin
BLUE SEA
LOO-CHOO Is
Tropic of Cancer
TAYWAN or FORMOSA I.
Pratas
Bashee Is
Babuyanes
LUZON or LUCONIA
PHILIPPINE ISLES
CHINA SEA
PARACELS
Gulf of Tonquin
HAI-NAN
SIAM
GULF OF SIAM
YOODRA SHAN or CAMBODIA
Malacca
SEA or CELEBES
Sooloo Archipelago
BORNEO
CELEBES
SEA OF JAVA
Batavia
Straits of Sunda
TIMOR
FLORIS
SUMBAWA
Douglas Reef
Bishop Rock
ISLAS MARIANAS or LAS VELAS also LADRONE ISLANDS
Guajan or Guam
Pelew Isles
CAROLINE ISLES
EQUATOR
JELOLO
NEW GUINEA
New Hanover
New Britain
Admiralty I.
PACIFIC OCEAN